PapyRossa

Hochschulschriften 108

Mesut Bayraktar

Der Pöbel und die Freiheit

Eine Untersuchung zur
Philosophie des Rechts
von G. W. F. Hegel

PapyRossa Verlag

Publiziert mit
freundlicher Unterstützung
der Rosa-Luxemburg-Stiftung
Baden-Württemberg.

Luxemburger Str. 202, D–50937 Köln
Tel.: +49 (0) 221 – 44 85 45
Fax: +49 (0) 221 – 44 43 05
E-Mail: mail@papyrossa.de
Internet: www.papyrossa.de

Umschlag: Verlag, unter Verwendung einer
Abbildung von Grafissimo | iStock [1021765744]

Druck: Interpress

Die Deutsche Nationalbibliothek verzeichnet diese Publikation in der Deutschen Nationalbibliografie; detaillierte bibliografische Daten sind im Internet über http://dnb.d-nb.de abrufbar

ISBN 978-3-89438-759-4

Inhalt

»Wer beim Studium der historisch-materialistischen Dialektik Hegel ausläßt, hat keine Aussicht, den historisch-dialektischen Materialismus zu erobern.«

Ernst Bloch:
Subjekt-Objekt. Erläuterungen zu Hegel

»Die Kritik der deutschen Staats- und Rechtsphilosophie, welche durch Hegel ihre konsequenteste, reichste, letzte Fassung erhalten hat, ist beides, sowohl die kritische Analyse des modernen Staats und der mit ihm zusammenhängenden Wirklichkeit als auch die entschiedene Verneinung der ganzen bisherigen Weise des deutschen politischen und rechtlichen Bewußtseins, dessen vornehmster, universellster, zur Wissenschaft erhobener Ausdruck eben die spekulative Rechtsphilosophie selbst ist. (…) Schon als entschiedner Widerpart der bisherigen Weise des deutschen politischen Bewußtseins verläuft sich die Kritik der spekulativen Rechtsphilosophie nicht in sich selbst, sondern in Aufgaben, für deren Lösung es nur ein Mittel gibt: die Praxis.«

Karl Marx:
Zur Kritik der Hegelschen Rechtsphilosophie. Einleitung

I.
Einleitung: Abstrakte und konkrete Freiheit

Seit dem Aufkommen der bürgerlichen Gesellschaft mit der Französischen Revolution stellt sich bis heute in apodiktischer Weise die soziale Frage, wie die Freiheit eines jeden als Bedingung für die Freiheit aller möglich ist. In letzter Konsequenz zielen alle bisherigen philosophischen Diskurse der Moderne auf dieses Problem, zu welchem sie explizit oder implizit unterschiedlich Stellung nehmen. Diese Frage ist bei weitem nicht beantwortet, weil sie praktisch noch nicht gelöst ist.

Dabei zeigen sich zwei philosophiegeschichtliche Stränge in der Neuzeit, nach denen das Problem der Freiheit in der Moderne eine jeweils theoretische Spezifikation erhält. Die Philosopheme der Neuzeit lassen sich an diesen beiden Strängen sortieren. Entweder wird das Problem als eine Unlösbarkeit aufgegriffen, worin ein antinomisches Verhältnis zwischen Freiheit und Notwendigkeit statuiert wird. Dann strukturiert ein Philosophem die Freiheit mehr im Subjekt unter tendenzieller Auslassung der materiellen, objektiven Welt oder ein anderes Philosophem liquidiert die Freiheit zugunsten einer tendenziellen bis totalen Determiniertheit des Subjekts durch die objektiv gegebene Welt. Freiheit wird auf die eine oder andere Weise zwingend vereinseitigt, indem die eine oder andere Seite in der Subjekt-Objekt-Beziehung einen irreparablen Abstraktionsverlust erleidet. »Abstraktionen sind nicht per se falsch, wenn es darum geht, etwas auf den Begriff zu bringen. Die Frage ist nur, ob es sich um »verständige« Abstraktionen handelt, d.h. um solche Elemente, von denen aus sich der Zusammenhang des Ganzen in seiner jeweiligen Bestimmtheit rekonstruieren, oder um mit Marx zu sprechen, geistig reproduzieren lässt.«[1] Ist die Abstraktion demzufolge nicht verständig, so handelt es sich um einen Abstraktionsverlust.

1 Andreas Arndt. Freiheit. PapyRossa Verlag, Köln 2019. S. 31.

Eine Subjekt-Objekt-Spaltung ist die logische Konsequenz, sodass, wenn von Freiheit noch die Rede ist, dieselbe zu einem moralphilosophischen und reflexionsphilosophischen Nebenschauplatz mit erkenntnistheoretischer Fundierung degradiert wird. Die ganze philosophische Anstrengung zielt dann darauf, die dualistische Spaltung zwischen Subjekt und Objekt zu überwinden. Überspitzt ließe sich von einem Standpunkt der abstrakten Freiheit sprechen.

Die andere theoretische Spezifikation geht von der Lösbarkeit des Problems der Freiheit aus. Freiheit und Notwendigkeit, so paradox es dem ersten Anschein nach klingt, werden in ihrem Verhältnis als Einheit der Einheit und des Widerspruchs begriffen. Freiheit und Notwendigkeit sind zwei Seiten ein und desselben, nämlich des relationalen Ganzen, und verhalten sich zueinander als Selbstunterschied der gegenständlichen Tätigkeit, nicht als Verschiedenes und Getrenntes. Der Unterschied von Freiheit und Notwendigkeit wird dann als ein Selbstunterschied der Notwendigkeit begriffen, das heißt die Freiheit als entspringend aus der Notwendigkeit zu erklären versucht.[2] Dieser Standpunkt verfolgt den Anspruch, eine wie auch immer ausgestaltete Subjekt-Objekt-Einheit dialektisch zu vermitteln, in der subjektive Elemente mit objektiven wechselwirkend verschmelzen und ebenso wechselwirkend voneinander entspringen. Entscheidend ist, dass inhaltliche Bestimmungen nicht verloren gehen. Der philosophische Blick ist dann auf die logisch-ontologische Bewegung gegenständlicher Wechselwirkungsverhältnisse in der inhaltsvollen Welt gerichtet, welche sich historisch im Subjekt-Objekt-Verhältnis manifestieren. Dieser Standpunkt streitet für einen Begriff der Freiheit, der konkret ist, das heißt: er ist »nicht unabhängig von den Zusammenhängen, in denen die gesellschaftlichen Individuen handeln«.[3] Er ist weltimmanent. Er sucht die vermittelte Freiheit und orientiert sich am Inhalt, auf den er sich konkret bezieht. Die philosophische Anstrengung ist nicht genötigt, nach der Überwindung einer Spaltung zu trachten. Ihre Potenz gründet vielmehr in der begrifflichen Leistung, die Subjekt-Objekt-Spaltung als Widerspruch einer Subjekt-Objekt-Einheit zu durchdringen.

Die Grundlegung beider Stränge ist prinzipiell. Ihre jeweils strenge Formulierung erfuhren sie inmitten der Genese der bürgerlichen Gesellschaft, nämlich durch Immanuel Kant und Georg W. F. Hegel. Dort ist das Postulat, hier

---

2 Paradigmatische Gestalt für die gegenständliche Tätigkeit ist etwa für Karl Marx die Arbeit.

3 Andreas Arndt. Freiheit. PapyRossa Verlag, Köln 2019. S. 31.

der Widerstreit die Wahrheit des philosophischen Denkens. Seither wird das Problem der Freiheit im Kontext der praktischen Vernunft verhandelt. Während Kant die praktische Vernunft a priori behandelt und dann mit dem herausgearbeiteten moralischen Gesetz belehrt, wie man handeln soll, entwickelt Hegel in seinen »Grundlinien der Philosophie des Rechts«[4], um im kantischen Jargon zu bleiben, die praktische Vernunft a posteriori. Denn, »was der Begriff lehrt, zeigt notwendig ebenso die Geschichte, daß erst in der Reife der Wirklichkeit das Ideale dem Realen gegenüber erscheint und jenes sich dieselbe Welt, in ihrer Substanz erfaßt, in Gestalt eines intellektuellen Reichs erbaut«.[5] Das Erkennen ist ontisch dem Erkannten nachgeschaltet, gleichwohl es sich logisch umgekehrt verhält. Erkennen dessen, ob das, was ist, frei ist, ist erst möglich, »nachdem die Wirklichkeit ihren Bildungsprozeß vollendet und sich fertig gemacht hat«.[6] Es geht Hegel in der »Rechtsphilosophie« also um nichts anderes als das *Wie* der Realisierung konkreter Freiheit im Recht der Moderne. »Seine Vernunft muß dem Menschen im Rechte entgegenkommen; er muß also die Vernünftigkeit des Rechts betrachten, und dies ist die Sache unserer Wissenschaft.«[7] Das Sittengesetz Kants ergänzt Hegel mit der Sittlichkeit, welche dem Sittengesetz als Gegensatz erscheint. Auf die Sittlichkeit wird noch einzugehen sein.

Vor dem Hintergrund dieses philosophiegeschichtlichen Panoramas geht es in der folgenden Untersuchung um den Pöbel in der bürgerlichen Gesellschaft, der in ihr »die Ehre nicht hat, seine Subsistenz durch seine Arbeit zu finden, und doch seine Subsistenz zu finden als sein Recht anspricht«.[8] Zentral ist für diese Untersuchung Paragraph 244 der »Rechtsphilosophie«, der sich im dritten Teil des Werks in der Sphäre der Sittlichkeit unter dem zweiten Abschnitt »Die bürgerliche Gesellschaft« im Unterabschnitt »Die Polizei und

---

4 Der Einfachheit halber wird das Werk in der folgenden Untersuchung »Rechtsphilosophie« genannt, wohlwissend, dass »Philosophie des Rechts« eine adäquatere Bezeichnung ist.

5 Hegel. Rechtsphilosophie. Suhrkamp Verlag, Frankfurt a. M. 2017, 15. Aufl. S. 28. Alle folgenden Zitate aus der »Rechtsphilosophie« werden der Einfachheit wegen in den Fußnoten mit der Seitenanzahl, dem einschlägigen Paragraphen und mit »RPh« angegeben.

6 RPh. Vorrede. S. 28.

7 RPh. Vorrede Zusatz. S. 15 f. Er ist von Eduard Gans eingeschaltet und stammt aus einer Vorlesung über »Naturrecht und Staatswissenschaft« vom Wintersemester 1822/23.

8 RPh. § 244 Zusatz. S. 390.

Korporation« kurz vor dem Übergang zum dritten Abschnitt »Der Staat« befindet. Hier schreibt Hegel, um die Stelle einmal ungekürzt aufzuführen: »Das Herabsinken einer großen Masse unter das Maß einer gewissen Subsistenzweise, die sich von selbst als die für ein Mitglied der Gesellschaft notwendige reguliert – und damit zum Verluste des Gefühls des Rechts, der Rechtlichkeit und der Ehre, durch eigene Tätigkeit und Arbeit zu bestehen –, bringt die Erzeugung des Pöbels hervor, die hinwiederum zugleich die größere Leichtigkeit, unverhältnismäßige Reichtümer in wenige Hände zu konzentrieren, mit sich führt.«[9] So wird in Verbindung mit Paragraph 243 die an die Arbeit »gebundene Klasse« »der Empfindung und des Genusses der weiteren Freiheiten (...) der bürgerlichen Gesellschaft«[10] unfähig. Hier sieht Hegel ein Problem. Es zeigt sich, dass der Begriff des Pöbels, wie ihn Hegel vorstellt, eine Strukturbeschreibung ist und keine persönliche Eigenschaft. Diese Struktur will die Untersuchung systematisch herausarbeiten. Was ist der Pöbel? Wie wird er erzeugt? Welche Stellung hat er nach Hegel in der bürgerlichen Gesellschaft? Was folgt durch das Dasein des Pöbels im Hinblick auf das sittliche Ganze der bürgerlichen Gesellschaft? »Hegel gibt die systematischen Denkmittel an die Hand, um Ereignisse und Bewußtseinsgestalten der bürgerlichen Gesellschaft nicht nur zu beschreiben, sondern ihre kategoriale Struktur durchsichtig zu machen. Hegels Philosophie ist in ausgezeichneter Weise die Philosophie der Moderne.«[11] In dieser Perspektive wagt die Untersuchung, die »Rechtsphilosophie« Hegels zu lesen.

Zunächst wird die »Rechtsphilosophie« historiographisch situiert und entstehungs- wie werkgeschichtlich eingeordnet, sodass die Problemstellung der »Rechtsphilosophie« mit Blick auf den Untersuchungsgegenstand schärfer hervorscheint. Es geht um die zeitgeschichtlichen Pulsschläge, die sich, wie im Laufe der Untersuchung aufblitzen wird, zeitdiagnostisch im Werkcharakter ausdrücken. Anschließend wird in gebotener Kürze der innere Aufbau des Werks skizziert, da die Untersuchung den Anspruch hat, philosophisch-systematisch vorzugehen. Hegel selbst weist die Leser der »Rechtsphilosophie« explizit auf ein solches Vorgehen hin, wenn er in der Vorrede schreibt, dass

---

9 RPh. § 244. S. 390.

10 RPh. § 243. S. 388.

11 Hans Heinz Holz. Das Novum der Hegelschen Philosophie und seine Wirkung. In: Aufhebung und Verwirklichung der Philosophie Band 1. Die Algebra der Revolution – Von Hegel zu Marx. Aurora Verlag, Berlin 2010. S. 29.

die »Methode (…) das Leitende ausmacht«.[12] Hier wird, besonders unter Zuhilfenahme von Joachim Ritter und Hans Heinz Holz, ein adäquater Zugang zum Werk festgelegt. Was ist das Leitende, das die Methode ausmacht? Die »Methode« selbst, von der Hegel schreibt, dass er sie in der »*Wissenschaft der Logik* ausführlich entwickelt« und »von dieser Seite« »vornehmlich« »diese Abhandlung gefaßt und beurteilt«[13] wissen möchte, wird nicht dezidiert analysiert werden können. In diesem Abschnitt der Untersuchung geht es vielmehr um die Dialektik von Tradition und Revolution, technisch formuliert: Kontinuität und Diskontinuität. Darauf folgt eine akribische Textanalyse des Begriffs des Rechts und der Rechtskategorien, die im Zusammenhang mit dem Pöbel Relevanz aufweisen. Die Paragraphen 1 bis 32 und einige aus dem abstrakten Recht ab Paragraph 34 der »Rechtsphilosophie« werden untersucht, um die Rechtsgrundlage des Rechts im Zusammenhang des Prinzips der Freiheit zu bestimmen. Endlich folgt im Umweg über das »System der Bedürfnisse« (§§ 189 bis 208) eine ausführliche Auseinandersetzung mit den Paragraphen 230 bis 249. Sie bilden den Dreh- und Angelpunkt, die Hauptachse und den Horizont der gesamten Untersuchung, auch wenn sie zu Beginn mehr perspektivisch als Fluchtpunkte in Aussicht stehen. Die Untersuchung geht mithin von außen nach innen. Schließlich wird der Pöbel im Kontext des berühmten Herr-Knecht-Kapitels aus der »Phänomenologie des Geistes« untersucht und der Begriff des Todes philosophisch operationalisiert.

Auf den »Staat« wird nicht eingegangen. Auch müssen die Sphäre der »Moralität« ebenso die »Familie« und weite Teile des »abstrakten Rechts« der »Rechtsphilosophie« ausgespart werden, obwohl es von besonderem Interesse sein könnte, den »Pöbel« jeweils im Zusammenhang der genannten Schlagwörter werkimmanent zu untersuchen. Das ist künftigen Studien vorbehalten.

Zuletzt soll betont werden, dass der Haupttext von Hegel im Fokus steht. Es geht darum, diesen im Hinblick auf den Untersuchungsgegenstand zu durchdringen. An entscheidenden Stellen wird die Untersuchung durch einschlägige Passagen aus der Nachschrift seiner rechtsphilosophischen Vorlesung vom Wintersemester 1819/20 unter anderem in Fußnoten begleitet, um weitere Bedeutungsakzente im Hinblick auf den Pöbel freizulegen. Hegel wird also mit Hegel gelesen. Andere Autoren werden bloß für die adäquate Auslegung herangezogen, sollen jedoch nicht präjudizierende Funktion haben. Ohnehin

12 RPh. S. 12.

13 RPh. S. 12 f.

gibt es keine Forschungsliteratur im engeren Sinn, die unmittelbar auf die Forschungsfrage zugeschnitten ist. Zu nennen wäre hier nur die Dissertation von Frank Ruda »Hegels Pöbel« aus dem Jahr 2011. Allerdings wird von ihr aus methodischen Gründen abgesehen.[14]

Der Verfasser hofft, mit dieser Einleitung deutlich gemacht zu haben, welche »wichtige Frage« im Folgenden untersucht wird, die »eine vorzüglich die modernen Gesellschaften bewegende und quälende«[15] ist.

---

14 Frank Ruda geht in seiner Studie stark kasuistisch mit geistesgeschichtlichen Einschlägen vor. Die vorliegende Untersuchung will den »Pöbel« hingegen systemimmanent aus der »Rechtsphilosophie« im Geist Hegels entwickeln und analysieren. Siehe Frank Ruda. Hegels Pöbel. Konstanz University Press, Konstanz 2011.

15 RPh. § 244 Zusatz. S. 390.

II.
Hegels »Philosophie des Rechts«

1. Das Ende der Revolution

Am 16. Oktober 1799, nach dem Ägyptenfeldzug, traf der Revolutionsgeneral Napoleon Bonaparte in der Villa Joséphines in der Rue de la Victoire wieder in Paris ein. Er genoss besonders unter den bewaffneten Kräften in der Hauptstadt ungebrochene Popularität. Anschließend organisierte der dreißigjährige General gemeinsam mit dem Abgeordneten des Direktoriums Emmanuel Joseph Sieyès, dem Verfasser des berühmten, am Vorabend der Revolution im Zeichen des aufsteigenden Bürgertums veröffentlichten Manifests »Was ist der Dritte Stand?«, einen Staatsstreich. Dieser fand dann am 9. November 1799 statt, dem 18. Brumaire VIII des Französischen Revolutionskalenders, und schuf das Direktorium ab. Sämtliche Staatsvollmachten bündelten sich nun bei Napoleon Bonaparte. Als Erster Konsul wurde er zum Alleinherrscher und am 15. Dezember 1799 wandte er sich mit den Worten an die französische Nation: »Bürger! Die Revolution ist zu den Grundsätzen zurückgekehrt, von denen sie ausging; sie ist zu Ende.«[16]

Auf die Revolutionskriege, in denen die junge Französische Republik ab 1792 ihre Errungenschaften gegen äußere Bedrohungen sicherte und bis 1797 ihre erkämpften bürgerlichen Freiheitsrechte sowie ihre territoriale Einheit gegen fast alle europäischen Großmächte verteidigte und verbreitete, folgten die Napoleonischen Kriege. So brachte Napoleon fast Gesamteuropa unter seine Kontrolle. Am 21. November 1806 verfügte der inzwischen zum Kaiser gekrönte Napoleon I. in Berlin eine Wirtschaftsblockade über das Vereinigte Königreich und dessen Kolonien, die sogenannte Kontinentalsperre, die das schon 1796 in

16 Siehe hierzu: Volker Ullrich. Napoleon Monographie. Rowohlt Verlag, Hamburg 2011, 3. Aufl. S. 36f.

Frankreich bestehende Importverbot für britische Waren auf die kontinentaleuropäischen Staaten ausweitete. Einige Jahre später, 1810, erklärte Russland jedoch seinen Ausstieg aus der Kontinentalsperre. Das markierte die Wende für die napoleonische Ordnung Europas. 1812 gelang es dem zaristischen Russland dann endgültig, das Importverbot zu durchbrechen. Russland handelte wieder mit den von Frankreich verbotenen Waren aus Großbritannien. Daraufhin zog Napoleon im Juni desselben Jahres mit 600.000 Mann in den Krieg, den sogenannten Russlandfeldzug, der nicht zuletzt wegen des harten Winters zu einer vernichtenden Niederlage Frankreichs führte.

Hier datiert der Beginn der sogenannten Befreiungskriege, und die Revolutionskriege Frankreichs schlagen um in ihr Gegenteil. Nach dem Ausstieg Russlands aus der Kontinentalsperre wuchs nämlich der Widerstand der Bevölkerungen gegen die französischen Besatzer. Es entstand ein Nationalbewusstsein in den von Frankreich besetzten Ländern; auch in den vielen deutschen Fürstenstaaten, die bislang ein zersplittertes und fragmentiertes deutsches Reich gebildet hatten, entwickelte sich ein Bewusstsein nationaler Einheit. Mit dem Sieg Russlands gegen Napoleon kam es in Europa zu einem Bündnis zwischen Russland, Österreich, Schweden, Spanien, Portugal, England und Preußen, geführt von Fürsten und vom Adel. In den folgenden Befreiungskriegen verlor Frankreich immer mehr an Boden und wurde schließlich 1814 gänzlich geschlagen. Der Pariser Frieden vom 30. Mai 1814 stellte den Zustand in Europa vom 1. Januar 1792 wieder her. Im September 1814 begann der Wiener Kongress, der die Neuordnung Europas regelte und völkerrechtliche Maßstäbe für die kommenden Jahrzehnte setzte. Die kurze Rückkehr Napoleons 1815 änderte daran nichts. Sie endete mit dem endgültigen Sieg der Allianz in der Schlacht von Waterloo. Darauf folgte die Heilige Allianz vom 26. September 1815, ein Bündnis, das die drei Monarchen Russlands, Österreichs und Preußens abschlossen. Nach dem Sturz Napoleons richteten die Bourbonen die Monarchie in Frankreich im Zuge der Restauration wieder auf. Unter der Führung König Ludwigs XVIII. trat Frankreich der Heiligen Allianz 1818 bei. Somit begann eine konterrevolutionäre Periode der Reaktion in Gesamteuropa, die durch die Julirevolution von 1830 den endgültigen Sturz der Bourbonen und die erneute Machtergreifung des Bürgertums unter Führung des liberalen Bürgerkönigs, Louis Philippe I., zur Folge hatte, was die politischen Verhältnisse in Europa abermals tiefgreifend erschütterte. Spätestens das Bündnis der Heiligen Allianz markiert das Ende der Französischen Revolution von 1789 und die Öffnung des europäischen Marktes für englische Waren.

Was hat diese welthistorische Lage mit Hegel und der »Rechtsphilosophie« zu tun? Ohne sie wäre Hegels Philosophie nicht Hegels Philosophie.

Diese welthistorischen Entwicklungen seiner Zeit hatte Hegel mit größter Aufmerksamkeit aus Tübingen, Frankfurt, Jena, Nürnberg, Heidelberg und Berlin beobachtet und analysiert. Seine Überlegungen schlugen sich sowohl in seinen Briefen wie in seiner politisch-philosophischen Publizistik als auch in seinen philosophischen Werken nieder, die allesamt vom Gedanken des Staat-Werdens des deutschen Reichs unter den Vorzeichen der Moderne, herüberstrahlend aus dem revolutionären Frankreich, geleitet waren. Es ist gerade der junge Hegel, der dabei nicht auf der politischen und gesellschaftlichen Oberfläche stehenblieb, sondern den inneren Zusammenhang des zerrissenen Ganzen unermüdlich suchte und dabei auf die englische politische Ökonomie stieß.[17] Die Verzahnung zwischen der Dialektik Hegels, die den Wesenskern seiner Philosophie ausmacht und die er spätestens 1807 mit der »Phänomenologie des Geistes« erarbeitet hatte, und der politischen Ökonomie, die er mit den Werken der britischen Ökonomen studiert hatte, legt Georg Lukács in seiner Biografie »Der junge Hegel« ausführlich dar. Lukács zeigt darin, »wie an einem entscheidenden Krisenpunkt seiner Entwicklung, zur Zeit des Irrewerdens an den revolutionären Idealen der großen zeitgenössischen Revolution, gerade die Auseinandersetzung mit der politischen Ökonomie, mit den ökonomischen Verhältnissen Englands ihm den Kompaß gegeben hat, um aus

17 Einige Zeugnisse zu der Auseinandersetzung Hegels mit der politischen Ökonomie in seiner Publizistik: »Vertraulichen Briefe über das vormalige staatsrechtliche Verhältnis des Waadtlandes zur Stadt Bern« (1798 anonym erschienen), »Über die neuesten inneren Verhältnisse Württembergs, besonders über die Gebrechen der Magistratsverfassung« (1798, allerdings nicht zum Druck gebracht), »System der Sittlichkeit« (1802/3), »Kritik der Verfassung Deutschlands« (1802/3), Aufsätze in dem mit Schelling gemeinsam herausgegebenen »Kritischen Journal der Philosophie« und v.a. die Vorlesungen der »Jenaer Realphilosophie« (1805/6), in denen er gar ausdrücklich das berühmte Stecknadel-Beispiel aus der »Wealth of Nations« aufgreift, mit dem Adam Smith die manufakturmäßige und teils industrielle Arbeitsteilung schildert. Hierzu Georg Lukács in seiner Biografie: »Aus dieser Dialektik des Allgemeinwerdens der Arbeit leitet Hegel auch den technischen Fortschritt ab. Seine Darlegungen über Werkzeug und Maschine sind in dieser Hinsicht naturgemäß bis in die Details von Adam Smith bestimmt.« (Georg Lukács. Der junge Hegel. Suhrkamp Verlag, Frankfurt a.M. 1973, 15. Aufl. Band II. S. 511.) 1817 erscheint in den »Heidelbergern Jahrbüchern« die »Beurteilung der im Druck erschienen Verhandlungen in der Versammlung der Landstände des Königreichs Württemberg in den Jahren 1815 und 1816« und noch 1831, kurz vor seinem Tod, schreibt Hegel die politisch-ökonomisch durchdrungene Schrift »Über die englische Reformbill«, die unter Zensur des Schlussteils in der »Allgemeine preußische Staatszeitung« erschienen ist.

diesem Labyrinth seinen Weg zur Dialektik zu finden.«[18] Denn die »damalige deutsche Wirklichkeit besonders jener Teile Deutschlands, die Hegel aus eigener Anschauung kennen konnte, bot ihm ja keinerlei Grundlage für solche ökonomische Erkenntnisse. In diesen Fragen ist er fast ausschließlich an seine literarische Kenntnis Englands und der englischen Ökonomie gebunden. Was er aus Eignem hinzutut«, so Lukács weiter, »ist die Erhebung auf ein bewußtes philosophisches Niveau der in den ökonomischen Gegenständen erkannten Dialektik«.[19] Schon vor der »Phänomenologie des Geistes« 1807 musste also Hegel theoretisch auf das Phänomen »Pöbel« gestoßen sein. Wenn im Übrigen Hegel in Paragraph 246 der »Rechtsphilosophie« die »welthistorische Bedeutung« des Meeres als »für die Industrie das nach außen sie belebende natürliche Element« hervorhebt und im Zusatz desselben Paragraphen beschreibt, »wie alle großen, in sich strebenden Nationen sich zum Meere drängen«, so denkt er dabei vor allem an die führende Stellung Großbritanniens, das seinerzeit der am weitesten fortgeschrittene Industriestaat war und dessen weltpolitische Hegemonie sich über den Globus spannte.[20]

Insofern ist im Hinblick auf die Untersuchung der »Rechtsphilosophie« geboten, neben der Skizze der welthistorischen Situation in Grundzügen die wirtschaftliche Lage Europas im politisch brisanten Jahrzehnt zwischen 1810 und 1820 zu durchstreifen. Denn dieses Jahrzehnt, wie sich erweisen wird, ist das Flussbett, das die Entstehungsgeschichte der »Rechtsphilosophie« auch inhaltlich bestimmte. »So hat Hegel noch in Heidelberg, gegen Ende des Wintersemesters 1817/18 (…) mit der Abfassung des Buches begonnen«[21]. Jedoch wurde es wegen noch zu erörternder Gründe erst 1821 gedruckt.[22] Zwischen dem

---

18 Georg Lukács. Der junge Hegel. Suhrkamp Verlag, Frankfurt a. M. 1973, 15. Aufl. Band I. S. 27.

19 Ebd. Band II. S. 511.

20 Gemäß der Vorlesungsnachschrift von 1819/29 sagt Hegel in diesem Zusammenhang: »Was im Großen bewirkt wird und was die Hilfe in großen Massen betrifft, das muß da studiert werden, wo sich die Massen zeigen wie in England.« (Hegel. Philosophie des Rechts: die Vorlesung von 1819/20. Aus einer Nachschrift. Hrsg. von Dieter Henrich. Suhrkamp Verlag, Frankfurt a. M. 1983. S. 198.)

21 Manfred Riedel. Materialien zu Hegels Rechtsphilosophie. Suhrkamp Verlag, Frankfurt a. M. 2016, 2. Aufl. Einleitung. S. 14.

22 Der erste Absatz der Vorrede der »Rechtsphilosophie« von 1820 macht den inneren Zusammenhang zu den Heidelberger Vorlesungen deutlich. Hier schreibt Hegel: »Die unmittelbare Veranlassung zur Herausgabe dieses Grundrisses ist das Bedürfnis, meinen Zuhörern einen Leitfaden zu den Vorlesungen in die Hände zu geben, welche ich

Sturm der Revolution und dem Gewitter Napoleons auf der einen und der politischen Eiszeit der monarchischen Restauration durch die Heilige Allianz auf der anderen Seite wurde das den Widerspruch als das Prinzip der Bewegung liebende Denken Hegels hin und her geschleudert. Wie war die wirtschaftliche Verfassung in Deutschland sowie in Europa und den Vereinigten Staaten von Amerika, deren Impulse Hegel in seine rechtsphilosophischen Überlegungen philosophisch aufnahm?

2. Die Weltwirtschaftskrise zwischen 1816 und 1819[23]

»So war im Jahr 1760 reicher Verdienst im Lande und jedes Lebensmittel äußerst wohlfeil – im Jahr 1771 reicher Verdienst und alle Lebensmittel sehr teuer – im Jahr 1817 beinahe kein Verdienst und alle Lebensmittel sehr teuer – im Jahr 1819 fast kein Verdienst bei außerordentlicher Wohlfeilheit. Welche merkwürdige Verschiedenheit! Welche interessante Verteilung aller nur möglichen Fälle in einem Zeitraum von 50–60 Jahren, also in einem menschlichen Lebensalter!«[24] So beschreibt der Schweizer Theologieprofessor und Armenfürsorger Peter Scheitlin (1779-1848) die Jahre, die sein Gedächtnis prägten. Mit

---

meinem Amte gemäß über die Philosophie des Rechts halte. Dieses Lehrbuch ist eine weitere, insbesondere mehr systematische Ausführung derselben Grundbegriffe, welche über diesen Teil der Philosophie in der von mir sonst für meine Vorlesungen bestimmten Enzyklopädie der philosophischen Wissenschaften (Heidelberg 1817) bereits enthalten sind.« (RPh. S. 11.)

23 Die wirtschaftsgeschichtliche Darstellung Deutschlands und Europas einschließlich der USA zwischen 1810 bis 1820 ist auf folgender Grundlage erschlossen: Friedrich Lütge. Deutsche Sozial- und Wirtschaftsgeschichte – Ein Überblick. Springer Verlag, Berlin/Heidelberg/New York 1966, 3. Aufl. S. 453-471; Friedrich Engels. Konspekt: G. von Gülich – Deutschland (»Geschichtliche Darstellung des Handels, der Gewerbe und des Ackerbaus der bedeutendsten handelsrechtlichen Staaten unserer Zeit«, Jena 1830, 2. Band). 1803 bis 1828 und Notizen über Deutschland von 1789 bis 1815. In: Zur deutschen Geschichte in drei Bänden. Band I: Von der Frühzeit bis zum 18. Jahrhundert. Dietz Verlag, Berlin 1953. S. 535-537 und S. 566f.; Friedrich Engels. Deutsche Zustände bis zum Sturz Napoleons und Deutsche Zustände unmittelbar nach dem Sturz Napoleons sowie Deutsche Zustände von 1815 bis 1840. In: Zur deutschen Geschichte in drei Bänden. Band II. Dietz Verlag, Berlin 1953. S. 9-16, S. 41-47, S. 48-55; Fred Oelßner. Die Wirtschaftskrisen – die Krisen im vormonopolistischen Kapitalismus. Band I. Dietz Verlag, Berlin 1949. S. 195-203.

24 Siehe in: Wolfgang Behringer. Tambora und das Jahr ohne Sommer: wie ein Vulkan die Welt in die Krise stürzte. C.H. Beck Verlag, München 2016, 2. Aufl. S. 12.

Blick auf 1817 und 1819 macht er deutlich, dass die Hungerjahre nicht das Fehlen an Lebensmittel kennzeichnen, sondern dass Lebensmittel für viele Menschen zu teuer waren, sie also keinen Zugang dazu hatten. Am 16. Juli 1816 schreibt der Bauer Johann Peter Hoffmann (1753-1842) aus dem Elsass in sein Tagebuch: »Den 6ten July bin ich in Pfalzburg [Phalsbourg] gewesen. Der Weizen hatte gestern bis 23 f. das Frl. gegolten, der Laib Brot kostet 27 S. Das Regenwetter hält noch immer an. Es ist nichts als Elend überall. Die Bettler kommen so häufig, dass kein Rat zu tun ist, der Arme muss sehr Not leiden. Grundbirnen [Kartoffel] sind fast nirgends keine mehr. Der Sester gilt 30 bis 40 S. und sind nicht zu bekommen. Es kann nichts wachsen, es ist immer zu kalt, ich weiß nicht was es noch geben wird bis [zur] Ernte, die sehr spät kommen wird.«[25] Und schließlich berichtet der Bremer Meteorologe Müller vom selben Jahr: »Dies trübe Jahr brachte die meisten Regentage seit 50 Jahren und die wenigsten warmen Tage. Das ganze Jahr hohes Wasser. Mehrere Deiche brachen. Nur auf hohem Sandlande etwas Ernte. Theuerung, Hungersnot in Thüringen, Baiern, am Rhein, etc. Es gab gar keinen Wein.«[26] Legt man die Beschreibungen der Zeitzeugen zusammen, so zeigt sich, dass offensichtlich eine Agrarkrise vorlag und in der Tat fand in den Jahren 1816/17, neben 1805 und 1846/47, eine der drei größten ökonomischen Krisen der ersten Hälfte des 19. Jahrhunderts in Europa statt.

In den Jahren 1816 und 1817 machte sich in vielen europäischen Ländern eine große Hunger- und Teuerungskrise bemerkbar. In dieser Zeit befand sich Hegel bis 1816 in Nürnberg als Rektor eines Gymnasiums und ab 1816 in Heidelberg als Professor an der Universität. Die Krise musste Hegel also hautnah miterlebt haben. Besonders in Deutschland verursachte sie nämlich eine große Not, zumal in ihrem Gefolge der Nahrungsmangel den menschlichen Organismus besonders anfällig für Krankheiten machte und sich eine »Hungertyphus«-Epidemie über Europa ausbreitete, die zu erhöhter Sterblichkeit führte. Auch Krankheiten, die in der Regel nicht lebensbedrohlich waren, nahmen in dieser Situation oft einen tödlichen Verlauf. 1817 starben zum Beispiel im bayerischen Isarkreis 13 Prozent mehr Menschen als durchschnittlich in den Jahren 1811 bis 1821. Zwischen 1816 und 1834 starben ferner im Fürstentum Waldeck im jährlichen Durchschnitt 2,41 Prozent der Gesamtbevölkerung, 1818 als Folge der Hungerkrise 3,17 Prozent. Die Zahl der Todesfälle im Departement Meurthe

25 Siehe in: Ebd. S. 59. – Die eckigen Klammern sind vom Autor hinzugefügt.

26 Siehe in: Ebd. S. 50.

(Lothringen) erreichte 1084, wo sie noch ein Jahr zuvor 614 betrug.[27] Durch die krisenbedingt ebenfalls rückläufige Geburtenrate schlug sich die Hungersnot vielerorts in einem negativen Bevölkerungswachstum nieder, verschärft noch durch eine krisenbedingte Auswanderungswelle vor allem nach Nordamerika und nach Russland. Das Jahr ohne Sommer von 1816 verschärfte die Krise. Meteorologische und geologische Forschungen haben nachträglich ergeben, dass das kalte Jahr durch den Vulkanausbruch des Tambora 1815 auf der östlich von Java gelegenen Insel Sumbawa in Indonesien nahe dem Äquator verursacht wurde. Es handelt sich um »den größten Vulkanausbruch in der menschlichen Geschichte. Die Explosionen im April 1815 waren so gewaltig, dass sie mehrere Tausend Kilometer weit zu hören waren. Lava- und pyroklastische Ströme verwüsteten die nähere Umgebung; Wirbelwinde, Tsunamis, Ascheniederschlag und saurer Regen die weitere Region. Die Explosionswolke reichte bis in eine Höhe von 45 Kilometern.«[28] Die durch die Passatwinde über die ganze Welt gestreuten Aschepartikelchen und Sulfataerosole, welche viele Monate in der Atmosphäre blieben, wirkten auf das Weltklima.[29] »Die Areosole verminderten die Sonneneinstrahlung und führten zu einer globalen Abkühlung.«[30] Das nasskalte Wetter brachte also 1816 schwere Regen- und Hagelschauer mit sich. Es kam zu Überflutungen, die die Getreide- und Kartoffelernte in vielen Teilen Deutschlands dezimierten. Das nasse Klima wirkte sich auch desaströs auf den Sommer- und Wintergemüseanbau aus, einschließlich auf die Verknappung von Futter für Schlacht- und Milchvieh. Feldfrüchte waren unter dem Schnee begraben. Die besondere Belastung der Befreiungskriege gegen Napoleon hatte zudem einen großen Teil der Kornreserven als auch den Viehbestand ohnehin dramatisch zusammenschrumpfen lassen. Auf den deutschen und europäischen Märkten kam es bei Grundnahrungsmitteln zu extremen Teuerungen.

---

27 Siehe ebd. S. 121. Siehe auch Daniel Krämer. »Menschen grasten nun mit dem Vieh«: die letzte grosse Hungerkrise der Schweiz 1816/17 mit einer theoretischen und methodischen Einführung in die historische Hungerforschung. Schwabe Verlag, Basel 2015. S. 324.

28 Wolfgang Behringer. Tambora und das Jahr ohne Sommer: wie ein Vulkan die Welt in die Krise stürzte. C. H. Beck Verlag, München 2016, 2. Aufl. S. 9.

29 Siehe Schaubild zu Temperaturanomalien über Europa im Jahr 1816 in Daniel Krämer. »Menschen grasten nun mit dem Vieh«: die letzte grosse Hungerkrise der Schweiz 1816/17 mit einer theoretischen und methodischen Einführung in die historische Hungerforschung. Schwabe Verlag, Basel 2015. S. 279.

30 Wolfgang Behringer. Tambora und das Jahr ohne Sommer: wie ein Vulkan die Welt in die Krise stürzte. C. H. Beck Verlag, München 2016, 2. Aufl. S. 9.

Händler und Kaufleute reagierten sehr früh mit Preiserhöhungen. Die Preise, die mit ca. 20 Kreuzer pro Malter Korn bereits sehr hoch waren, erreichten schon im August 1816 mit 50 Kreuzer pro Malter Korn einen Höchststand, der mit einem weiteren im Mai/Juni 1817 durch die Überschreitung der 100-Kreuzer-Grenze überboten wurde.[31]

Gesamtgesellschaftlich kam es zu einer massenweisen Verarmung. Besonders ärmere Bevölkerungsschichten deklassierten zu einem Heer mittelloser Bettler, die das Land durchstreiften, Arbeit und Nahrung suchten.[32] Von politischer Seite reagierten die deutschen Staaten zunächst mit einer Fruchtsperre, wonach alle Sorten von Getreide und Kartoffeln, aber auch Produkte, die daraus hergestellt wurden, wie Brot, Branntwein und Bier, nicht mehr ins Ausland exportiert werden durften. Auch einzelne Amtsbezirke folgten dem Beispiel. Sie verhängten gegeneinander Fruchtsperren, um die Kornvorräte in der Region zu behalten, sodass der Handel mit Nahrungsmitteln auch innerhalb der jeweiligen deutschen Gebiete teilweise zum Erliegen kam. Das Verbot des Branntweinbrennens aus Weizen und Kartoffeln folgte, eine Art indirekte Prohibition, welche durch die Ausgabe von verbilligtem Getreide und Saatgut an die Bedürftigen sowie dem gezielten Zukauf von Getreidefrüchten, insbesondere Roggen, begleitet wurde.[33] In Elberfeld etwa gab es Geldersatzmarken für Brot und rund 150 vermögende Bürger schlossen sich in privaten Hilfsvereinen zusammen, die ausgestattet mit Aktienkapital im Ausland Getreide ankauften und dies zu günstigen Konditionen an die Notleidenden verteilten, wobei der Getreidetransport teilweise vor Übergriffen durch Polizeibeamte geschützt werden musste.[34] Allgemein kam es insbesondere bei Getreide und Heu zu Wucherpreisen, indem Spekulanten in beträchtlichen Mengen Getreide aufkauften und den Markt künstlich beschränkten. In der Not musste

31 Exemplarisch in Heilbronn. Vgl. Wolfgang Behringer. Tambora und das Jahr ohne Sommer: wie ein Vulkan die Welt in die Krise stürzte. C.H.Beck Verlag, München 2016, 2. Aufl. S. 167. Siehe zudem Index der Getreidepreise in den westlichen Staaten 1815-1820 Daniel Krämer. »Menschen grasten nun mit dem Vieh«: die letzte grosse Hungerkrise der Schweiz 1816/17 mit einer theoretischen und methodischen Einführung in die historische Hungerforschung. Schwabe Verlag, Basel 2015. S. 288. Und in einzelnen deutschen Städten vgl.: Ebd. S. 290.

32 Vgl. Wolfgang Behringer. Tambora und das Jahr ohne Sommer: wie ein Vulkan die Welt in die Krise stürzte. C. H. Beck Verlag, München 2016, 2. Aufl. S.70.

33 Vgl. ebd. S. 86-92.

34 Vgl. ebd. S. 168 f.

das Vieh geschlachtet werden. Der Bayerische Staat gab in diesem Zusammenhang erstmals Berechtigungen für Hausschlachtungen aus und erweiterte diese auch auf Pferde, sodass wirtschaftliche Verluste entstanden, die nicht wieder ausgeglichen werden konnten, weil Pferde als Produktionsmittel Teil des Produktionsprozesses waren. Da die Verarmten, Besitz- und Arbeitslosen sich auch das verbilligte Getreide nicht leisten konnten, verzeichneten die Pfandhäuser großen Zulauf. Im Januar 1817 verfügten beispielsweise in der württembergischen Kleinstadt Laichingen auf der Schwäbischen Alb bereits 61 % der Bewohner über keine Barschaft mehr. Bis Mai 1817 stieg der Anteil der Armen auf 80 % der Bevölkerung an.[35] In dieser Verelendung breiter Bevölkerungsmassen griff der bayrische Staat, nachdem die wirtschaftspolitischen Eingriffe wirkungslos blieben, als einer der ersten zu sozialpolitischen Maßnahmen, nämlich zur gesetzlichen Institutionalisierung der Armutsbekämpfung in Form von »Armendistrikten«.[36] Jede Gemeinde sollte eigene »Armen-Distrikte« bilden. Über Kollekten sollte sich die Armenfürsorge finanzieren und langfristig sollten Armenhäusern gebaut werden, was etwa dreißig Jahre später eintrat. Die »Haus-Armen« erhielten entsprechend dem Grad ihrer Armut entweder Geldleistungen oder Nahrungsmittel. Das führte allerdings dazu, dass ortsfremde Arme und Bettler, die sich nicht mit einem landgerichtlichen Pass ausweisen konnten, von Gendarmen, die entsprechende Subjekte wegzuräumen hatten, aus den Gemeinden verjagt wurden. Diese Entwicklung gipfelte schließlich in dem Verbot des Bettelns vielerorts.[37] Die Armen wurden sich selbst überlassen.[38] Der Anstieg von Eigentumsdelikten wurde verzeichnet. Im Großherzogtum Baden etwa verdreifachte sich zwischen 1815 und 1817 die Zahl der Anklagen wegen Diebstahls vor Gericht.[39]

---

35 Vgl. ebd. S. 76.

36 Vgl. ebd. S. 99.

37 So auch in Bayern, vgl. ebd. S. 74.

38 Aus einem Bericht eines Zeitgenossen. In: Ebd. S. 74: »Auf dem Fuße folgten dem Geschäftsmanne oft ganze Schaaren von Unglücklichen; und nahte der Fremdling der erquickenden Herberge, so sah er von hundert Unglücklichen oft, wie vom Sturmwind herzugetrieben, sich plötzlich umlagert; reichte man irgendwo dem Einen die geringste Gabe, so hätte man oft stundenweise zu thun gehabt, um die Klagen aller, am einzelnen Orte sich Gesammelten, für Augenblicke nur zu befriedigen.«

39 Vgl. ebd. S. 80. Ein weiteres Beispiel aus den eidgenössischen Signalement-Büchern zwischen 1809-1820 vgl. Daniel Krämer. »Menschen grasten nun mit dem Vieh«: Die letzte grosse Hungerkrise der Schweiz 1816/17 mit einer theoretischen und methodischen Einführung in die historische Hungerforschung. Schwabe Verlag, Basel 2015. S. 341.

Die Armen waren Vertriebene und vom gesellschaftlichen Verkehr ausgeschlossen. Eine massenweise Exklusion war die Folge.

Wie kam es zu der tiefen Wirtschafts-Depression, obwohl nach der Abdankung Napoleons und dem Ende des englisch-amerikanischen Kriegs Europa zunächst einen wirtschaftlichen Aufschwung erlebte?

Hier hilft ein wirtschaftsgeschichtlicher Blick auf das englische Empire, das eine Monopolstellung im Weltmarkt einnahm, was Hegel durch seine politisch-ökonomischen Studien aus der Jenaer Zeit (1801 – 1807) bekannt gewesen sein dürfte.

Der englisch-amerikanische Krieg von 1812, auch zweiter Unabhängigkeitskrieg genannt, endete mit dem Friedensschluss in Gent am 24. Dezember 1814. Der Vorkriegszustand wurde wiederhergestellt. Während des Kriegs jedoch, der von englischer Seite sowohl in Nordamerika als auch als Bundesgenosse der antinapoleonischen Koalition gleichzeitig in Europa geführt wurde, führte die ununterbrochene Erhöhung der Rüstungsausgaben zu massiven Fortschritten in der industriellen Revolution Englands. Neue technische Verfahren in der Eisenverarbeitung und Fortschritte in der Verkehrstechnik durch Dampflok sowie Dampfschiffe sorgten für ständige Verbesserungen in der britischen Massenproduktion, sodass England im Zuge der Kriege seine ökonomische Vormachtstellung gegenüber den Konkurrenten vertiefen konnte. Mit dem Friedensschluss in Gent und dem Ende der napoleonischen Kriege stieg England zum größten Industrieexporteur der Erde auf. Zugleich war London das Finanzzentrum der Welt und beherrschte zudem den Zwischenhandel mit Produkten der Kolonien und Überseegebiete. Ferner kamen in großen Mengen Rohstoffe zu geringen Kosten aus Kolonien wie Indien ins Land, sodass die entwickelte britische Industrie daraus schnell die verschiedensten Waren produzierte, die eine hohe Qualität hatten. Im Gegensatz zu den Industrien auf dem europäischen Kontinent war ihr entscheidender Vorteil aber, dass ihre Waren durch die industrielle Produktion viel günstiger waren. In verschiedenen Produktionszweigen dominierte folglich die britische Industrieproduktion die Märkte. Das Ende der Kontinentalsperre, gepaart mit einer durch kriegsbedingte Verluste erhöhten Nachfrage, führte zu einem massiven Anstieg der englischen Exporte, sodass das britische Empire Europa mit billigen Waren, vor allem Kolonialwaren, geradezu überschwemmte.

Da aber die Industrien auf dem Kontinent nicht mit den britischen Billigexporten mithalten konnten, gingen vielerorts kontinentaleuropäische Firmen pleite, die Arbeitslosigkeit stieg und die britische Massenproduktion fand immer weniger zahlungskräftige Abnehmer in Europa. Während dadurch der britische Handel mit dem Kontinent immer weiter zurückging, wuchs gleichzeitig der Export in die Vereinigten Staaten, mit denen man Frieden geschlossen hatte. Der Export wurde auf Übersee in den neuen Kontinent umgelagert.

Doch hierauf reagierten die Vereinigten Staaten von Amerika nach kurzer Zeit. Um den fatalen Folgen des europäischen Kontinents zu entgehen, beschloss der amerikanische Kongress im Jahr 1816 hohe Schutzzölle gegen die Importe aus Europa.[40] Dem folgten die Länder in Europa zum Schutz gegen die britische Massenproduktion durch eigene Zollrichtlinien. Sinn und Zweck war der Schutz und die Begünstigung der inländischen Industrie, welche noch aufzubauen war. Diese Maßnahmen hatten eine verheerende Rückwirkung auf die britische Wirtschaft. Britische Fabrikanten blieben auf ihren Waren sitzen. Nun machte sich allmählich die Krise in England bemerkbar. Absatzeinbußen und Zollabgaben führten dazu, dass die eigene Produktion sich als Überproduktion entpuppte.[41] Die massenweise Armut war nicht Folge eines Mangels an Kapital, Gütern und Lebensmitteln, sondern das Resultat dessen, dass es breiten Teilen der Bevölkerung an Zahlungsmitteln ermangelte, Güter und Lebensmittel zu erwerben und zu konsumieren. So ließ sich der Überschuss an Warenkapital nicht mehr in Geldkapital umsetzen, sodass der Kreislauf und Prozess des industriellen Gesamtkapitals zum Abbruch kam. Geschäftsaufgaben und Massenentlassungen folgten, die Wirtschaft in ganz Europa, einschließlich in Großbritannien, brach zusammen und das britische Empire fand sich in einer schweren Wirtschaftskrise, die einige Jahre anhalten sollte.

Der wirtschaftliche Aufschwung verlagerte sich dadurch auf Nordamerika. Denn in derselben Situation erlebten die USA in ihrer beschlossenen

---

40 Siehe Gustav Schmidt. Geschichte der USA. Wissenschaftliche Buchgesellschaft, Darmstadt 2004. S. 32.

41 In Bezug auf Deutschland schreibt Friedrich Lütge in Deutsche Sozial- und Wirtschaftsgeschichte – Ein Überblick. Springer Verlag, Berlin / Heidelberg / New York 1966, 3. Aufl. S. 456: »Die Folgen der Krise waren also ein starker Verfall der Preise für landwirtschaftlichen Boden und zahlreiche Notverkäufe. Die eigentliche Ursache lag in der Überproduktion an Agrarerzeugnissen, vor allem an Getreide. Die Notjahre 1815-1817 hatten zu einer Ausweitung des Anbaus angespornt, und gleichzeitig begann sich die Verbesserung der Agrartechnik auszuwirken und besonderes die Aufgabe der Brache, die ja zu einer entsprechenden Vermehrung des angebauten Bodens führen mußte und ebenso die durchaus beträchtliche Neulandgewinnung. Die Steigerung der Konsumkraft hielt damit nicht annähernd Schritt. Verschärft wurde diese Situation dadurch, daß – was noch mehr ins Gewicht fiel – die Ausfuhr sank.«

Abschottung gegenüber dem Weltmarkt und der territorialen Eroberung des Westens von Nordamerika[42] eine entscheidende Prosperität, die dem Land, im Anschluss an die endgültige politische Unabhängigkeit im Gefolge des englisch-amerikanischen Kriegs, die wirtschaftliche Unabhängigkeit brachte und ihm die weltpolitische Dominanz ebnete, die es im Durchgang des die gesamtterritoriale Einheit sichernden, amerikanischen Bürgerkriegs (1862–1865) ein Jahrhundert später nach dem ersten Weltkrieg ab 1918 errang. Die Gründung der weltbekannten Börse »New York Stock Exchange« am 8. März 1817 symbolisiert den Beginn des fulminanten Aufstiegs der US-Wirtschaft. Hier wurde insbesondere mit Blick auf die Landnahme gen Westen und der mörderischen wie genozidalen Vertreibung indigener Stämme mit Wertpapieren gehandelt, die in Form exzessiver Herausgabe von Papiergeld als Kredit für die Bebauung und Bewirtschaftung des neu eroberten Landes fungierten.[43]

Der Boom ab 1817 hatte jedoch nach kurzer Zeit eine strengere Regulierung nötig, da die massiv gewachsene Geldmenge und das Fehlen von Staatsbanken ab 1811, welche mit entsprechender Geldpolitik ordnende Funktion wahrnehmen könnten, zu einer drohenden Inflation führte. Zwar wurde auf Beschluss der Regierung mit der »Second Bank of the United States« 1817 eine staatliche Zentralbank gegründet, die die Umwandlung des Papiergeldes in harte Währung (Münzen oder Gold) vorantreiben sollte, aber stattdessen hatte die Zentralbank Kredite durch Bankenanteile gesichert und teilweise gänzlich ohne Sicherheiten genehmigt und so die Inflation weiter angefeuert. Schließlich griff der Kongress rigoros durch und beschloss eine Gesetzklausel, die die Bezahlung von Land nur gegen harte Währung erlaubte.[44] Da aber das Hartgeld streng gehortet wurde und man, wenn es nur irgendwie ging, mit Papiergeld bezahlte, fiel die Nachfrage nach Land rasch, die stark gestiegenen Preise anderer Waren bröckelten und viele Schuldner konnten die

---

42 Siehe Schaubild der territorialen Erweiterung der USA 1800-140 In: Wolfgang Behringer. Tambora und das Jahr ohne Sommer: wie ein Vulkan die Welt in die Krise stürzte. C.H. Beck Verlag, München 2016, 2. Aufl. S. 191. »Im Unterschied zu den Jahrzehnten davor oder danach trat in den Jahren 1816-1821 in jedem Jahr ein weiteres Gebiet als Bundesstaat den USA bei.«

43 Siehe Harold Underwood Faulkner. Amerikanische Wirtschaftsgeschichte. Band I. Carl Reissner Verlag, 1929 Dresden. S. 332-338.

44 Siehe Gustav Schmidt. Geschichte der USA. Wissenschaftliche Buchgesellschaft, Darmstadt 2004. S. 37.

fälligen Rückzahlungen nicht mehr erbringen, auch nicht mehr durch die Aufnahme neuer Kredite.[45] Die ersten Wellen von Firmenpleiten und Massenentlassungen waren die Konsequenz, bis schließlich das auf Krediten aufgebaute Wirtschaftswachstum 1819/20 in sich zusammenstürzte. Die »Society for the Prevention of Pauperism« in New York zählte rund 8.000 Bedürftige bei einer Gesamtzahl von 120.000 Einwohnern, im Folgejahr stieg die Zahl auf 13.000. Die Gesamtzahl aller Arbeitslosen betrug etwa eine halbe Million Menschen, wobei verschiedene Autoren von drei Millionen Arbeitslosen, also einem Drittel der nationalen Bevölkerung, sprechen.[46] Auch hier zeigt sich, wie gemäß Hegels Beobachtungen in der »Rechtsphilosophie« das »anscheinend Zerstreute und Gedankenlose (…) von einer Notwendigkeit gehalten«[47] wird, sodass die von Hegel als »bewußtlose Notwendigkeit«[48] bezeichnete marktbezügliche Warenproduktion sich als Überproduktion im Ganzen entpuppte und dieses Ganze von innen durch eine Krise sprengte, hier – in den USA – allerdings durch eine Überproduktion von Geldkapital, das sich nicht mehr in Warenkapital zu verwandeln vermochte, sodass der industrielle Gesamtkapitalkreislauf unterbrochen wurde und die akkumulierte Kapitalstauung ab einem bestimmten Punkt eine gewaltsame Lösung herbeiführte: die Rezession 1819/20, die gepaart mit der europäischen Wirtschaftskrise seit 1817, zu einer Weltwirtschaftskrise mutierte. Angesichts der politischen Kräfteverhältnisse wurde die einbrechende Wirtschaftskrise durch reaktionäre und restaurative Kräfte in Europa für die Vertiefung und Konsolidierung ihrer Macht genutzt. Sie wurde repressiver. Die demokratischen und republikanischen Kräfte der Revolution hingegen lagen nach der Niederlage von Napoleon Bonaparte, der Neuordnung durch den Wiener Kongress und dem Bündnis der Heiligen Allianz brach.

Im Hinblick auf den Charakter der »Rechtsphilosophie« hatte diese Entwicklung inhaltliche Konsequenzen. Wie die Darstellung nämlich zeigt, hängt die Krise von 1816/17 auf dem Kontinent, insbesondere in den deutschen Staaten, mit England und dessen anschließender Krise ab 1817 wiederum mit

45 Vgl. Rüdiger Götte. Finanzkrisen: Mythos und Wahrheit, Anatomie und Geschichte. Ibidem Verlag, Stuttgart 2012. S. 43-45.

46 Siehe Wolfgang Behringer. Tambora und das Jahr ohne Sommer: wie ein Vulkan die Welt in die Krise stürzte. C. H. Beck Verlag, München 2016, 2. Aufl. S. 107-110.

47 Hegel. Rechtsphilosophie. Suhrkamp Verlag, Frankfurt a. M. 2017, 15. Aufl. § 189 Zusatz. S. 347.

48 Ebd. § 255 Zusatz. S. 379.

der Krise in den Vereinigten Staaten 1819/20 unweigerlich zusammen. Somit stellen die Jahre zwischen 1816 bis 1820 die erste Weltwirtschaftskrise dar, die, eben weil sie über transnationale Überseemärkte im Weltmaßstab stattfand und durch industrielle Überproduktion herbeigeführt wurde, die erste fundamentale Krise des entstehenden und sich im 19. Jahrhundert weltweit als politische Gesellschaftsordnung durchsetzenden Kapitalismus ist. Sie war die erste kapitalistische Weltwirtschaftskrise, die sich je nach Region in einer vorindustriellen Krisenform, d. h. einer bloßen Mangelkrise, verhüllte, so etwa in Deutschland. Diese Erfahrungen gehen im Hinblick auf den Pöbel in der bürgerlichen Gesellschaft in das »System der Bedürfnisse« von Hegels »Rechtsphilosophie« ein. Bei der Analyse des Systems der Bedürfnisse müssen sie als empirisches Material mitgedacht werden. Das leuchtet mit folgenden Ausführungen von Hegel im ersten Paragraphen des entsprechenden Abschnitts ein, wobei er statt von politischer Ökonomie von Staatsökonomie spricht: »Die Staatsökonomie ist die Wissenschaft, die von diesen Gesichtspunkten ihren Ausgang hat, dann aber das Verhältnis und die Bewegung der Massen in ihrer qualitativen und quantitativen Bestimmtheit und Verwicklung darzulegen hat. – Es ist dies eine der Wissenschaften, die in neuerer Zeit als ihrem Boden entstanden ist. Ihre Entwicklung zeigt das Interessante, wie der Gedanke (s. Smith, Say, Ricardo) aus der unendlichen Menge von Einzelheiten, die zunächst vor ihm liegen, die einfachen Prinzipien der Sache, den in ihr wirksamen und sie regierenden Verstand herausfindet.«[49] Dieser Gesichtspunkt ist in der Perspektive festzuhalten, dass die ökonomische Instabilität politische Instabilität, ausgehend von gesellschaftlicher Not, mit sich brachte, was Hegel mit Besorgnis beobachtete und quasi vor der Haustür erfahren konnte. Wenn etwas charakteristisch an einer kapitalistischen Krise ist, dann dass sie die objektive Einheit des gesellschaftlichen Ganzen gegen ihre verselbstständigten Teile gewaltsam mit »bewußtloser Notwendigkeit«, wie Hegel sagen würde, wiederherstellt. Dann drückt sich der objektive Zusammenhang gegeneinander verselbstständigter Teile aus, was bei den Menschen umgekehrt im subjektiven Leben als Zerrissenheit erfahren wird – und aller Anfang der Hegelschen Philosophie ist Zerrissenheit. Dies ist der Moment der Erkennbarkeit der objektiven Einheit des Ganzen. Diese Qualität einer Krise hatte Hegel an der kapitalistischen Ökonomie erkannt. Das sticht im Zusammenhang mit dem Pöbel ins Auge.

---

49 RPh. § 189. S. 346 f.

3. Von den Lazzaroni bis zu den Ludditen

Bevor dies untersucht wird, möchten wir einen Wink Hegels aufgreifen, um die empirische Spannweite aufzunehmen, die Hegel mit dem Begriff des Pöbels in seiner Zeit vorschwebte. Bei seinem Begriff des Pöbels macht er nämlich einen empirischen Hinweis auf die präpolitischen »Lazzaroni in Neapel«[50], die um die Ludditen in England von anderer Seite als politisch werdenden Besitzlosen ergänzt werden können. Nicht zufällig äußert sich Hegel in der »Rechtsphilosophie« zu den Lazzaroni, auch wenn es beiläufig erscheint. Die Lazzaroni, die Hegel indirekt als »leichtsinnig und arbeitsscheu«[51] charakterisiert, waren schon früh in die Aufmerksamkeit der europäischen Intellektuellen des 18. Jahrhunderts geraten. Goethe etwa beschreibt in seinem Eintrag vom 28. Mai 1787 im Zuge seiner »Italienreise«, als er in Neapel war, das Leben der Lazzaroni sehr anschaulich und ausführlich. Dabei kommt er im Kontrast zum fortschrittlichen Norditalien zu folgendem Schluss: »Es ist wahr, man tut nur wenig Schritte, ohne einem sehr übelgekleideten, ja sogar einem zerlumpten Menschen zu begegnen, aber dies ist deswegen noch kein Faulenzer, kein Tagedieb! Ja, ich möchte fast das Paradoxon aufstellen, daß zu Neapel verhältnismäßig vielleicht noch die meiste Industrie in der ganz niedern Klasse zu finden sei. (…) Man würde alsdann im ganzen vielleicht bemerken, daß der sogenannte Lazarone nicht um ein Haar untätiger ist als alle übrigen Klassen, zugleich aber auch wahrnehmen, daß alle in ihrer Art nicht arbeiten, um bloß zu leben, sondern um zu genießen, und daß sie sogar bei der Arbeit des Lebens froh werden wollen. Es erklärt sich hiedurch gar manches: daß die Handwerker beinahe durchaus gegen die nordischen Länder sehr zurück sind; daß Fabriken nicht zustande kommen; daß außer Sachwaltern und Ärzten in Verhältnis zu der großen Masse von Menschen wenig Gelehrsamkeit angetroffen wird, so verdiente Männer sich auch im einzelnen bemühen mögen; daß kein Maler der neapolitanischen Schule jemals gründlich gewesen und groß geworden ist; daß sich die Geistlichen im Müßiggange am wohlsten sein lassen und auch die Großen ihre Güter meist nur in sinnlichen Freuden, Pracht und Zerstreuung genießen mögen. (…) Man bemerkt bei ihnen, wie bei frohen Kindern, denen man etwas aufträgt, daß sie zwar ihr Geschäft verrichten, aber auch zugleich einen Scherz aus dem Geschäft machen. Durchgängig ist diese Klasse von Menschen

50 RPh. § 244 Zusatz. S. 390.

51 RPh. § 244 Zusatz. S. 390.

eines sehr lebhaften Geistes und zeigt einen freien, richtigen Blick. Ihre Sprache soll figürlich, ihr Witz sehr lebhaft und beißend sein.«[52] Wie sich zeigt, bemerkt Goethe in der Daseinsweise der Lazzaroni gesamtgesellschaftliche Widersprüche. Ein weiteres Beispiel für das Interesse der europäischen Intellektuellen an den Lazzaroni ist Fichte. In seiner »Grundlage des Naturrechts« schreibt er im Kontext der Staatsrechtslehre, dass die »Lazzaroni alles ihr absolutes Eigentum (…) stets auf dem Leibe«[53] haben. Dass Hegel so gut wie jede Schrift von Goethe, Fichte und den anderen europäischen Intellektuellen seiner Zeit und den philosophischen wie literarischen Diskurs des 18. Jahrhunderts bis ins kleinste Detail kannte, ist kaum der Rede wert.

Von anderer Seite schildert der Sozialhistoriker Edward P. Thompson in seinem opulenten Werk »Die Entstehung der englischen Arbeiterklasse« von 1963 die Ludditen, die in der einschlägigen Fachliteratur als »Maschinenstürmer« apostrophiert werden. Die Ludditen kämpften, so Thompson, gegen »die ›Freiheit‹ des Kapitalisten, die Gebräuche des Gewerbes zu zerstören, durch neue Maschinen, durch das Fabriksystem oder durch uneingeschränkte Konkurrenz […] und Aushöhlung der handwerklichen Normen«.[54] Er zeigt auf, dass die »Ludditen-Unruhen« insbesondere zwischen 1810 bis 1820 besonders zunahmen und die britische Staatsmacht mit rigoroser Gewalt durchgriff. Auch wenn die Ludditen kein konkretes politisches Programm verfolgten, waren sie, wie Thompson in seiner Studie darlegt, nicht zwingend technikfeindlich. Nach Thompson drückte der organisierte und gezielte Protest vielmehr die Gegnerschaft mit den neu aufkommenden Wirtschaftsbeziehungen aus, z.B. gegen die Abschaffung des Festpreises, der mehr und mehr der Oszillation des kapitalistischen Markts überlassen wurde. Hierbei ist vor allem zu beachten, dass in England die Getreide- und Brotpreise im Mai 1816 von ca. 50 Sterling auf 76 Sterling und bis zum Dezember auf 103 Sterling gestiegen waren. Gleichzeitig hatten die mit dem »Importation Act« von 1815 in Kraft getretenen »Corn Laws« zur Folge, dass die Getreidepreise durch Importzölle zu Gunsten der Besitzbürger und kleinen Landbesitzer (sie dominierten das Unterhaus) und großen Landbesitzer (sie dominierten das Oberhaus) künstlich hochgehalten wurden. Zudem herrschte ein Überangebot auf dem Arbeitsmarkt wegen der

52 Goethe. Italienische Reise. Verlag Goldmann Klassiker, Augsburg 1986. S. 312-314.

53 Fichte. Grundlage des Naturrechts. Felix Meiner Verlag, Hamburg 1991. § 19.

54 Edward P. Thompson. Die Entstehung der englischen Arbeiterklasse. Suhrkamp Verlag, Frankfurt 1987. Band II. S. 637.

vielen Soldaten, die aus den Kriegen heimgekehrt waren. Die Arbeitslosigkeit nahm zu. Während also die Preise stiegen, begannen gleichzeitig die Löhne zu sinken.[55] Dies bildet den politisch-ökonomischen Hintergrund der »Ludditen-Unruhen«, die sich im Herbst 1816 zu einer Serie von Massenkundgebungen ausweiteten. Als »Spa Fields Riots« von 1816, deren Kern die Anhänger des Sozialphilosophen Thomas Spence (1750–1814) bildeten, sind sie in die Geschichte Englands eingegangen.[56]

Es ist davon auszugehen, dass Hegel bei der Abfassung der »Rechtsphilosophie« sowohl von den Lazzaroni wusste, als auch von den wiederkehrenden Aufständen der Ludditen erfahren hatte. Beide können als prototypische Erscheinungsformen des Pöbel-Phänomens betrachtet werden, die jeweils zwei polare Seiten desselben Phänomens darstellen und in ihrer Spannweite die verschiedenen Gestalten wie Abstufungen desselben einschließen. Sowohl in Bezug auf die Lazzaroni als auch die Ludditen lässt sich von subalternen Klassen in den entstehenden bürgerlichen Gesellschaften sprechen, wobei die Ludditen sich gerade darin auszeichnen, widerständige Impulse gegen die Subalternität der eigenen Lage zu setzen. Mit subalternen Klassen sind fragmentierte Gruppierungen gemeint, denen es tendenziell an Autonomie mangelt. Charakteristisch ist ihre strukturelle und ökonomische Ausgrenzung im Gegensatz zu den dominierenden Gesellschaftsgruppen der besitzenden Klassen.[57] Während die Lazzaroni die politische Passivität des Pöbels verkörpern, repräsentieren die Ludditen die erste Aktivierung des Politischen der Armen. Mit Blick auf Hegels Analyse des Pöbels sind solche Phänomene insofern interessant, als sie die Begleiterscheinung der durch die erste kapitalistische Weltwirtschaftskrise verarmten Massen und Bettlerheere der bürgerlichen Gesellschaft darstellen. Welche philosophisch-systematische Stellung Hegel ihnen in der bürgerlichen Gesellschaft zuteilt, ist an dieser Stelle noch zweitrangig. Entscheidend ist, dass Hegel über empirische Befunde von gesellschaftlich freigesetzter und mobil gewordener Massenarmut verfügte.

---

55 Vgl. Wolfgang Behringer. Tambora und das Jahr ohne Sommer: wie ein Vulkan die Welt in die Krise stürzte. C. H. Beck Verlag, München 2016, 2. Aufl. S. 37 und 45.

56 Edward P. Thompson. Die Entstehung der englischen Arbeiterklasse. Suhrkamp Verlag, Frankfurt 1987. Band II. S. 705ff.

57 Vgl. Antonio Gramsci. Gefängnishefte. Kritische Gesamtausgabe. Argument Verlag, Hamburg 1999 Band 9. Hefte 22 bis 29. Hrsg. Wolfgang Fritz Haug / Klaus Bochmann (ital. zuerst 1934).

4. Zur Entstehungsgeschichte der »Rechtsphilosophie«

Vor dem dargestellten Hintergrund werden sich nun der ambivalente Charakter und die publizistische Doppelrolle der »Rechtsphilosophie« zeigen, die mitnichten der Legende vom preußischen Staatsphilosophen entspricht. Vielmehr ist es vor allem Hegels anhaltendes Interesse an einer philosophischen Systematisierung praktisch-politischer sowie der sich implizit aufdrängenden Fragen, die ihn bei der Fertigstellung seines Alterswerks von 1821 geleitet haben. Dies wird an seiner Entstehungsgeschichte deutlich. Die bislang hier gegebenen Ausführungen bilden in vielerlei Hinsicht das Tableau oder, wenn man so will, das Bühnenbild für die Entstehung der »Rechtsphilosophie«. Dem Leser fällt beim oberflächlichen Durchblättern die Bündelung von Paragraphen, Zusätzen, Notizen und Anmerkungen auf. Der Grund dieses scheinbaren Chaos ergibt sich durch die politischen Entstehungsbedingungen der »Rechtsphilosophie«.

Die »Rechtsphilosophie« erschien erstmals 1821 im Verlag der Nicolaischen Buchhandlung unter dem Doppeltitel: »Naturrecht und Staatswissenschaft im Grundriß und Grundlinien der Philosophie des Rechts«. »Der Vermerk ›Zum Gebrauch für die Vorlesungen‹ darf nicht darüber hinwegtäuschen, daß es sich um den Versuch handelt, die gesamte praktische Philosophie als geschlossenes Ganzes vorzutragen«.[58] Inzwischen war 1807 die »Phänomenologie des Geistes« und 1812 – 1816 die »Wissenschaft der Logik« und 1817 die »Enzyklopädie der philosophischen Wissenschaften« erschienen. Die »Rechtsphilosophie« ist das letzte unmittelbar aus seiner Hand veröffentlichte Werk. Die Vorlesungen zur Geschichte der Philosophie, zur Religion, zur Ästhetik und zur Weltgeschichte sind posthum aus Vorlesungsmitschriften seiner Schüler entstanden.

Mit Natur- und Staatsrecht sowie Rechtsphilosophie hatte Hegel sich bereits in Jena intensiv beschäftigt und regelmäßig Vorlesungen zu entsprechenden Themen gehalten. Die Versuche erster politisch-philosophischer und gesellschaftstheoretischer Begriffsbildung aus den Materialien der Naturrechtsvorlesung lassen sich im Entwurf des »Systems der Sittlichkeit« (1802 – 1803) und in dem Aufsatz »Über die wissenschaftlichen Behandlungsarten des Naturrechts« (1802) finden. Die Entstehung, Komposition und abschließende Redaktion der »Rechtsphilosophie« reicht unter diesem Blickwinkel von 1801 bis 1821, biographisch also von Hegels 30. bis in sein 50. Lebensjahr.

58 Franz Wiedmann. Hegel. Rowohlt Verlag, Hamburg 1965. S. 76.

Wie bereits erwähnt, hatte Hegel schon in Heidelberg zum Ende des Wintersemesters 1817/18 mit der Abfassung des Buches begonnen. Mit Blick auf die historische Entwicklung war der geistige Grund, den die »Rechtsphilosophie« vorfand, dass »die Vernunft praktisch und konstruktiv« wurde und »dazu über ein wirkungsvolles Mittel« verfügte: »Die Kunst der Gesetzgebung«.[59] Da Hegel von aktuellen Fragestellungen seiner Zeit energisch bewegt war, lag ihm daran, auf diese Kunst durch seine Philosophie Einfluss auszuüben. Besonders die ständig wiederkehrenden scharfzüngigen Polemiken in all seinen Werken belegen seine politische Anteilnahme und seinen Willen zur politischen Mitgestaltung durch die Philosophie. In herausragender Weise wird dies in der »Rechtsphilosophie« deutlich.

In Deutschland spielen hierbei die sogenannten preußischen Reformen zwischen 1807 und 1811 unter dem Druck der napoleonischen Ära eine wichtige Rolle. Getragen wurden sie vor allem von den Reformern Karl Freiherr von Stein, Karl August von Hardenberg, Gerhard von Scharnhorst, August Neidhardt von Gneisenau und Wilhelm von Humboldt. Die ersten beiden waren preußische Staatsmänner und die anderen, außer Wilhelm von Humboldt, vom Generalstab des preußischen Militärs. Alle stammen jedoch vom preußischen Adel ab. Der Umfang der Reformen reichte von der Bauernbefreiung, über die Heeres- und Städtereform sowie die Kabinetts- und Schulreform bis hin zur Wirtschaftsreform und Judenemanzipation. Auf der einen Seite sollten sie eine Revolution nach französischem Vorbild durch reformerisches Zuvorkommen verhindern und auf der anderen Seite bereiteten sie der Tendenz der Industrialisierung wie der Verbürgerlichung Deutschlands den Weg. Von besonderem Interesse für die vorliegende Untersuchung ist die mit dem Oktoberedikt vom 9. Oktober 1807 eingeleitete Abschaffung der Gutsuntertänigkeit der Bauern in ganz Preußen. Besitzende Bauern wurden sofort, die besitzlosen am 11. November 1810 frei, wobei die Dienst- und Abgabepflichten an den Gutsherrn bis zum Regulierungsedikt vom 14. September 1811 bestehen blieben. Je nach Besitzrecht hatten die Bauern ein Drittel oder die Hälfte ihres Landes als Entschädigung an ihren Grundherrn abzutreten oder eine Rentenschuld zu übernehmen. Für viele Bauern, vor allem für die mit wenig Landbesitz, war das kaum finanzierbar. So konnten die Großgrundbesitzer, insbesondere der Adel, ihre Güter vergrößern, zumal ihnen neben den Steuerprivilegien auch

59 Bernhard Groethuysen. Philosophie der französischen Revolution. Verlag Luchterhand, Berlin 1971. S. 146 f.

die Patrimonialgerichtsbarkeit und die niedere Polizeigewalt blieben. Damit hatten die Landherren ihre ökonomische und soziale Macht de facto ausbauen können. Die nachnapoleonische Phase sicherte nun diese Entwicklung ab und die Reformbewegung endete. Das Resultat war, dass die unfreien Bauern zu Tagelöhnern oder Bettlern wurden.[60]

Nun sind drei innerdeutsche Umstände von entscheidender Bedeutung für den doppelten Werkcharakter der »Rechtsphilosophie«, der sich in den Dissonanzen zwischen Vorrede, Paragraphen und Zusätzen sowie ausgedehnten Anmerkungen niederschlägt und in der Rezeptionsgeschichte bis heute für anhaltende Kontroversen sorgt.

a) Zu dieser Zeit, nämlich ab 1817, hatte Hegel parallel zur akademischen Vorlesung an einer politischen Programmschrift gearbeitet, die »Beurteilung der im Druck erschienenen Verhandlungen in der Versammlung der Landstände des Königreichs Württemberg in den Jahren 1815 und 1816«, die 1817 in den »Heidelberger Jahrbüchern« veröffentlicht wurde. Die Schrift enthält eine Analyse der feudalständischen Tendenzen der frühen Restaurationsperiode, die sich in den deutschen Staaten formieren. »Mit dieser Schrift, die dem Absolutismus der Regierenden das Wort zu reden und von ihm die Einlösung des liberalen Verfassungsversprechens zu erwarten schien, verwickelte sich Hegel in die politischen Kämpfe der Zeit nach dem Wiener Kongreß.«[61] Mit einer Stellungnahme zugunsten des Konstitutionalismus brandmarkte er die provinzielle Enge, die deutsche Kleinstaaterei und den falschen Patriotismus, die der Einheit und Staatswerdung Deutschlands sowie seiner industriellen Revolution im Weg standen. Damit hatte sich Hegel in den politischen Kampfplatz der nachnapoleonischen Zeit begeben.

b) Daneben markiert das Wartburgfest vom selben Jahr einen zweiten entscheidenden Umstand bei der Entstehungsgeschichte der »Rechtsphilosophie«. »Es ist der zuerst auf der Wartburg manifest gewordene Umschlag des deutschen Liberalismus in Deutschtümelei, die nationale Enge und Borniertheit der Burschenschaften und ihrer Wortführer, mit deren teils grotesken, teils bedrohlichen Folgen (Verbot der französischen Sprache, Judenseparation,

---

60 Siehe zur Bauernbefreiung in Deutschland Friedrich Lütge. Deutsche Sozial- und Wirtschaftsgeschichte – Ein Überblick. Springer Verlag, Berlin/Heidelberg/New York 1966, 3. Aufl. S. 433-445; Und Friedrich Engels. Zur deutschen Geschichte in drei Bänden. Band I: Zur Geschichte der Bauern. Dietz Verlag, Berlin 1953. S. 573-575.

61 Manfred Riedel. Materialien zu Hegels Rechtsphilosophie. Suhrkamp Verlag, Frankfurt a. M. 2016, 2. Aufl. Einleitung. S. 13.

Bücherverbrennungen, Geheimbündelei usf.) sich Hegel zunächst in Heidelberg und dann (ab 1818) in Berlin konfrontiert sieht.«[62] Vor dem Hintergrund seiner Positionierung zur nachnapoleonischen Zeit konnte Hegel das Fest der Studenten nur mit Widerwillen bewerten. Umso dringlicher muss er den Abschluss der Arbeit an der »Rechtsphilosophie« empfunden haben, um zum einen die voreiligen Studenten von ihrem radikalen Patriotismus abzubringen, und zum anderen wegen seiner Antizipation, dass die monarchische Reaktion mit Repression auf die Studenten antworten würde und diese auch Hegel erfassen könnte.

c) Nach seinem Ruf nach Berlin durch den reformeifrigen ersten preußischen Kultusminister Karl Freiherr von Altenstein schrieb Hegel einen Tag nach Beendigung seines ersten Berliner Semesters 1818 an seinen Freund Friedrich Immanuel Niethammer aus Tübingen: »Als Professor habe ich nun den Anfang gemacht; es ist aber noch viel an mir und an der Sache zu tun. Gestern habe ich geschlossen, und meine erste Zeile hierauf ist an Sie. Auf die Leipziger Messe soll ich ein Buch schreiben (mein Naturrecht in §§.)«[63] Bei der Messe handelt es sich um die Ostermesse vom April 1819. Hier kommt nun der dritte innerdeutsche Umstand zum Tragen, der zum einen das abermalige Redigieren des Buches und zum anderen den Aufschub der Drucklegung bewirkte. Wenige Tage vor der Ankündigung seines Buches für die Ostermesse im April wurde am 23. März 1819 der vom russischen Hof besoldete Schriftsteller August von Kotzebue durch den Jenaer Theologiestudenten Carl Ludwig Sand in Mannheim ermordet. »Damit kommt es zum befürchteten Gegenschlag, zur Ausschaltung aller oppositionellen Kräfte auf dem Weg der Karlsbader Beschlüsse, deren Spitze (Universitäts-, Presse- und Untersuchungsgesetz) sich unzweideutig gegen Studenten und Professoren richtet.«[64] Die restaurative Reaktion hatte nun auch in Deutschland vollends durchgegriffen. Trotzdem hatte Hegel unmittelbar nach Bekanntgabe der Karlsbader Beschlüsse noch im Wintersemester 1819/20 eine Vorlesung über »Naturrecht und Staatswissenschaft« gehalten, deren Nachschrift bis etwa 1980 unentdeckt im Besitz der Lilly-Library der University of Indiana in Bloomington war und erst mit dem Fund

62 Ebd.

63 Briefe von und an Hegel. Hrsg. von Johannes Hoffmeister. Felix Meiner Verlag, Hamburg 1969, 3. Aufl. An Niethammer, Nr. 329.

64 Manfred Riedel. Materialien zu Hegels Rechtsphilosophie. Suhrkamp Verlag, Frankfurt a. M. 2016, 2. Aufl. Einleitung. S. 16.

durch Dieter Henrich zur selben Zeit in den Gesichtskreis der philosophischen Forschung trat.[65] Das angekündigte Buch hatte Hegel jedoch noch nicht zum Druck gegeben. Die rigide Anwendung der Karlsbader Beschlüsse brachte im Oktober 1819 nämlich neue Zensurvorschriften. »Sie erstrecken sich vorzugsweise auf Publikationen mit politischer Thematik, verschärfen die Kontrollen über alle antimonarchischen Theorien und suspendieren die Zensurfreiheit der Akademien und Universitäten.«[66] So sah sich Hegel gezwungen, die Drucklegung seiner »Rechtsphilosophie«, wie sie nach den Heidelberger und Berliner Vorlesungen gestaltet und im Frühjahr 1819 mit dem Inhalt seiner Vorlesung im Wintersemester abschließend überarbeitet wurde, gänzlich zurückzuhalten. In einem Brief an Friedrich Creuzer vom 30. Oktober 1819 schreibt Hegel: »Ich wollte eben anfangen drucken zu lassen, als die Bundestagsbeschlüsse ankamen. Da wir jetzt wissen, woran wir mit unserer Zensurfreiheit sind, werde ich sie jetzt nächstens in Druck geben.«[67] Mit anderen Worten: Hegel musste die »Rechtsphilosophie« unter den Bedingungen der Zensur neu redigieren. Durch politisch bedingte Kämpfe, in die Hegel nach dem Wiener Kongress publizistisch involviert war, erschien die »Rechtsphilosophie«, deren Vorrede auf den 25. Juni 1820 datiert, während das Titelblatt das Jahr 1821 angibt, endlich im Herbst 1820. Der publizistische Doppelcharakter, der sich in der sprachlichen wie äußeren Darstellung widerspiegelt, besteht mithin darin, dass das Buch gelehrte Abhandlung und polemische Kampfschrift, philosophisches Lehrbuch und politische Publizistik in einem ist.[68] Etwa zehn Jahre später sah sich daher der Hegel-Schüler und Werkverwalter, Eduard Gans, wegen des »ungemeinen Mißverhältnisses« genötigt, im Vorwort zur 2. Ausgabe den »bedeutenden Wert der vorliegenden »Rechtsphilosophie«« klarzustellen, der »in der definitiven Aufhebung des Unterschiedes, den die Abstraktion des siebzehnten und

---

65 Vgl. auch Dieter Henrich. Long-Missing Hegel Papers Sought. In: Manuscripts XXX (Hrsg. The Manuscript Society), New York 1978, Nr. 4, S. 309. Diese Nachschrift wird in den einschlägigen Stellen dieser Untersuchung insbesondere begleitend in den Fußnoten zitiert.

66 Manfred Riedel. Materialien zu Hegels Rechtsphilosophie. Suhrkamp Verlag, Frankfurt a. M. 2016, 2. Aufl. Einleitung. S. 16.

67 Briefe von und an Hegel. Hrsg. von Johannes Hoffmeister. Felix Meiner Verlag, Hamburg 1969, 3. Aufl. An Creuzer, Nr. 359.

68 Das erkennt Manfred Riedel ganz richtig, sodass die wechselvolle Rezeptionsgeschichte hier seinen Ausgangspunkt hat. Siehe die kurze Zusammenfassung: Manfred Riedel. Materialien zu Hegels Rechtsphilosophie. Suhrkamp Verlag, Frankfurt a. M. 2016, 2. Aufl. Einleitung. S. 11 ff.

achtzehnten Jahrhunderts zwischen Staatsrecht und Politik gemacht hatte«, liegt.[69] Die Aufhebung der »Abstraktion« bedeutet die Verzahnung von Rechtsphilosophie und Politik.

Dieser Doppelcharakter entzündet sich nun vor allem im Horizont der Ausführungen Hegels über den Staat ab den Paragraphen 257 ff. Dabei wurde bisher weitgehend von den meisten Interpreten übersehen, dass Hegel in der »Rechtsphilosophie« die erste begriffliche Darstellung der bürgerlichen Gesellschaft überhaupt lieferte, die er als moderne Arbeits- und Marktgesellschaft vorstellt.[70] Bereits in Bern (ab 1793) wurde Hegel »mit der Gesellschaftstheorie der englischen Politischen Ökonomie bekannt. Er hat damals in Bern Steuarts »Inquiry into the principles of political economy« (London 1767) gelesen und mit einem fortlaufenden, ausführlichen Kommentar versehen. (…) Es geht ihm auf, daß das Geschichtliche der Revolution und des gesamten Zeitalters und aller ihrer Probleme das Aufkommen der modernen industriellen bürgerlichen Arbeitsgesellschaft ist«.[71] Diese Überlegungen treten in ihrer ganzen Tragweite Jahrzehnte später in der »Rechtsphilosophie« zutage. Es ist das Verdienst Joachim Ritters, dies herausgearbeitet zu haben, und das von Hans Heinz Holz, die Überlegungen Ritters fortgesetzt und ergänzt zu haben. Das Neue, das Hegel an der Zeit erscheint, ist – neben dem modernen Nationalstaat – folgerichtig die bürgerliche Gesellschaft, was sich in der Konzeption seines Buches dadurch zeigt, dass er sie auf der einen Seite gegenüber der Familie (§§ 158 – 181) und von anderer Seite gegenüber dem Staat (§§ 257 – 360) abgrenzt und unterscheidet. Damit ist sie eine soziale Sphäre mit partieller Selbstständigkeit, in der die Familie außer sich kommt und ihre genealogische Selbstständigkeit verliert ebenso wie der moderne Staat seine Selbstständigkeit aus ihr gewinnt und zu-

69 Eduard Gans. Vorwort zur 2. Ausgabe der Rechtsphilosophie (1833). In: Materialien zu Hegels Rechtsphilosophie. Suhrkamp Verlag, Frankfurt a. M. 2016, 2. Aufl. Band 1. S. 242 und 243. Weiter hierzu auf S. 245: »Hatte der Verfasser, wir wollen nur von einigem reden, nicht in einer schwierigen Zeit die Öffentlichkeit der Gerichte und der Ständeverhandlungen, so wie die Geschworenengerichte, als der Vernünftigkeit einzig und allein entsprechend aufgestellt, hatte er den Monarchen anders, als die notwendige und gedankenmäßige Spitze des Staates aufgefaßt, hat er ihn bloß als aus der Positivität und der Geschichtlichkeit hervorgehend begriffen?«

70 Siehe Manfred Riedel. Hegels Begriff der »Bürgerlichen Gesellschaft« und das Problem seines geschichtlichen Ursprungs. In: Materialien zu Hegels Rechtsphilosophie. Suhrkamp Verlag, Frankfurt a. M. 2016, 2. Aufl. Band 2. S. 247 f.

71 Joachim Ritter. Hegel und die französische Revolution. Suhrkamp Verlag, Frankfurt a. M. 1965. S. 52.

gleich an die bürgerliche Gesellschaft als materielles Mittelglied zur Familie gebunden ist. »Die bürgerliche Gesellschaft ist die Differenz, welche zwischen die Familie und den Staat tritt, wenn auch die Ausbildung derselben später als die des Staates erfolgt«[72], schreibt Hegel. Sie ist das Glied der Negativität zwischen These und Synthese, das, wie Hegel sagen würde, Außersichsein gesellschaftlicher Beziehungen. In dieser Differenz vollzieht sich also der Stoffwechsel gesellschaftlicher Praxis zwischen Privatem und Öffentlichem, indem sie weder selbstidentisch noch miteinander identisch gesetzt werden. Die bürgerliche Gesellschaft steht in der Mitte beider Sozialsphären »(die in der Antike unmittelbar aneinanderstoßen und ineinander übergehen), indem sie sie vermittelt, das heißt, zugleich auseinanderhält und ineinander verfugt«.[73] Damit durchschaut Hegel den illusionären Charakter der rousseauistischen Erwartung von Robespierre und St. Just. Der Bourgeois lässt sich nicht unmittelbar zum Citoyen erheben. Die arbeitsteilig produzierende Gesellschaft, wie sie Hegel im »System der Bedürfnisse« vorstellt, verweigert den unmittelbaren Übergang des bürgerlichen Individuums zum politischen Staatsbürger. Die Dichotomie des bürgerlichen Subjekts ist hier aporetische Schranke.

Ferner gehört die »Schöpfung der bürgerlichen Gesellschaft (...) übrigens der modernen Welt an«[74]. Die bürgerliche Gesellschaft bildet somit nach Hegel den Seinsgrund der Moderne, von dem der Pöbel ein Teil ist. So hat hier, im »Kampfplatz des individuellen Privatinteresses aller gegen alle«, »der Konflikt (...) gegen die gemeinschaftlichen besonderen Angelegenheiten, und dieser zusammen mit jenem gegen die höheren Gesichtspunkte und Anordnungen des Staats, seinen Sitz«[75], wie Hegel im Zusammenhang mit der Regierungsgewalt im Staat, die Exekutive, feststellt. Während noch der große Staatstheoretiker Thomas Hobbes in seinem »Leviathan« (1651) das Prinzip des *bellum omnium contra omnes* (Kampf aller gegen alle) anthropologisch naturalisiert und im bürgerlichen Gesellschaftszustand die Interessenharmonie aller Privatindividuen mit allen unter der schrankenlosen Herrschaft eines absoluten Monarchen statuiert, ist es Hegel, der als erster unter den Staatstheoretikern erkennt, dass der bürgerliche Gesellschaftszustand selbst die historisch-prak-

72 RPh. § 182 Zusatz. S. 339.

73 Hans Heinz Holz. Dialektik – Problemgeschichte von der Antike bis zur Gegenwart. Band 5. Neuzeit III. Wissenschaftliche Buchgesellschaft, Darmstadt 2011. S. 28.

74 RPh. § 182 Zusatz. S. 339.

75 RPh. § 289. S. 458.

tische Wirklichkeit des *bellum omnium contra omnes* ist. Der Kampf aller gegen alle ist für Hegel eine geschichtliche Formation spezifisch der Moderne.[76] Durch die bürgerliche Gesellschaft zieht sich demnach die Zerrissenheit, der Antagonismus, der »Konflikt« der Moderne. Sie ist die Form des Widerspruchs, in welcher sich die geschichtliche Bewegung nach der Französischen Revolution vollzieht.

Die »Rechtsphilosophie« stellt damit den Versuch dar, diese Zerrissenheit in einem Vermittlungsganzen von Tradition und Revolution auf der Grundlage der stürmischen Pulsschläge der Französischen Revolution und unter Zurückweisung der sich anbahnenden politischen Restauration sowie des bornierten Nationalismus darzustellen. »So geht es Hegel philosophisch wie politisch bis zuletzt darum, das revolutionäre Prinzip der Freiheit als Recht aus dem politischen Kampf herauszuholen und vor der Überflutung durch den Strom der Ereignisse in der Gärung der Zeit sicherzustellen.«[77] In dieser Achse kommt »Hegels Auseinandersetzung (…) in der »Rechtsphilosophie« zum Abschluß, und dieser Abschluß besteht darin, daß ihre Staatslehre das Freiheitsprinzip der Revolution aufnimmt und es als die Voraussetzung aller künftigen rechtlichen und politischen Ordnungen versteht«.[78] Das gilt bis heute. Dieses Freiheitsprinzip öffnet das logische Fenster zum immanenten Problem des Pöbels in der bürgerlichen Gesellschaft. Unter diesem Gesichtspunkt ist Hegel der Retter der Idee der Revolution und die »Rechtsphilosophie« die philosophische Behausung dieser Idee für die Nachwelt.

---

76 Diese Leistung Hegels anerkennend und an sie anknüpfend beschreibt Karl Marx die bürgerliche Gesellschaft im Zusammenhang mit der Religion wie folgt: »Der Mensch emanzipiert sich politisch von der Religion, indem er sie aus dem öffentlichen Recht in das Privatrecht verbannt. Sie ist nicht mehr der Geist des Staats, wo der Mensch – wenn auch in beschränkter Weise, unter besonderer Form und in einer besondern Sphäre – sich als Gattungswesen verhält, in Gemeinschaft mit andern Menschen, sie ist zum Geist der bürgerlichen Gesellschaft geworden, der Sphäre des Egoismus, des bellum omnium contra omnes |Krieges aller gegen alle|. Sie ist nicht mehr das Wesen der Gemeinschaft, sondern das Wesen des Unterschieds. Sie ist zum Ausdruck der Trennung des Menschen von seinem Gemeinwesen, von sich und den andern Menschen geworden – was sie ursprünglich war. Sie ist nur noch das abstrakte Bekenntnis der besondern Verkehrtheit, der Privatschrulle, der Willkür.« (»Zur Judenfrage«. In: MEW 1, 357.)

77 Joachim Ritter. Hegel und die französische Revolution. Suhrkamp Verlag, Frankfurt a. M. 1965. S. 38.

78 Ebd. S. 40.

III.
Der Einbruch der Freiheit ins Sein

Das Problem, das sich damit zunächst aufdrängt, ist, wie Hegel das neue Prinzip der Freiheit mit der philosophischen Tradition, in der er seine Philosophie sieht, zusammenschließt. Die inhaltliche Entfaltung dieses Prinzips der Freiheit wird er sodann in der »Rechtsphilosophie« nach der Maßgabe und der Anatomie der neuen, bürgerlichen Gesellschaft für die Gegenwart formulieren.

1. Zwischen Tradition und Revolution

Den Zusammenschluss des Prinzips der Freiheit mit der philosophischen Tradition erschließt Hegel erstmals 1807 mit der »Phänomenologie des Geistes«, worin er selbstredend »das werdende Wissen«[79] darstellt. »Sie faßt die verschiedenen Gestalten des Geistes als Stationen des Weges in sich«[80], die, herkommend aus den Annalen der Tradition, in der Moderne in das neue Prinzip der Freiheit als vorerst letzte Station münden. So hat die »Phänomenologie«, wie Hegel in der Vorrede expliziert, zur »Aufgabe, das Individuum von seinem ungebildeten Standpunkte aus zum Wissen zu führen«[81], nämlich von den mythischen Anfängen der Vorsokratiker bis hin zum wissenschaftlichen Wissen um die Freiheit des Menschen. Es geht um das Zu-Sich-Kommen des Subjekts durch das Objekt, die welthistorische Selbstwerdung des Subjekts in

79 Hegels Selbstanzeige im Intelligenzblatt der Jenaer Allgemeinen Literatur-Zeitung vom 28. Oktober 1807. In: Hegel. Phänomenologie des Geistes. Suhrkamp Verlag, Frankfurt a. M.1991, 3. Aufl. S. 593. Der Einfachheit wegen werden folgend die Zitate aus der »Phänomenologie des Geistes« in den Fußnoten mit Seitenanzahl und »PhG« angegeben.

80 Hegels Selbstanzeige im Intelligenzblatt der Jenaer Allgemeinen Literatur-Zeitung vom 28. Oktober 1807. In: PhG. S. 593.

81 PhG. S. 31.

der dialektischen Durchdringung mit dem Objekt, in welchem das Subjekt seine lebendige und historische Wirklichkeit in Form von sukzessiven Bewusstseinsgestalten findet. Selbsterkenntnis wird hier formuliert als Erkenntnis der Selbstverwirklichung der Menschen in ihrer eigenen Geschichte. »Dieser Weg«, präzisiert Hegel in der »Wissenschaft der Logik«, »geht durch alle Formen des Verhältnisses des Bewußtseins zum Objekte durch«[82]. Die »Phänomenologie«, schreibt Lukács daher folgerichtig, ist »die Entwicklung der menschlichen Gattungserfahrungen im Spiegel des individuellen Bewusstseins«.[83] In Hegels Worten: »Das Ziel ist die Einsicht des Geistes in das, was das Wissen ist«[84]: »die selbstbewußte Freiheit«[85]. Der Schwierigkeit des Unterfangens war sich Hegel durchaus bewusst, wenn er schreibt, dass die »Ungeduld« »das Unmögliche« verlangt, »nämlich die Erreichung des Ziels ohne die Mittel«.[86] Hier geht es um den Verbindungspunkt, der anzeigt, wie Hegel den Zusammenschluss einer welthistorischen Bruchstelle wissenschaftslogisch leistet.

In der »Phänomenologie des Geistes« schreibt Hegel zum Schluss der Analyse des jakobinischen Terrors im Abschnitt »Die absolute Freiheit und der Schrecken«: »Wie das Reich der wirklichen Welt in das Reich des Glaubens und der Einsicht übergeht, so geht die absolute Freiheit aus ihrer sich selbst zerstörenden Wirklichkeit in ein anderes Land des selbstbewußten Geistes über, worin sie in dieser Unwirklichkeit als das Wahre gilt, an dessen Gedanken er sich labt, insofern er Gedanke ist und bleibt und dieses in das Selbstbewußtsein eingeschlossene Sein als das vollkommene und vollständige Wesen weiß.«[87] Das andere »Land des selbstbewußten Geistes«, wo die »absolute Freiheit« »als das Wahre« zu gelten beginnt und die Revolution ankündigt, ist Deutschland, namentlich die Philosophie Immanuel Kants, als »die neue Gestalt des moralischen Geistes«[88], womit der Anfang des deutschen Idealismus markiert ist, der seinen Höhepunkt und sein Ende bei Hegel findet.

---

82 Hegel. Wissenschaft der Logik I. Suhrkamp Verlag, Frankfurt a. M. 1986, 11. Aufl. S. 42.

83 Georg Lukács. Der junge Hegel. Suhrkamp Verlag, Frankfurt a. M. 1973, 15. Aufl. Band II. S. 733.

84 PhG. S. 33.

85 PhG. S. 25.

86 PhG. S. 33.

87 PhG. S. 441.

88 PhG. S. 441.

Dass Hegel die geschichtliche Wirklichkeit seiner Gegenwart als Übergang und Zeitenwende begriff, mithin in der Tat in einer Epochenschwelle philosophierte, wird an unzähligen Stellen seines Gesamtwerks ausgesprochen.[89] Die weltgeschichtliche Krise, die sich politisch-ökonomisch ins gesellschaftliche Zusammenleben Bahn brach, wirkte wie ein epistemologisches Schlüsselmoment für Hegel. In der »Rechtsphilosophie« kommt dies durch vielfache Redewendungen zum Ausdruck. Sie lassen sich als das Prinzip der Freiheit zusammenfassen. Will das philosophische Denken nicht hinter die Moderne zurückfallen, so muss es das Prinzip der Freiheit, nachdem es einmal in die Zeit getreten und zum Bewusstsein gekommen ist, zur unhintergehbaren und selbstreflektierten Voraussetzung allen philosophischen Denkens machen. Das ist die kategorische Forderung Hegels an alle Zeitgenossen und Nachgeborenen.

Unzweifelhaft für Hegel ist das Prinzip der Freiheit mit der Französischen Revolution ins Dasein getreten, und »es gibt keine zweite Philosophie, die so sehr und bis in ihre innersten Antriebe hinein Philosophie der Revolution ist wie die Hegels«.[90] Freiheit erhält die Form des Universellen.[91] Zugleich geht es

---

89 Das Erkennen des Problems und dass es im Zusammenhang mit der französischen Revolution steht, wird in der folgenden Passage seiner Vorrede der »Phänomenologie des Geistes« besonders deutlich: »Es ist übrigens nicht schwer zu sehen, daß unsere Zeit eine Zeit der Geburt und des Übergangs zu einer neuen Periode ist. Der Geist hat mit der bisherigen Welt seines Daseins und Vorstellens gebrochen und steht im Begriffe, es in die Vergangenheit hinab zu versenken, und in der Arbeit seiner Umgestaltung. Zwar ist er nie in Ruhe, sondern in immer fortschreitender Bewegung begriffen. Aber wie beim Kinde nach langer stiller Ernährung der erste Atemzug jene Allmählichkeit des nur vermehrenden Fortgangs abbricht – ein qualitativer Sprung – und Jetzt das Kind geboren ist, so reift der sich bildende Geist langsam und stille der neuen Gestalt entgegen, löst ein Teilchen des Baues seiner vorhergehenden Welt nach dem andern auf, ihr Wanken wird nur durch einzelne Symptome angedeutet; der Leichtsinn wie die Langeweile, die im Bestehenden einreißen, die unbestimmte Ahnung eines Unbekannten sind Vorboten, daß etwas anderes im Anzuge ist. Dies allmähliche Zerbröckeln, das die Physiognomie des Ganzen nicht veränderte, wird durch den Aufgang unterbrochen, der, ein Blitz, in einem Male das Gebilde der neuen Welt hinstellt.« (PhG. S. 18 f.)

90 Joachim Ritter. Hegel und die französische Revolution. Suhrkamp Verlag, Frankfurt a. M. 1965. S. 18.

91 Dies wird vor allem mit der erfolgreichen antikolonialen Revolution der Sklaven in Haiti 1791 unter der Führung von Toussaint Louverture deutlich. Gezwungen durch diesen Aufstand in der Kolonie Sainte-Domingue (heute bekannt als Haiti) wurde in Frankreich trotz der Deklaration der Menschenrechte 1789 die Sklaverei in den Kolonien erst 1794 abgeschafft. Unter Absingen der Marseillaise gegen die französischen

als revolutionäres Moment der permanenten Unruhe in die Moderne über, wie Hegel in einem Brief an Creuzer noch am 30.10.1819 andeutet: »Ich bin gleich 50 Jahre alt, habe 30 davon in diesen ewig unruhevollen Zeiten des Fürchtens und Hoffens zugebracht und hoffte, es sei einmal mit dem Fürchten und Hoffen aus. Nun muß ich sehen, daß es immer fortwährt, ja, meint man in trüben Stunden, immer ärger wird.«[92] Insofern gibt es »nichts in Hegels geistiger Entwicklung, was sie mehr kennzeichnet als dieses positive Verhältnis zur Revolution; es bestimmt ihr Ende wie ihren Anfang«.[93] Dieses Ende sowie der Anfang quellen aus der Entzweiung des Selbstseins der alten Welt in Kontinuität und Diskontinuität der neuen. Die künftige Gesellschaft ist für Hegel vor allem mit Bruchstellen und Rissen durchzogen. Die Revolution ist nicht nur das Ende der bisherigen Geschichte, die Ankündigung einer Zukunft ohne Herkunft, sondern eine Zäsur für das Denken überhaupt, das seine Herkunft nunmehr von der Zukunft aus fundieren muss. Walter Benjamin beschreibt die Erfahrung einer geschichtlichen Zäsur sehr emphatisch: »Das Bewußtsein, das Kontinuum der Geschichte aufzusprengen, ist den revolutionären Klassen im Augenblick ihrer Aktion eigentümlich. Die Große Revolution führte einen neuen Kalender ein (…) Die Kalender zählen die Zeit also nicht wie Uhren. Sie sind Monumente eines Geschichtsbewußtseins (…). Noch in der Juli-Revolution hatte sich ein Zwischenfall zugetragen, in dem dieses Bewußtsein zu seinem Recht gelangte. Als der Abend des ersten Kampftages gekommen war, ergab es sich, daß an mehreren Stellen von Paris unabhängig voneinander und gleichzeitig nach den Turmuhren geschossen wurde.«[94] Eine solche revolutionäre Erfahrung ist der Schrittmacher von Hegels Philosophie. Diese Zäsur, die erstmals als Leiden an ihr in Hegels Philosophie in Form der Entzweiung, welche die »Quelle des Bedürfnisses der

---

Kolonialherren und der Berufung auf die Menschenrechte bewiesen die revoltierenden Sklaven die Unteilbarkeit der Freiheit und Aufklärung. Das hinderte Napoléon nicht daran, die Sklaverei acht Jahre später wieder einzuführen. Endgültig wurde sie erst 1848 abgeschafft. Dass die Haitianische Revolution großen Einfluss auf Hegel bei der Abfassung der »Phänomenologie des Geistes« (1807) hatte, steht spätestens seit der Studie von Susan Buck-Morss außer Zweifel. Siehe: Susan Buck-Morss. Hegel und Haiti: Für eine neue Universalgeschichte. Suhrkamp Verlag, Berlin 2011.

92 Briefe von und an Hegel. Hrsg. von Johannes Hoffmeister. Felix Meiner Verlag, Hamburg 1969, 3. Aufl. An Creuzer, Nr. 359.

93 Joachim Ritter. Hegel und die französische Revolution. Suhrkamp Verlag, Frankfurt a. M. 1965. S. 40.

94 Walter Benjamin. Über den Begriff der Geschichte. These XV. In: Illuminationen – Ausgewählte Schriften. Suhrkamp Verlag, Frankfurt a. M. 1977. S. 259.

Philosophie«[95] ist, einging, ist zugleich der Ausdruck der Zeitlichkeit, die im Wesen des Seiend-Seins (nunmehr unverkennbar) auftritt. Das Revolutionäre zeigt sich dadurch in struktureller Einheit mit der Zeit. Das Leben in der bürgerlichen Moderne ist Entzweiung. Leiden ist der Preis für den Einbruch der Freiheit ins Sein. Diese geschichtsphilosophische Erfahrung ist kennzeichnend für Hegel und seine Zeitgenossen, vor allem im Umkreis des deutschen Idealismus.

2. Die bestimmte Negation

Die Zerklüftung der Zeit durch das Revolutionäre hat jedoch philosophisch fundamentale Konsequenzen. Sie hat das philosophische Denken in eine Krise gestürzt. Die alte Metaphysik, insbesondere die Seinslehre, brach zusammen und hinterließ eine Leerstelle. Denn dadurch stellt sich das philosophische Problem, wie die Kluft zwischen Altem und Neuen zu überwinden ist, wenn das Aufscheinen der Zeitlichkeit des Seins nicht mit der Revolution einen Neuanfang vom absoluten Nullpunkt darstellen, aber zugleich der Neuanfang ebenso wenig ein gleichgültiges Ereignis in einer absoluten Zeitachse markieren soll. Die Revolution muss also zugleich als Neuanfang und Fortgang der Zeit begriffen werden und damit auch das Phänomen des Pöbels und der Armut. »Der wesentliche Gesichtspunkt ist«, so Hegel, »daß es überhaupt um einen neuen Begriff wissenschaftlicher Behandlung zu tun ist«.[96] Hegel will genau diesen »neuen Begriff«, der mit der Neukonfiguration des Seins zu tun hat, angehen und mit ihm wird sich die Einzigartigkeit der Hegelschen Philosophie zeigen, die Hegel von allen philosophischen Zeitgenossen abhebt. Folgend wird dieser »neue Begriff« Hegels, entsprungen aus der Hitze der Revolution, in Konturen erörtert.

Anders als die romantische Opposition gegen die Moderne, die die »schönen, glänzenden Zeiten«[97] mit restaurativem Metaphysizismus feierte, und ent-

95 Siehe Hegel. Differenzschrift. In: Ders. Jenaer Schriften 1801-1807. Suhrkamp Verlag, Frankfurt a. M. 2018. 9. Aufl. Werke 2. S. 20: »Entzweiung ist der Quell des Bedürfnisses der Philosophie und als Bildung des Zeitalters die unfreie gegebene Seite der Gestalt.« Und S. 22: »Wenn die Macht der Vereinigung aus dem Leben der Menschen verschwindet und die Gegensätze ihre lebendige Beziehung und Wechselwirkung verloren haben und Selbständigkeit gewinnen, entsteht das Bedürfnis der Philosophie.«

96 Hegel. Wissenschaft der Logik I. Suhrkamp Verlag, Frankfurt a. M. 1986, 11. Aufl. S. 16.

97 Novalis. Die Christenheit oder Europa. In: Novalis Werke in einem Band. Carl Hanser Verlag, München/Wien 1981. S. 525.

gegen August Comtes »Positive Philosophie« (1830), die mit der kritiklosen Ausschließlichkeit des Faktischen eine Anti-Metaphysik kultivierte, womit beide Positionen also jeweils polare Extreme zur Gegenwart einnahmen, setzt Hegel, wie Joachim Ritter schreibt, »die traditionelle metaphysische Theorie unmittelbar und als diese mit der Erkenntnis der Zeit gleich. Die Philosophie als Erkenntnis des Seins ist zugleich »ihre Zeit in Gedanken erfaßt«.«[98] Hegel »will den gegenwärtigen Vollzug der Metaphysik bestimmen. Sie kann für ihn dann und nur dann Erkenntnis des Seins bleiben, wenn sie zugleich Erkenntnis der eigenen Zeit ist«.[99] Wie die Ewigkeit des Seins mit der Geschichtlichkeit desselben zusammenfällt, führt er detailliert in der »Wissenschaft der Logik« aus. Entscheidend für diese Operation ist das, was Hegel Dialektik oder »absolute Methode«[100] nennt. Weniger die Ausführung selbst als vielmehr die Methode ist an dieser Stelle erläuterungsbedürftig. Um dies ansatzweise zu erhellen, ist ein Blick in die Vorrede und Einleitung der »Wissenschaft der Logik«, zumindest in Streifzügen, unerlässlich.

Hegels Ausgangspunkt ist die bei Kant vollzogene Unterscheidung zwischen Verstand und Vernunft. Anders als Kant jedoch, bei dem laut Hegel die Inhalte der Vernunft »selbst Gedankendinge und, als ganz unbestimmte, nur ein Gedankending, – das sogenannte Ding-an-sich der leeren Abstraktion selbst sind«[101] und damit das Sein in die Unkenntlichkeit versetzt wird, steht die Vernunft bei Hegel in engem Zusammenhang mit der empirischen Wirklichkeit. Während der Verstand die sinnlichen Erscheinungen »bestimmt« und »die Bestimmungen« in Begriffen festhält, ist die Vernunft »negativ und dialektisch, weil sie die Bestimmungen des Verstands in nichts auflöst«[102]. Beim Nichts bleibt es allerdings nicht. Indem die Vernunft »die Bestimmungen des Verstandes« auflöst, ist sie zugleich »positiv, weil sie das Allgemeine erzeugt und das Besondere darin begreift«.[103] Insofern ist es nach Hegel die Vernunft, die uns das Allgemeine am Besonderen erkennen lässt. Was heißt das nun? Wenn zum Beispiel der Verstand besondere Arbeiten wie die Arbeit eines Tischlers,

98 Joachim Ritter. Hegel und die französische Revolution. Suhrkamp Verlag, Frankfurt a. M. 1965. S. 13.

99 Ebd.

100 Hegel. Wissenschaft der Logik I. Suhrkamp Verlag, Frankfurt a. M. 1986, 11. Aufl. S. 17.

101 Ebd. S. 27.

102 Ebd. S. 16.

103 Ebd.

die Arbeit eines Maurers oder die Arbeit eines Schriftstellers als Tischlerarbeit, Maurerarbeit und Schriftstellerarbeit in Begriffen bestimmt, unterscheidet und festhält, so überwindet die Vernunft die voneinander unterschiedenen besonderen Arbeiten insofern, dass sie die Einheit bzw. das Gemeinsame der unterschiedenen und besonderen Arbeiten im allgemeinen Begriff der Arbeit erkennen lässt. Die Tätigkeit der Vernunft hält sich also »nicht im Nichts dieses Resultates«, nämlich der bloßen Auflösung der Bestimmungen des Verstandes auf, »sondern ist darin ebenso positiv und hat so das erste Einfache damit hergestellt, aber als Allgemeines, das in sich konkret ist«. Dabei verschwindet das Besondere nicht mit der Auffindung des Allgemeinen, die Tischlerarbeit etc. nicht in der allgemeinen Arbeit, oder anders formuliert: Das Allgemeine ersetzt nicht das Besondere; unter das Allgemeine »wird nicht ein gegebenes Besonderes subsumiert, sondern in jenem Bestimmen und in der Auflösung desselben hat sich das Besondere schon mit bestimmt«.[104] Das Allgemeine, aus den Besonderen hergestellt, nimmt die Besonderen in sich konkret auf. Diese »geistige Bewegung«, die ihren Impuls von der Vernunft erhält, nennt Hegel »die immanente Entwicklung des Begriffes«, welche »zugleich die immanente Seele des Inhaltes« ihrer selbst ist, also des Begriffs, und des Gegenstandes, auf das sich der Begriff bezieht.[105] In dieser Beziehung wird nun die Dialektik zwischen dem Besonderen und dem Allgemeine für Hegel ersichtlich. Das Allgemeine ist das Sein, das Besondere das Seiende. In dem »Verzichttun der Vernunft auf sich selbst«, wie etwa bei Kant, geht nach Hegel »der Begriff der Wahrheit verloren«, und damit das Allgemeine in der Welt. Die Vernunft würde sich auf »nur subjektive Wahrheit« einschränken, »nur die Erscheinung zu erkennen, nur etwas, dem die Natur der Sache selbst nicht entspreche; das Wissen ist zur Meinung zurückgefallen«.[106] Doch Hegel geht es gerade darum, über die subjektive Meinung hinaus zum objektivem Wissen zu kommen. Dieses Moment erkennt er in »dem notwendigen Widerstreite der Bestimmungen des Verstandes mit sich selbst«, wie erörtert mit den bestimmten Begriffen untereinander. Nun ergibt sich die innere Struktur des Allgemeinen, womit zugleich die Struktur des Seins aufscheint. Hegel beschreibt diesen Widerstreit wie folgt: »Die schon namhaft gemachte Reflexion ist dies, über das konkrete Unmittelbare hinauszugehen und dasselbe zu bestimmen und zu trennen. Aber sie muß

---

104 Ebd. S. 17.

105 Ebd.

106 Ebd. S. 38.

ebensosehr über diese ihre trennenden Bestimmungen hinausgehen und sie zunächst beziehen. Auf dem Standpunkte dieses Beziehens tritt der Widerstreit derselben hervor. Dieses Beziehen der Reflexion gehört an sich der Vernunft an; die Erhebung über jene Bestimmungen, die zur Einsicht des Widerstreits derselben gelangt, ist der große negative Schritt zum wahrhaften Begriffe der Vernunft.«[107] Die Struktur des Allgemeinen, ebenso des Seins, ist nicht substanziell, wie es die alte Metaphysik postulierte. Sie ist relational, bestehend aus den Beziehungen der Besonderen, nämlich der Seienden. Der »große negative Schritt«, von dem Hegel spricht, ist ein Vermögen der Vernunft. Das Vermögen des Verstandes beschränkt sich auf die singuläre Setzung einer Bestimmung. Indem die Vernunft diese beziehungslosen Bestimmungen des Verstandes auflöst, setzt sie sie zugleich untereinander in Beziehungen. In der Tat löst die Vernunft nicht die Bestimmungen des Verstandes auf, dann handele es sich um eine unbestimmte Negation, sondern die Beziehungslosigkeit der Bestimmungen des Verstandes. Mit anderen Worten: Ohne den Verstand wäre die Vernunft entweder arbeitslos und man würde in Auguste Comtes Positivismus münden oder die Vernunft würde im Pathos seiner Höhenflüge sich in romantische Hirngespinste verflüchtigen – und beides entspräche nicht der Wissenschaftlichkeit, die Hegel von der Philosophie einfordert. Doch umgekehrt, ohne die Vernunft wäre der Verstand blind für allgemeine Zusammenhänge und Beziehungen. Der Verstand setzt eine Bestimmung: Position. Die Vernunft löst diese Bestimmung auf: Negation. Diese Auflösung ist selbst positiv, nämlich eine Transposition: Negation der Negation. Die Folge dieser dialektischen Verschlingung ist, dass mit der Transposition der Beziehungszusammenhang der Bestimmungen aufscheint. Entscheidend sind also die negativen Momente der Vernunft.

Bei der Frage, was die Tätigkeit der Vernunft ausmacht, stößt man nun auf die Kategorie der bestimmten Negation. Diese macht die oben angesprochene Einzigartigkeit der Hegelschen Philosophie aus. Sie ist sozusagen der innere Motor der Dialektik, der neue Begriff. »Das Einzige, um den wissenschaftlichen Fortgang zu gewinnen – und um dessen ganz einfache Einsicht sich wesentlich zu bemühen ist –, ist die Erkenntnis des logischen Satzes, daß das Negative ebensosehr positiv ist oder daß das sich Widersprechende sich nicht in Null, in das abstrakte Nichts auflöst, sondern wesentlich nur in die Negation seines besonderen Inhalts, oder daß eine solche Negation nicht alle Negation,

107 Ebd. S. 39.

sondern die Negation der bestimmten Sache, die sich auflöst, somit bestimmte Negation ist; daß also im Resultate wesentlich das enthalten ist, woraus es resultiert, – was eigentlich eine Tautologie ist, denn sonst wäre es ein Unmittelbares, nicht ein Resultat. Indem das Resultierende, die Negation, bestimmte Negation ist, hat sie einen Inhalt. Sie ist ein neuer Begriff, aber der höhere, reichere Begriff als der vorhergehende; denn sie ist um dessen Negation oder Entgegengesetztes reicher geworden, enthält ihn also, aber auch mehr als ihn, und ist die Einheit seiner und seines Entgegengesetzten.«[108] Der allgemeine Begriff der Arbeit, wie an unserem Beispiel illustriert, enthält alle besonderen Arbeiten. Nach Hegel jedoch fällt die begriffsdialektische Seite der bestimmten Negation zusammen mit der realdialektischen Bewegung der Sache, auf die sich der Begriff bezieht. »Denn es ist der Inhalt in sich, die Dialektik, die er an ihm selbst hat, welche ihn fortbewegt«, »denn es ist der Gang der Sache selbst«[109]. Positiv formuliert, ist »die innere Negativität« sowohl der Sache als auch des Begriffs »das Prinzip aller natürlichen und geistigen Lebendigkeit überhaupt«.[110] Folglich lässt sich die »natürliche Lebendigkeit« mit der objektiven Vernunft und die »geistige Lebendigkeit« mit der subjektiven Vernunft der Dialektik umschreiben. Diesen gesamten Vorgang bezeichnet Hegel als das Spekulative. »In diesem Dialektischen, wie es hier genommen wird, und damit in dem Fassen des Entgegengesetzten in seiner Einheit oder des Positiven im Negativen besteht das Spekulative.«[111]

Vor diesem theoretischen Hintergrund geht Hegel nun das Problem der Zeitlichkeit des Seins an, das sich mit der Revolution stellte.

3. Subjektive und objektive Seite der Dialektik

Der Kern des Seinsprozesses, dessen begriffliche Durchdringung als Ganzes also die philosophische Herausforderung wird, ist die Dialektik. Sie ist nach Hegel das Denken der Einheit und des Widerspruchs von Tradition und Revolution oder, was dasselbe ist, von Kontinuität und Diskontinuität; die Logik der Bewegung des Seins, also eine dialektische Ontologie – im Gegensatz zu

108 Ebd. S. 49.

109 Ebd. S. 50.

110 Ebd. S. 52.

111 Ebd.

einer analytischen –, in der ontisch Seiendes als Seiende mit dem dialektisch-logischen Begriff durchdrungen wird. Mit Onto-Logie ist insofern im vorliegenden Zusammenhang am nächsten die Denkbarkeit der »Seinseinheit der Welt«, der »Zusammenhang der Welt«, der »durchgehende Seinszusammenhang der Welt« in ihrer Selbstbewegung bezeichnet.[112] »Ontisch« meint das materiale Sein und »Logisch« die begriffliche Durchdringung desselben. Vor dem Hintergrund der bestimmten Negation ist die logische Verfassung des Seins demnach, dass sein Selbstsein zugleich Anderssein ist – die unbestimmte Negation würde die Entgegensetzung des Seins im Nichts verorten, sodass man wieder in den zeitlosen Abgrund zwischen Tradition und Revolution fallen würde. Mit Hegels Entdeckung geht jedoch das Sein jederzeit über sein Sein in ein anderes hinaus. Hans Heinz Holz ergänzt hierzu: »Die Entfaltung dieser Differenz, die Hegel dann in der »Logik« in der Analyse der Reflexion vornimmt, erschließt die logische Verfassung eines Seins, das im Selbstsein (der Identität) zugleich sein Anderssein (die Identität von Identität und Nicht-Identität) ist. Das ist das Wesen der Zeit.«[113] Das Sein stellt sich so in seiner Geschichtlichkeit dar und fällt unmittelbar mit der Gegenwart zusammen, sodass es sich in der lebendigen Wirklichkeit der Seienden erfüllt und im Seienden als Seiendes in seiner Wahrheit wirklich wird. »Darauf kommt es dann an, in dem Scheine des Zeitlichen und Vorübergehenden die Substanz, die immanent, und das Ewige, das gegenwärtig ist, zu erkennen«[114], wie Hegel in der »Rechtsphilosophie« betont. Holz expliziert diesen Gedanken folgerichtig in der Hinsicht, dass die »Ewigkeit des Seins (…) seine Wirklichkeit als Geschichte« ist, »deren Fortschreiten in allen ihren Stadien in der intensionalen Präsenz des Geistes als Totalität gedacht, nicht aber in der Extensionalität des Daseins »gehabt« werden kann. Die traditionelle eleatische Metaphysik wird so – unter Bewahrung ihrer Probleme – in die Dialektik des Werdens transformiert«.[115] In diesem logischen Sinn ist das Sein ontisch ewig, in äquivalentem Sinn ist es zugleich geschichtlich, das Historische, beides zusammen-

---

112 Nicolai Hartmann. Zur Grundlegung der Ontologie. Westkulturverlag, Meisenheim am Glan 1948. S. 29-33.

113 Hans Heinz Holz. Dialektik – Problemgeschichte von der Antike bis zur Gegenwart. Band 5. Neuzeit III. Wissenschaftliche Buchgesellschaft, Darmstadt 2011. S. 36.

114 RPh. S. 25.

115 Hans Heinz Holz. Hegels Metaphysik und der Geist der Französischen Revolution. In: Aufhebung und Verwirklichung der Philosophie Band 1. Die Algebra der Revolution – Von Hegel zu Marx. Aurora Verlag, Berlin 2010. S. 74.

gefasst in der Idee als die Einheit des Mannigfaltigen, die eine objektive wie subjektive Seite der Vernunft in dem oben erschlossenen Sinn hat. »Denn«, so Hegel weiter, »das Vernünftige, was synonym ist mit der Idee, indem es in seiner Wirklichkeit zugleich in die äußere Existenz tritt, tritt in einem unendlichen Reichtum von Formen, Erscheinungen und Gestaltungen hervor und umzieht seinen Kern mit der bunten Rinde, in welcher das Bewußtsein zunächst haust, welche der Begriff erst durchdringt, um den inneren Puls zu finden und ihn ebenso in den äußeren Gestaltungen noch schlagend zu fühlen.«[116] Die »Arbeit des Begriffs«[117] ist demnach die Dialektik der subjektiven Vernunft mit der objektiven vor dem Hintergrund der verstandesmäßigen Fixierungen der empirisch-mannigfaltigen »Formen, Erscheinungen und Gestaltungen«, welche vernunftgemäß im Hinblick auf das Ganze in Übergange und Beziehungen aufgelöst werden, da »der Kampf der Vernunft« gerade darin »besteht (…), dasjenige, was der Verstand fixiert hat, zu überwinden.«[118] Wie bereits gesehen, verwendet Hegel in der »Wissenschaft der Logik« das Begriffspaar »objektive und subjektive Logik«[119]. Dazu schreibt Holz: »Die Dialektik rekonstruiert nicht nur die Formbestimmtheiten des Übergangs von einer Gestalt des Denkens zu einer anderen, aus ihr hervorgehenden, sondern eben auch die Formbestimmtheiten des Übergangs von einer Gestalt der Wirklichkeit zur nächsten.«[120] In der Einleitung zur »Wissenschaft der Logik«

---

116 RPh. S. 25.

117 PhG. S. 65.

118 Hegel. Enzyklopädie der philosophischen Wissenschaften im Grundrisse. Band 1. Suhrkamp Verlag, Frankfurt a. M. 2001. § 33 Schluss. S 99.

119 Siehe Hegel. Wissenschaft der Logik I. Suhrkamp Verlag, Frankfurt a. M. 1986, 11. Aufl. S. 58 u. S. 62: »So ist es der ganze Begriff, der das eine Mal als seiender Begriff, das andere Mal als Begriff zu betrachten ist; dort ist er nur Begriff an sich, der Realität oder des Seins, hier ist er Begriff als solcher, für sich seiender Begriff (wie er es, um konkrete Formen zu nennen, im denkenden Menschen, aber auch schon, freilich nicht als bewußter, noch weniger als gewußter Begriff, im empfindenden Tier und in der organischen Individualität überhaupt ist; Begriff an sich ist er aber nur in der unorganischen Natur.) – Die Logik wäre hiernach zunächst in die Logik des Begriffs als Seins und des Begriffs als Begriffs oder – indem wir uns der sonst gewöhnlichen, obgleich der unbestimmtesten und darum der vieldeutigsten Ausdrücke bedienen – in die objektive und subjektive Logik einzuteilen. (…) Die Logik zerfällt also zwar überhaupt in objektive und subjektive Logik; bestimmter aber hat sie die drei Teile: I. Die Logik des Seins, II. die Logik des Wesens und III. die Logik des Begriffs.«

120 Hans Heinz Holz. Dialektik – Problemgeschichte von der Antike bis zur Gegenwart. Band 5. Neuzeit III. Wissenschaftliche Buchgesellschaft, Darmstadt 2011. S. 13.

bestätigt Hegel diese Erläuterung. Er schreibt: »Sie«, die reine Wissenschaft bzw. die Wissenschaft der Wissenschaften, »enthält den Gedanken, insofern er ebensosehr die Sache an sich selbst ist, oder die Sache an sich selbst, insofern sie ebensosehr der reine Gedanke ist (...) Dieses objektive Denken ist denn der Inhalt der reinen Wissenschaft. Sie ist daher so wenig formell, sie entbehrt so wenig der Materie zu einer wirklichen und wahren Erkenntnis, daß ihr Inhalt vielmehr allein das absolute Wahre oder, wenn man sich noch des Wortes Materie bedienen wollte, die wahrhafte Materie ist – eine Materie aber, der die Form nicht ein Äußerliches ist«.[121] Vielmehr ist die Form der Materie inhärent.

Zentral für diese einheitsstiftende Vermittlung der partikulären Einzelheiten zu einem totalen Ganzen durch die Dialektik ist die bestimmte, immanente Negation, wie oben freigelegt. In der »Rechtsphilosophie« greift Hegel jene wissenschaftslogischen Überlegungen abermals auf und skizziert sie in einer längeren Passage. Aufgrund ihrer Wichtigkeit für die Analyse des Pöbels soll sie hier mit wenigen Auslassungen zitiert werden, schließlich auch um den Zusammenhang zwischen der »Wissenschaft der Logik« und der »Rechtsphilosophie« zu unterstreichen: »Die Methode, wie in der Wissenschaft der Begriff sich aus sich selbst entwickelt und nur ein immanentes Fortschreiten und Hervorbringen seiner Bestimmungen ist, der Fortgang nicht durch die Versicherung, daß es verschiedene Verhältnisse gebe, und dann durch das Anwenden des Allgemeinen auf solchen von sonst heraufgenommenen Stoff geschieht, ist hier gleichfalls aus der Logik vorausgesetzt. (...) Die höhere Dialektik des Begriffes ist, die Bestimmung nicht bloß als Schranke und Gegenteil, sondern aus ihr den positiven Inhalt und Resultat hervorzubringen und aufzufassen, als wodurch sie allein Entwicklung und immanentes Fortschreiten ist. Diese Dialektik ist dann nicht äußeres Tun eines subjektiven Denkens, sondern die eigene Seele des Inhalts, die organisch ihre Zweige und Früchte hervortreibt. Dieser Entwicklung der Idee als eigener Tätigkeit ihrer Vernunft sieht das Denken als subjektives, ohne seinerseits eine Zutat hinzuzufügen, nur zu. Etwas vernünftig betrachten heißt, nicht an den Gegenstand von außen her eine Vernunft hinzubringen und ihn dadurch bearbeiten, sondern der Gegenstand ist für sich selbst vernünftig; hier ist es der Geist in seiner Freiheit, die höchste Spitze der selbstbewußten Vernunft, die sich Wirklichkeit gibt und als existierende Welt erzeugt; die Wissenschaft hat nur das Geschäft, diese eigene Arbeit der Ver-

121 Hegel. Wissenschaft der Logik I. Suhrkamp Verlag, Frankfurt a. M. 1986, 11. Aufl. S. 34.

nunft der Sache zum Bewußtsein zu bringen.«[122] Ausschlaggebend ist für Hegel in der »Rechtsphilosophie« die Logik der Sache, nicht die Sache der Logik, die in der »Wissenschaft der Logik« entwickelt wurde. Hegel gehört, so lässt sich resümieren, zu jenen Denkern, die nicht ein anderes Denken im Sinn haben, sondern das Andere des Denkens.

4. Verallgemeinerung der Freiheit

Daraus folgt, dass das traditionelle metaphysische Philosophieren aus außerweltlichen Prinzipien über die Welt mit Hegel übergeht in inhaltliches Philosophieren aus der innerweltlichen Verfasstheit der Welt über die Welt. Statt die alte Metaphysik zu zermalmen, erneuert er sie für die Moderne unter der Ägide einer innerweltlichen Dialektik. Wie nun die logisch-ontologischen bzw. die wesenslogischen Konsequenzen durch den Einbruch der Freiheit ins Sein im Hinblick auf die »Rechtsphilosophie« im Einzelnen Ausdruck finden, kann hier leider nicht dargestellt werden. Sie bedürfen einer eigenen Arbeit. Festzuhalten ist aber, dass die Metaphysik, verstanden als das unter Befolgung strenger Methodik transempirische Überschreiten des empirischen Horizonts eines Einzelsubjekts, sich mit Hegel in der Praxis der Gegenwart verweltlicht, »die mit der Zukunft schwanger geht und mit der Vergangenheit beladen ist«[123]. Die Metaphysik wird aufgehoben, indem sie politisch wird. Mit Hegel macht sie einen qualitativen Sprung und wird unerlässlich für das Begreifen der Moderne. Somit ist, mit den Augen Hegels betrachtet, die empirische Wirklichkeit des Werdens immer zugleich metaphysisch realisierte und sich permanent aufhebende Wirklichkeit des ewigen Seins. In der Zeit legt sich das ewige Sein selbst aus, dessen logische Form der Begriff ist.[124] Es ist nämlich so, wie Joachim Ritter schreibt, »daß Hegel Staat und Gesellschaft in die metaphysische Theo-

122 RPh. § 31. S. 84.

123 Leibniz. Neue Abhandlungen mit dem menschlichen Verstand. Hrsg. von E. Buchenau / E. Cassirer. Felix Meiner Verlag, 1926, Leipzig 3. Aufl. S. 11.

124 Siehe auch Hegel. Philosophie des Rechts: die Vorlesung von 1819/20. Aus einer Nachschrift. Hrsg. von Dieter Henrich. Suhrkamp Verlag, Frankfurt a. M. 1983. Einleitung. S. 48 f.: »Das ewig Wahre ist kein Vergangenes und kein Zukünftiges. Dieses an und für sich Wahre ist nicht form- und gestaltlos, sondern eine Gestalt, eine bestimmte Weise des Geistes; diese Weise des gegenwärtigen Geistes, der sich von anderen Gestalten unterscheidet, ist die höchste Weise des Begriffs, den er von sich selbst gefaßt hat.«

rie einbezieht und sie als Verwirklichung (actualitas) des Seins im geschichtlichen Dasein versteht«.[125] Metaphysik ist ein Moment in der Selbstentfaltung des Seins, also der Wirklichkeit.

Die oben beschriebene Kluft zwischen Altem und Neuem schließt Hegel somit dadurch, dass er sie offen lässt. Politisch im Sinne Hegels gesprochen ist die Revolution sie selbst und ihr Gegenteil, die Tradition, welche sie mit der Moderne übergreift. Sie ist der weltgeschichtliche Ausdruck der bestimmten Negation aus dem Alten und entlässt zugleich als Revolution positiv das Prinzip der Freiheit ins Dasein des Neuen. Daher kann Hegel sagen, dass »die Weltgeschichte (…) überhaupt die Auslegung des Geistes in der Zeit«[126] ist, dessen Inhalt, welchen sie in der Zeit auslegt, die Freiheit ist. Das Allgemeine des Menschseins enthüllt sich damit als in sich konkrete und vermittelte Freiheit, die noch herzustellen ist. Das ist sozusagen die geschichtsphilosophische Pointe von Hegels welthistorischer Erfahrung im kolossalen Bruch zwischen alter Welt und moderner Welt, eine Pointe, mit der er die gesamte bisherige Geschichte und die noch sich fortwälzende Geschichte der Zukunft betrachtet. Geschichte wird Weltgeschichte und erhält damit eine universelle Dimension nur dann, wenn um Freiheit gekämpft wird. Der berühmte Ausspruch, dass »Weltgeschichte (…) Fortschritt im Bewusstsein der Freiheit«[127] ist, bekommt damit den präzisen Sinn, dass die Freiheit sich in der Geschichte konkret ver-all-gemeinert. »Freiheit ist für Hegel philosophisch der Stand des Menschen, in dem er sein Menschsein verwirklichen und so er selbst sein und ein menschliches Leben führen kann. (…) Die Einheit von Freiheit und Menschsein ist für Hegel auch das Prinzip der Weltgeschichte; das hat den sehr genauen Sinn, daß Geschichte dann zur Weltgeschichte wird, wenn sie den Menschen im Sinn seines Menschseins zum Subjekt hat.«[128] Das war bei dem Sturm auf die Bastille am 14. Juli 1789 und der folgenden Französischen Revolution der Fall, ebenso beim antikolonialen Aufstand der Sklaven in Haiti 1791. Der Einbruch der Freiheit ins Sein durch die Französische Revolution bestimmt damit den Horizont der Moderne nach Hegel, sodass man vom allgemeinen Weltlichwerden der inneren Freiheit

---

125 Joachim Ritter. Hegel und die französische Revolution. Suhrkamp Verlag, Frankfurt a. M. 1965. S. 9

126 Hegel. Vorlesungen über die Philosophie der Geschichte. Suhrkamp Verlag, Frankfurt a. M. 1989, 2. Aufl. S. 96 f.

127 Ebd. S. 32.

128 Joachim Ritter. Metaphysik und Politik. Suhrkamp Verlag. Frankfurt a. M. 1977. S. 197-199.

sprechen kann, die mit René Descartes cogitans subjektiv ins Bewusstsein getreten ist. Die Freiheit wird objektiv. Sie verobjektiviert sich durch die historische Tat der Menschen. Mit der Moderne ist für Hegel die Wirklichkeit revolutionär geworden, und »es ist die Zeit gekommen, daß man nach der Vernunft der Sache fragt«.[129] Dieses Bewusstsein hat sich für Hegel nach ungeheuren Kämpfen geschichtlich herausgebildet, bis es schließlich in der Französischen Revolution gipfelte. Damit gilt für Hegel, Geschichte nunmehr als Freiheitsgeschichte zu denken. Das bedeutet aber gerade, dass die politisch-gesellschaftliche Wirklichkeit insbesondere dort vom Begriff der Freiheit her zu denken ist, wo deren Realisierung verweigert wird.

5. Die Vernünftigkeit des Wirklichen

Das philosophische Programm der »Rechtsphilosophie« enthüllt damit seinen Doppelcharakter. Hegel fasst dieses Programm in der Vorrede der »Rechtsphilosophie« mit dem doppelt formulierten Identitätssatz zusammen: »Was vernünftig ist, das ist wirklich; und was wirklich ist, das ist vernünftig.«[130] Zum einen ist die »Aufgabe der Philosophie« gemäß Hegel, »das *was ist* zu begreifen«. Dieses »*was ist*« »ist die Vernunft«[131], objektiv gewendet das Besondere im allgemeinen Zusammenhang des Seinsganzen: der Weltprozess.[132] Das »Ergründen des Vernünftigen« in der Welt ist aber »das Erfassen des Gegenwärtigen und Wirklichen, nicht das Aufstellen eines Jenseitigen«[133], was zunächst einmal tautologisch wirkt. Im Zusatz zu Paragraph 270 wird jedoch Hegels Anliegen deutlich: »Wirklichkeit ist immer Einheit der Allgemeinheit und Besonderheit, das Auseinandergelegtsein der Allgemeinheit in die Besonderheit, die als eine selbstständige erscheint, obgleich sie nur im Ganzen getragen und gehalten wird. Insofern diese Einheit nicht vorhanden ist, ist etwas nicht *wirklich*, wenn auch *Existenz* angenommen werden dürfte; (…) was wirklich ist, ist in sich notwendig. Die Notwendigkeit besteht darin, daß das Ganze in die Be-

129 RPh. § 3 Anmerkungen S. 44.

130 RPh. S. 24.

131 RPh. S. 26.

132 Hierin wird Marx enthüllen, dass die dialektische Vernunft in der Geschichte der Produktionsprozess ist.

133 RPh. S. 24.

griffsunterschiede dirimiert sei und daß das Dirimierte eine feste und aushaltende Bestimmtheit abgebe, die nicht totfest ist, sondern in der Auflösung sich immer erzeugt.«[134] Diese Seite bestimmt das rechtsphilosophische Programm also dahingehend, die immanente Notwendigkeit des objektiv Wirklichen subjektiv zu erkennen. Daraus folgt die ontologische Fundierung der Freiheit in der Logizität des Weltganzen, »so daß seine Ontologie = Logik ebenso auf dem Grundsatz »der Begriff ist das Freie« erbaut ist, wie in der Rechtsphilosophie = Theorie des objektiven Geistes das »Rechtssystem als das Reich der verwirklichten Freiheit« entfaltet wird.«[135]

Nun zeigt sich aber, wie dieser Gesichtspunkt um einen zusätzlichen Aspekt erweitert wird und damit Hegels Verständnis von Freiheit wie sein rechtsphilosophisches Programm komplettiert. Der Schlüssel ist in der Nachschrift zu der Vorlesung der »Rechtsphilosophie« im Jahr 1819/20 enthalten. In dieser Einleitung, die oben in der Entwicklungsgeschichte des Werks kurz erwähnt wurde und welches Hegel aus nun bekannten Gründen neu redigieren musste, schreibt er: »Was vernünftig ist, wird wirklich, und das Wirkliche wird vernünftig.«[136] Das Allgemeinwerden der Freiheit in der Weltgeschichte bedeutet also das Vernunftwerden der Welt und umgekehrt. »Man kann«, folgert Martin Gessmann daher in seiner Hegel-Monographie zu Recht, »demnach schon ein Bewußtsein davon haben, was das Richtige und Vernünftige ist, noch bevor es

---

134 RPh. § 270 Zusatz. S. 428

135 Hans Heinz Holz. Revolution, Kritik und Recht bei Hegel. In: Aufhebung und Verwirklichung der Philosophie Band 1. Die Algebra der Revolution – Von Hegel zu Marx. Aurora Verlag, Berlin 2010. S. 96. Zum Begriff des »Geistes« schreibt Holz in Dialektik – Problemgeschichte von der Antike bis zur Gegenwart. Band 5. Neuzeit III. Wissenschaftliche Buchgesellschaft, Darmstadt 2011. S. 71: »Eben diese Einheit, in der die Dichotomie von Absolutheit und Zeitlichkeit aufgehoben ist, fasst Hegel mit dem Terminus »Geist«. Der logische Aspekt des Geistes ist der Begriff, als welcher intensional, aber nicht explizit die Totalität aller Bestimmungsmomente des Begriffenen in sich umfasst. Wie die Leibnizsche Monade die perspektivische Repräsentation der ganzen Welt ist, so ist auch der Hegelsche Begriff nur als (unendliche) Kette aller seiner Bestimmungen vollständig (notio completa), d. h. wahrer Begriff. Daseiend, also explizit ist er aber nur in der extensionalen Abfolge dieser Bestimmungen, mithin ist die Zeit »der daseiende Begriff selbst«. Die Momente des Ganzen werden als auseinander seiende aufgefasst und so zu Inhalten der Erfahrung und des Wissens, in welchem sie wieder zusammengefasst in ihre Einheit zurückgeführt und »auf den Begriff gebracht« werden. Dieser Prozess ist die Wirklichkeit des Geistes, zu der »Aufhebung der Äußerlichkeit« und »Zurückführung des Äußerlichen zu der Innerlichkeit« gehört.«

136 Hegel. Philosophie des Rechts: die Vorlesung von 1819/20. Aus einer Nachschrift. Hrsg. von Dieter Henrich. Suhrkamp Verlag, Frankfurt a. M. 1983. S. 51.

in seinem ganzen möglichen Umfang auch in der Wirklichkeit vor Augen steht. Wäre dies nicht möglich, wäre ja auch eine vernünftige Geschichte nahezu undenkbar«.[137] Damit ist das Positive der bestimmten Negation angesprochen. Diese Überlegung hatte Dieter Henrich zuvor in seiner Einleitung »Vernunft in Verwirklichung« zur Nachschrift der nämlichen Vorlesungen im Einzelnen deutlich gemacht.[138]

In der »Rechtsphilosophie« werden die zwei Seiten des Programms in dem von Hegel in die politische Philosophie eingeführten Terminus der Sittlichkeit zusammengefasst. »Die Sittlichkeit«, so Hegel, »ist die Idee der Freiheit, als das lebendige Gute, das in dem Selbstbewußtsein sein Wissen, Wollen und durch dessen Handeln seine Wirklichkeit, so wie dieses an dem sittlichen Sein seine an und für sich seiende Grundlage und bewegenden Zweck hat, – der zur vorhandenen Welt und zur Natur des Selbstbewußtseins gewordene Begriff der Freiheit.«[139] »Im Ganzen der Sittlichkeit ist sowohl das objektive als das subjektive Moment vorhanden: beide sind aber nur Formen derselben.«[140] Sittlichkeit ist damit institutionell gewordene Wirklichkeit menschlichen Selbstseins, an und für sich realisierte Subjekt-Objekt-Freiheit an sich seiender Freiheit menschlichen Selbstseins. Sittlichkeit verkörpert damit nicht nur das So-Sein des »was-ist«. Sie bindet das Noch-Nicht-Sein des im »was-ist« Seienden in die Gegenwart ein. Was nämlich »zwischen der Vernunft als selbstbewußtem

137 Martin Gessmann. Hegel. Verlag Herder, Freiburg im Breisgau 1999. S. 116.

138 Siehe Dieter Henrich. Vernunft in Verwirklichung. In: Philosophie des Rechts: die Vorlesung von 1819/20. Aus einer Nachschrift. Hrsg. von Dieter Henrich. Suhrkamp Verlag, Frankfurt a. M. 1983. Einleitung. S. 15: »Ganz anders verhält es sich mit der Doppelung in der Version der Einleitung von 1819/20. In ihr ist die Doppelung von ihrem theoretischen Motiv her wohl motiviert, wenn nicht verlangt. Denn in ihr wird erklärt, daß das Vernünftige sich als solches und von sich her in Wirklichkeit überführt und daß insofern die Wirklichkeit als solche ebenfalls Vernunftcharakter annimmt: Sie wird von der Idee her zu einem Ganzen ausgebildet und so in ihr eigentliches Wesen integriert. Diese Doppelung geht nicht von der Einheit von Wirklichkeit und Vernunft aus, sondern davon, daß durch die unwiderstehliche Kraft der Vernunft, sich zu verwirklichen, Wirklichkeit zu der ihr eigentümlichen Form gelangt. Da sie aus diesem Gedanken kommt, hat die Doppelung der Formulierung hier nichts von der imperialen Erklärung eines Prinzips, sondern sie ergibt sich, auch in der Hinsicht, in der sie auf den letzten Einheitssinn von Vernunft und Wirklichkeit führt, ganz aus der Logik des Gedankens, – eines Gedankens, der die Bewegung der Vernunftform zur Wirklichkeit und die des Wirklichen zur Vernunftform als zwei Seiten eines Vernunftprozesses auffaßt.«

139 RPh. § 142. S. 292

140 RPh. § 144 Zusatz. S. 294

Geiste und der Vernunft als vorhandener Wirklichkeit liegt, was jene Vernunft von dieser scheidet und in ihr nicht die Befriedigung finden läßt, ist die Fessel irgendeines Abstraktums, das nicht zum Begriffe befreit ist«.[141] »Ihre Zeit in Gedanken erfaßt«[142] hat die Philosophie, wie alles »Sohn seiner Zeit« ist, wenn die Philosophie sich bis zur historischen Schranke ihrer Zeit erschöpft hat, sodass mit der Sittlichkeit der Wirklichkeitsgehalt erkannt wird und an seiner Schranke ipso facto der Möglichkeitshorizont aufscheint. »Jeder große Gedanke«, schreibt Ernst Bloch genau in diesem Sinn in Bezug auf Hegel, »blickt, indem er auf der Höhe seiner Zeit steht, auch in die nächste (...). Er enthält ein Fortbetreffendes, ein Unerledigtes in seiner wesenhaften Frage, ein Unabgegoltenes in deren versuchter Lösung.«[143] Der Begriff »Welt« umfasst damit nicht nur die Wirklichkeit, Welt ist Wirklichkeit und Möglichkeiten zusammengefasst. Eben weil die Welt widerspruchshaltig ist, ist sie unfertig. Denn was heute vernünftig ist, kann morgen unvernünftig werden, und was heute unvernünftig ist, kann morgen mit Notwendigkeit vernünftig sein. Diese beiden Seiten des Programms der »Rechtsphilosophie« lassen sich womöglich in Heinrich Heines überlieferter Anekdote verdichten, die er von Hegel auf seine befremdete Nachfrage hin angeboten erhielt: »Alles, was vernünftig ist, muß sein.«[144] In der Doppelform von Hegels Diktum ausgeschrieben, müsste die Anekdote lauten: Was vernünftig ist, muss sein, und was ist, muss vernünftig werden. In dieser Perspektive erörtert Karl Marx Hegels Doppelsatz: »Daß das Vernünftige wirklich ist, beweist sich eben im Widerspruch der unvernünftigen Wirklichkeit, die an allen Ecken das Gegenteil von dem ist, was sie aussagt, und das Gegenteil von dem aussagt, was sie ist.«[145] Entgegen dem affirmativen Moment der bestimmten Negation betont Marx den negativen und kritischen.[146]

---

141 RPh. S. 26.

142 RPh. S. 26.

143 Ernst Bloch. Subjekt – Objekt. Erläuterungen zu Hegel. Suhrkamp Verlag, Frankfurt a. M. 1962. S. 11 f.

144 Heinrich Heine. In: Hegel in Berichten seiner Zeitgenossen. Hrsg. Günther Nicolin. Felix Meiner Verlag, Hamburg 1970. Dokument 363. S. 235.

145 Marx. Zur Kritik der Hegelschen Rechtsphilosophie. Kritik des Hegelschen Staatsrechts. In: MEW 1, 267.

146 Das, was bei Hegel die Sittlichkeit einer Epoche ist, fundiert Marx in seiner Kritik der politischen Ökonomie als das Verhältnis des geschichtlichen Entwicklungsstands der Produktivkräfte zu den diesen befördernden oder hemmenden Produktionsverhältnissen.

6. Freiheit als Rechtsgrundlage des Rechts

Unter diesem Gesichtspunkt folgt Freiheit nach Hegel, im Begriff der Sittlichkeit gefasst, aus dem in sich konkreten und unterschiedenen Vermittlungsganzen des gesamtgesellschaftlichen Prozesses. Freiheit ist damit der Grad für die subjektive Menschwerdung des menschlichen Selbstseins unter vorgefundenen objektiven Bedingungen der Sittlichkeit, die die Menschen wiederum gemacht haben und die wiederum die Menschen verändern. Wenn Hegel daher in Bezug auf die »Platonische Republik« von der »griechischen Sittlichkeit« spricht[147], so ist die historische Spezifikation des Sittlichen, welche er in der »Rechtsphilosophie« vorstellt, die bürgerliche Sittlichkeit.

Die Revolution hat die Forderung der politischen Freiheit aufgeworfen. »In den Menschenrechten« fand »die Revolution ihre dogmatische Grundlage.«[148] »Die Erklärung der Menschenrechte« war »gewissermaßen der Kodex der revolutionären Theorie.«[149] Das Problem liegt für Hegel nun darin, eine Rechtsform als Gesellschaftsform der Freiheit zu finden. Es geht Hegel um die logische Wiederaneignung dessen, was der Geist mit der Revolution ontisch entäußert hat: Freiheit als Rechtsgrundlage des Rechts, weil das Menschsein des Menschen die Freiheit ist.

147 RPh. S. 26.

148 Bernhard Groethuysen. Philosophie der französischen Revolution. Verlag Luchterhand, Berlin 1971. S. 117.

149 Ebd. S. 133.

IV.
Der Begriff des Rechts

1. Der philosophische Begriff des Rechts

Hegel eröffnet die »Rechtsphilosophie« in seiner Einleitung in Paragraph 1 mit einer ontologischen Kontamination, wonach »die Idee des Rechts, den Begriff des Rechts und dessen Verwirklichung zum Gegenstande«[150] hat. Die Äquivalenz zwischen Recht (= Begriff) und Wirklichkeit (= Gegenstand) in der Idee des Rechts impliziert ein ontologisches Entsprechungsverhältnis von Denkstruktur und Seinsstruktur. Ohne die Wirklichkeit kommt der Begriff nicht aus. Der Begriff wie dessen Realisierung sind demnach Selbstunterschiede der Idee, welche die weltliche Einheit beider ist, die Hegel als Geist fasst. Gleichwohl »der Begriff (…) allein es ist, was Wirklichkeit hat und zwar so, daß er sich diese selbst gibt«[151], ist »ein Widerstreit möglich dessen, was ist, und dessen, was sein soll, des an und für sich seienden Rechts, welches unverändert bleibt, und der Willkürlichkeit der Bestimmung dessen, was als Recht gelten solle«.[152] In diesem grundlegenden Widerstreit, von dem die »Rechtsphilosophie« systematisch ausgeht, realisiert sich die Bewegung der Idee des Rechts, die in der Entsprechung der begrifflichen Rechtsformen mit den ontischen Verkehrsformen der unbegriffenen und unbewussten Seinsverhältnisse einer historisch-spezifischen Lage des Menschseins aufscheint. Dieser ontische Widerspruch ist die Bewegungsform des Rechts, wobei nach Hegel logisch der Begriff des Rechts die Gattung seiner selbst und seines Gegenteils, der Wirklichkeit (des Rechts), ist, folglich Hegel also streng idealistisch daraus folgert, der Begriff wäre nicht nur logisch, sondern ebenso ontisch das Erste. Dieser

---

150 RPh. § 1. S. 29.

151 RPh. § 1. S. 29.

152 RPh. Vorrede Zusatz Gans S. 16.

transzendentale Schein ist es, warum Hegel dem Begriff die ontologische Priorität in seiner Rechtsphilosophie einräumt. Letztlich bleibt bei Hegel der Begriff prävalent.

Weiter: »Wirklichkeit ist nur die Einheit des Inneren und Äußeren – daß der Begriff nicht ein bloßes Inneres sei, sondern ebenso reales, – und das Äußere, Reale nicht eine begrifflose Realität, Dasein – Existenz, sondern sei wesentlich durch den Begriff bestimmt.«[153] Diese Idee ist »die Freiheit, und um wahrhaft aufgefaßt zu werden, muß sie in ihrem Begriff und in dessen Dasein zu erkennen sein«.[154] Daher fällt der Begriff des Rechts »seinem Werden nach außerhalb der Wissenschaft des Rechts«[155]. Der rechtsphilosophische Gegenstandsbereich ist damit die Erkenntnis des Begriffs des Rechts als Freiheit, nicht die positive Bestimmung des Rechts als Gesetz, was in den Gegenstandsbereich der Rechtswissenschaft fällt. Damit unterscheidet Hegel von vornherein zwischen Recht und Gesetz. Die Nicht-Identität von auf dem Freiheitsprinzip fundiertem Recht und staatlich sanktioniertem Gesetz ist der Motor der Bewegung in der »Rechtsphilosophie«. Das unterstreicht Hegel nochmals in Paragraph 3 und im Hinblick auf Montesquieus »L'esprit des lois« ergänzt er: »... insofern nämlich die Entwicklung aus historischen Gründen sich nicht selbst verwechselt mit der Entwicklung aus dem Begriffe und die geschichtliche Erklärung und Rechtfertigung nicht zur Bedeutung einer an und für sich gültigen Rechtfertigung ausgedehnt wird«.[156] Denn »eine Rechtsbestimmung kann sich aus den Umständen und vorhandenen Rechtsinstitutionen als vollkommen gegründet und konsequent zeigen lassen und doch an und für sich unrechtlich und unvernünftig sein«[157]. Als Beispiel nennt Hegel Teile des römischen Privatrechts. Hegel konfrontiert den Rechtsanspruch des Menschseins auf Freiheit mit dem gesetzlichen Rechtszustand der Menschwerdung. Daraus folgt, dass geschichtlich gewordenes Recht sein Recht verliert, sofern es dem Prinzip der Freiheit widerspricht.

Damit stellt sich die Frage, woraus das Recht begrifflich entwickelt werden muss, wenn nicht aus der historischen Entwicklung gesetzlicher Rechtsbestimmungen. Recht ist nach Hegel nicht die Verrechtlichung der

153 RPh. § 1 Notiz. S. 30.

154 RPh. § 1 Zusatz. S. 30.

155 RPh. § 2. S. 30.

156 RPh. § 3. S. 36.

157 RPh. § 3. S. 36.

Wirklichkeit, sondern die Wirklichkeit, insofern sie dem Begriff des Rechts entspricht, ist die Verwirklichung des Rechts. Hier macht Hegel einen entscheidenden Schritt, der weit über naturrechtliche Grundbestimmungen hinausgeht. Recht wird für Hegel ein philosophisches Problem des Begriffs des Rechts.

Das Recht, so Hegel, ist aus dem Willen, welcher frei ist, zu entwickeln. Wille ist dabei eine ontologische Kategorie des Menschseins. Entspricht die durch das Recht institutionalisierte Realität diesem Begriff, so zeigt sie sich als die Verwirklichung desselben und enthüllt sich als die Idee des Rechts. Entspricht sie ihm nicht, entpuppt sich eine gesetzliche Rechtsordnung als vorübergehend und ephemer. Hier zeigt sich die Verschränkung von Logischem und Historischem im Begriff der Freiheit bei Hegel, wobei er Ersteres aus Letzterem als aus geschichtlich ungeheuren Kämpfen Hervorgehendes und für das Bewusstsein Anzueignendes fasst, mithin dieses Verhältnis in der äußeren Welt als Recht und Rechtsordnung erscheint. Daher kann er sagen: »Der Boden des Rechts ist überhaupt das Geistige und seine nähere Stelle und Ausgangspunkt der Wille, welcher frei ist, so daß die Freiheit seine Substanz und Bestimmung ausmacht und das Rechtssystem das Reich der verwirklichten Freiheit, die Welt des Geistes aus ihm selbst hervorgebracht, als eine zweite Natur, ist.«[158] Der Ausgangspunkt der »Rechtsphilosophie« ist also der freie Wille, der Schlüssel aber das Reich der verwirklichten Freiheit. Damit gründet die Freiheit des Menschen im Menschsein und zugleich ist »das Theoretische (…) wesentlich im Praktischen enthalten«[159]. Das Menschsein des Menschen ist die Freiheit. Das ist der Inhalt des philosophischen Begriffs des Rechts. Seine Bewegung ist der Wille. Nun kommt es darauf an, was Hegel unter »Wille« versteht und wie er es aus dem Praktischen extrahiert.

»Die Grundbestimmung des Willens« ist »die Freiheit«[160]. Dies ist vor allem ontisch zu fassen, »wie die Schwere eine Grundbestimmung der Körper ist«[161], wie Hegel mit dieser Analogie zur Raum-Zeit-Struktur der physikalischen Welt zu explizieren versucht. Insofern ist, wenn die Schwere die Seinsmäßigkeit des Körpers ist, Freiheit die Seinsmäßigkeit des Willens. Daraus folgt, dass der »Wille ohne Freiheit« »ein leeres Wort« ist, »so wie die Frei-

158 RPh. § 4. S. 46.

159 RPh. § 4 Zusatz. S. 46.

160 RPh. § 4 Zusatz. S. 46.

161 RPh. § 4 Zusatz. S. 46.

heit nur als Wille, als Subjekt wirklich ist«.[162] Der Wille ist also im Verhältnis zum Denken nicht ein Unterschied desselben, sondern »eine besondere Weise des Denkens: das Denken als sich übersetzend ins Dasein«[163]. Diese ontische Grundschicht des Willens überschichtet Hegel nun anthropologisch »als Trieb, sich Dasein zu geben«.[164] Der Wille ist es, der das Innere des Menschen mit der äußeren Welt ontisch vermittelt. Umgekehrt gilt, dass ein willenloser Mensch wirklichkeitslos ist. Interessant ist nun die logische Durchdringung dieses Seinsverhältnisses im Bewusstsein des Willens. Hier unterscheidet Hegel zwischen theoretischem und praktischem Verhalten.

Das theoretische Verhalten ist ein Verhältnis zu einem Gegenstand im Modus des Denkens, in dem der Gegenstand gegenständlicher Inhalt eines Gedankens wird. Somit schließt bloßes Denken von etwas ein doppeltes Verhältnis mit ein, ein ontisches zum Gegenstand und ein logisches zum gegenständlichen Inhalt des Gegenstands, sodass das onto-logische Verhältnis Einheit und Widerspruch zugleich ist. Es handelt sich um ein dialektisches Verhältnis der Reflexionsbewegung. »Indem ich einen Gegenstand denke, mache ich ihn zum Gedanken und nehme ihm das Sinnliche; ich mache ihn zu etwas, das wesentlich und unmittelbar das Meinige ist: denn erst im Denken bin ich bei mir, erst das Begreifen ist das Durchbohren des Gegenstands, der nicht mehr mir gegenübersteht und dem ich das Eigene genommen habe, das er für sich gegen mich hatte.«[165] Folglich braucht das Denken, um bei sich zu sein, ein anderes, nämlich einen ihm entgegengesetzten Gegenstand, ein Gegenüber, ein Brett, das durchbohrt wird. Wenn ein bestimmter Gegenstand zum Gedanken gemacht wird, wie Hegel beschreibt, so wird dieser aber nicht nur das Meinige des Denkens. Auch das Denken wird Gegenstand des Gegenstands, zu dem sich das Denken denkend, also hier theoretisch, verhält. Das ist die ontische Seite des logischen Verhältnisses des Denkens des Gegenstands. Denken ist nur mit einem Anderen, das gedacht wird. Denken ist immer Denken von etwas, durch das es sich selbst denken kann. Die seinsmäßige Vorhandenheit des Denkens setzt also ontisch das Sein eines vom Denken unabhängigen Etwas voraus. Ansonsten ist der Seinsstatus des Denkens Seinslosigkeit. Es ist nicht. Daraus folgt für Hegel nun zweierlei. Zum einen zeigt sich, dass Denken stets ein Bei-sich-Sein

162 RPh. § 4 Zusatz. S. 46.

163 RPh. § 4 Zusatz. S. 47.

164 RPh. § 4 Zusatz. S. 47.

165 RPh. § 4 Zusatz. S. 47.

des Denkenden (»erst im Denken bin ich bei mir«) ist, wozu das Denken aber notwendig ein gegenständliches Verhältnis zu einem anderen Etwas nötig hat. Zum anderen, im Hinblick auf den in den Gedanken aufgenommenen Gegenstand, enthüllt sich der Gegenstand in der Rückbeziehung des Gedankens zu diesem in seiner Allgemeinheit. »Jede Vorstellung ist eine Verallgemeinerung, und diese gehört dem Denken an.«[166] Das Denken, welches Ich ist, ist damit notwendig »ebenso das Allgemeine«, was Hegel mit dem »Ich« exemplifiziert: »Wenn ich Ich sage, so lasse ich darin jede Besonderheit fallen, den Charakter, das Naturell, die Kenntnisse, das Alter. Ich ist ganz leer, punktuell, einfach, aber tätig in dieser Einfachheit. (…) Ich ist in der Welt zu Hause, wenn es sie kennt, noch mehr, wenn es sie begriffen hat.«[167] Die, wenn auch noch völlig inhaltlose, Allgemeinheit ist die Form der Vermittlung zwischen Denken und Gegenstand, weil beides in sich Allgemeines hat, was im Denken durch das Denken in Erscheinung tritt. Die Eigenheit des Denkens, so ließe sich mit Hegel sagen, ist die Allgemeinheit des Denkens und des gegenständlich Gedachten. Das Denken kann das »Ich« sein, wenn ich »Ich« sage, aber ebenso »Baum«, »Tisch«, »Haus« usw., wenn ich diese sage. Sie zeigen sich im Denken in ihrer (zunächst ununterschiedenen, inhaltlich leeren) Allgemeinheit.

Im Unterschied zum theoretischen Verhalten beschreibt Hegel das praktische Verhalten des Denkens in seiner besonderen Weise des Willens danach, dass es »dagegen beim Denken« anfängt, »beim Ich selbst« und das Denken »erscheint zuvörderst als entgegengesetzt, weil es nämlich gleich eine Trennung aufstellt«[168] zwischen sich und dem Gegenstand. Das oben beschriebene theoretische Verhältnis erscheint also praktisch, nämlich im Kopf, in seiner Verkehrtheit als negative Bestimmung zum »Ich« selbst. »Indem ich praktisch, tätig bin, das heißt handele, bestimme ich mich, und mich bestimmen heißt, eben einen Unterschied zu setzen. Aber diese Unterschiede, die ich setze, sind dann wieder die meinigen, die Bestimmungen kommen mir zu, und die Zwecke, wozu ich getrieben bin, gehören mir.«[169] Die leere Allgemeinheit des theoretischen Verhaltens des Denkens wird in der Praxis des Denkens inhaltlich mit Unterschieden angereichert. So tritt das »Ich in das Dasein überhaupt« und es vollzieht sich »das absolute Moment der Endlichkeit oder Besonderung

166 RPh. § 4 Zusatz. S. 47.

167 RPh. § 4 Zusatz. S. 47.

168 RPh. § 4 Zusatz. S. 47.

169 RPh. § 4 Zusatz. S. 47.

des Ich«[170], welches sich zu den gegenständlich Gedachten mehr und mehr entgegensetzt und im Verhältnis zu ihnen negativ seine Unterschiede bestimmt. Indem das praktische Verhalten des Denkens den Gegenstand zum Nicht-Ich bestimmt, bestimmt es sich selbst als Ich. Das »Ich« ist das Produkt des negativen Verhältnisses des Denkens zu seinen Gegenständen. Mit dem Willen vollstreckt sich also in actu die Selbstsetzung des Denkens in der Form des Ich zum Gegenstand, gleichwohl in potentia das Denken überhaupt ontisch aus dem Verhältnis zum Gegenstand hervorgeht, wie das theoretische Verhalten des Denkens zeigte. Der Wille ist das praktische Verhalten des Denkens zur Welt.

In der »Rechtsphilosophie« ist für Hegel dieses praktische Verhalten des Denkens ausschlaggebend, nämlich der Wille, welcher eine bestimmte Daseinsweise des Denkens zu den Gegenständen ist. Dieser, setzt Hegel hinzu, muss aber, um Wille zu bleiben, über das inhaltlose Allgemeine, das er beim Gegenstand und an sich selbst antrifft, hinaus zum inhaltsvollen Besonderen. »Ein Wille, der (...) nur das abstrakt Allgemeine will, will nichts und ist deswegen kein Wille. Das Besondere, was der Wille will, ist eine Beschränkung, denn der Wille muß, um Wille zu sein, sich überhaupt beschränken.«[171] In der Notiz zu diesem Paragraphen steht: »Ich will nicht nur, sondern will Etwas, d. i. ein Besonderes – als verschieden von Allgemeinheit – in Rücksicht der Allgemeinheit – bestimmen – beschränke mich.«[172] Der Inhalt des Willens ist demgemäß Beschränkung außer sich, welche der Wille als Unbeschränktheit bei sich erfährt, aber durch seine damit stattfindende Besonderung sich als Endlichkeit seiner selbst erkennt. »Daß der Wille etwas will, ist die Schranke, die Negation. Die Besonderung ist so das, was in der Regel Endlichkeit genannt wird.«[173] Die Selbstsetzung des Denkens in der Form des Ichs zum Gegenstand, welchen der Wille vermittelt, ist also zugleich die Entgegensetzung aller Gegenstände in der Welt. Mit anderen Worten: Indem ich mich unterscheide von etwas, unterscheidet sich dieses von mir. Ich entdecke mich als Ich. Die gegenständlichen Beziehungen enthüllen sich als negative Beziehungen. Ich ist nach Hegel wesentlich Abgrenzung und Negation im Verhältnis zu etwas und nicht Resultat aus einem inneren, substanziellen Selbst, sondern aus der

170 RPh. § 6. S. 52.

171 RPh. § 6 Zusatz. S. 54.

172 RPh. § 6 Notiz. S. 53.

173 RPh. § 6 Zusatz. S. 54.

Vermittlung zu einem äußeren Etwas. Daraus ist abzuleiten, dass die Freiheit des Willens nicht im Willen ist, sondern im negativen Charakter seiner gegenständlichen Beziehungstotalität zur Welt gründet. Die Seinsverhältnisse sind wesentlich durch Negationsverhältnisse strukturiert, deren Bewegung die Möglichkeit der Freiheit aggregiert. Indem der Wille diese ontische Möglichkeit der Freiheit verwirklicht, findet er seine ontologische Wirklichkeit als Willen in der Welt.

Denn bleibt der Wille beim abstrakt Allgemeinen und damit in sich selbst stehen, ist er nach Hegel unbestimmt, wird fundamentalistisch bzw. fanatisch und »ebenso einseitig als der bloß in der Bestimmtheit stehende«.[174] Ein solcher Wille sieht das äußere Etwas, ähnlich wie Fichtes »Wissenschaftslehre«, als absolutes Nichts. Daraus folgert Hegel: »Der Wille ist die Einheit dieser beiden Momente; die in sich reflektierte und dadurch zur Allgemeinheit zurückgeführte Besonderheit; – Einzelheit; die Selbstbestimmung des Ich, in einem sich als das Negative seiner selbst, nämlich als bestimmt, beschränkt zu setzen und bei sich, d. i. in seiner Identität mit sich und Allgemeinheit zu bleiben, und in der Bestimmung, sich nur mit sich selbst zusammenzuschließen. (...) Dies ist die Freiheit des Willens, welche seinen Begriff oder Substantialität, seine Schwere so ausmacht wie die Schwere die Substantialität des Körpers.«[175] Diese negative Einheit hat der Wille zu ertragen, um frei zu sein und um seine ontische Struktur an den gegenständlichen Verhältnissen, mit denen er verstrickt ist, zu erweitern. »In der Bestimmtheit soll sich der Mensch nicht bestimmt fühlen, sondern indem man das Andere als das Andere betrachtet, hat man darin erst sein Selbstgefühl«, nämlich in der Vermittlung der Bestimmtheit der Gegenstände durch die Allgemeinheit des wollenden Denkens. »Die Freiheit liegt also weder in der Unbestimmtheit noch in der Bestimmtheit, sondern ist beides.«[176] Dies bezeichnet Hegel dann als den »konkreten Begriff der Freiheit«[177]. Er kristallisiert sich aus der gegenständlichen Struktur der Welt, von der der Wille ein strukturell ontologischer Bestandteil ist.

Diese ontologische Struktur des Willens in der Form des Im-Anderen-bei-sich-selbst-seins verkennt etwa Axel Honneth in seiner Studie zu Hegels »Rechtsphilosophie«. Mit dem moralphilosophisch gedeuteten Begriff der

174 RPh. § 6 Zusatz. S. 54.

175 RPh. § 7. S. 54 und 55.

176 RPh. § 7 Zusatz. S. 57.

177 RPh. § 7 Zusatz. S. 57.

Anerkennung von Hegel vereinseitigt er Hegels Theorie des Willens zu einer diskurstheoretischen und epistemologischen Hybris, welche die politische Dimension und die ontologischen Gegenstandsbeziehungen in der »Rechtsphilosophie« im Begriff der Intersubjektivität liquidiert. Für Honneth ist die Freiheit im subjektiven Willen des Ich gegründet und bloß intersubjektiv aktiviert. Es gibt weder Natur noch Subjekt-Objekt-Beziehungen noch Objektivität. Folglich muss er die »Rechtsphilosophie« »als Entwurf einer normativen Theorie derjenigen Sphären reziproker Anerkennung« begreifen, »deren Aufrechterhaltung für die moralische Identität moderner Gesellschaften konstitutiv ist«. [178] Nichts läge Hegel in seiner »Rechtsphilosophie« jedoch ferner, die im Übrigen eine politisch-philosophische Theorie ist, wie sich bisher abzeichnet. Konstitutiv für moderne Gesellschaften ist für Hegel das direkte Gegenteil von »Identität«, nämlich »Entzweiung« (§ 33) und »Differenz« (§ 182 Zusatz), sowohl im Verhältnis Wille-Gegenstand als auch im Verhältnis Individuum-Gemeinwesen. Hegel begreift den Willen, wie gezeigt, eben nicht als bloß »individuelle Autonomie und Selbstbestimmung«[179], wie ihn Honneth mit der Brille Kants verfärbt, sondern als ontologisches Moment des gegenständlichen Subjekt-Objekt-Verhältnisses im geschichtlichen Prozess der Vergesellschaftung des Menschseins der Menschen.

Nun sind noch zwei weitere Aspekte im Zusammenhang mit dem Willen herauszuarbeiten. Zunächst stellt sich die Frage nach dem Inhalt des Willens. Nach dem bisher Freigelegten ergibt sich, dass der Inhalt des Willens bzw. die Willensbestimmungen des Willens »seine in sich reflektierte Besonderung überhaupt sind«[180]. Dieser Inhalt ist jedoch »zunächst unmittelbar«, d. h. »nur an sich frei«, noch nicht für sich, »indem der Wille sich selbst zum Gegenstand hat«[181]. Hier schaltet Hegel wieder die anthropologische Schicht des Willens ein. »Der nur erst an sich freie Wille ist der unmittelbare oder natürliche Wille.«[182] Hegel unterscheidet den Willen also in qualitativen Abstufungen, beginnend beim unmittelbaren oder natürlichen Willen. Insofern aktiviert sich die ontologische Seinsstruktur des Willens mit der animalischen Triebstruktur des Menschen, mit der sich der Wille vorfindet bzw. die er an sich erfährt. Er selbst

178 Axel Honneth. Leiden an Unbestimmtheit. Reclam Verlag, Stuttgart 2001. S. 14.

179 Ebd. S. 22.

180 RPh. § 9. S. 59.

181 RPh. § 10. S. 60.

182 RPh. § 11. S. 62.

ist ja auch ein Trieb, nämlich einer, der das Denken ins Dasein übersetzt – das Menschsein ins Dasein treibt. Das Naturverhältnis des Menschen bildet damit den Ausgangspunkt seines Gesellschaftsverhältnisses, in dem sich die Menschen mit der Natur auseinandersetzen und sie zur »zweiten Natur«[183] umschaffen. »Es sind die Triebe, Begierden, Neigungen, durch die sich der Wille von Natur bestimmt findet.«[184] Holz expliziert hierzu, dass »der Mensch« nach Hegel zunächst »Naturwesen« ist, »die Philosophie des Geistes hat eine anthropologische Vorgeschichte«.[185] Im Zusatz zum Paragraphen 11 führt Hegel folgerichtig aus: »Triebe, Begierden, Neigungen hat auch das Tier, aber das Tier hat keinen Willen und muß dem Triebe gehorchen, wenn nichts Äußeres es abhält. Der Mensch steht aber als das ganz Unbestimmte über den Trieben und kann sie als die seinigen bestimmen und setzen«, nämlich mit Hilfe des Willens. »Der Trieb ist in der Natur, aber daß ich ihn in dieses Ich setze, hängt von meinem Willen ab, der sich also darauf, daß er in der Natur liegt, nicht berufen kann.«[186] Demnach ist der Mensch für Hegel auch ein Tier, aber indem der Mensch weiß, dass er ein Tier ist, hört er im selben Augenblick auf, Tier zu sein. Er beruft sich vielmehr auf die ontologische Seinsstruktur seines Selbst, das Menschsein, das Freiheit ist, um sich eine »zweite Natur«[187] aus der ersten zu machen. Dies geschieht, so Hegel, durch das Beschließen bzw. die Entschlussfähigkeit des Willens. »Im Willen beginnt daher die eigene Endlichkeit der Intelligenz, und nur dadurch, daß der Wille sich zum Denken wieder erhebt und seinen Zwecken die immanente Allgemeinheit gibt, hebt er den Unterschied der Form und des Inhalts auf und macht sich zum objektiven, unendlichen Willen. (...) Durch das Beschließen allein tritt der Mensch in die Wirklichkeit.«[188] Der Wille ist also ein originärer Trieb des Menschen, eine Begierde sui generis, die den Menschen aus seiner Haut treibt, eine Lust und ein Appetit, das Menschsein in die Welt zu tragen und in der Welt das Menschsein zu genießen.

---

183 RPh. § 4 Zusatz. S. 46.

184 RPh. § 11. S. 62.

185 Hans Heinz Holz. Hegels Begriff der Freiheit. In: Aufhebung und Verwirklichung der Philosophie Band 1. Die Algebra der Revolution – Von Hegel zu Marx. Aurora Verlag, Berlin 2010. S. 143.

186 RPh. § 11 Zusatz. S. 63.

187 RPh. § 4 Zusatz. S. 46.

188 RPh. § 13 und Zusatz. S. 64 und 65.

Hier spielt nun der letzte Aspekt hinein, das Verhältnis zwischen Wille und Willkür. Die Willkür ist nach Hegel »die Mitte der Reflexion zwischen dem Willen als bloß durch die natürlichen Triebe bestimmt und dem an und für sich freien Willen«[189]. Gleichzeitig verweist die Willkür von sich aus über die »mit einem Ganzen der Befriedigung« der Triebe aufscheinende »Glückseligkeit« über sich selbst auf ein »Ganzes von Glück«[190]. Im Gegensatz zu diesem Über-sich-Hinausgehen verwechselt die Willkür die Freiheit aber damit, sich diesem oder jenem Einzeltrieb zu überlassen. Doch bloß »einem Trieb sich überlassen – ist zerstörend – dies ist seine Dialektik«[191], die Dialektik des einzelnen Triebs, der gegen die anderen eine Verselbstständigungstendenz aufweist, sich gegen sie kehrt, sie und damit das Ichganze zerstört, wie alle anderen Einzeltriebe gegen diesen und gegeneinander dieselbe Tendenz aufweisen. Sie sind innere oder äußere Determinanten. Jeder Trieb als Einzelner ist also mit einem neurotischen Reflex belastet. Das Verhängnis der Willkür besteht somit nach Hegel darin, sich einem Trieb bzw. inneren oder äußeren Impuls zu überlassen und in ihren Bann zu geraten, obwohl sie nach Hegel Zufall und Flüchtigkeit darstellen. Der Wille, der sich sinnlich-anthropologisch aktiviert und Freiheit in der gegenständlichen Notwendigkeit sucht, muss damit auf das Ganze der Triebe hingehen, um sich eben nicht selbst durch einen verselbstständigten Einzeltrieb zerstören zu lassen. Der Wille geht bei Hegel folglich auf die Allgemeinheit der Triebe, nicht auf ihre Totalversagung, sondern auf das vermittelte Ganze der Befriedigung, worunter Hegel »Glückseligkeit« versteht. »Dies Hervortreiben der Allgemeinheit des Denkens ist der absolute Wert der Bildung.«[192] Im Selbstbewusstsein konstituiert sich das Subjekt für sich im Wege der Arbeit, was Hegel mit »Bildung« meint. »Die Bildung ist daher in ihrer absoluten Bestimmung die Befreiung und die Arbeit der höheren Befreiung (…). Diese Befreiung ist im Subjekt harte Arbeit gegen die bloße Subjektivität des Benehmens, gegen die subjektive Eitelkeit der Empfindung und die Willkür des Beliebens.«[193] Das wird sich im »System der Bedürfnisse«, in der die Arbeit das Moment der Vergesellschaftung vorantreibt, erweisen. Der Wille ist zunächst Bewusstsein vom Selbst an sich.

---

189 RPh. § 15. S. 66.

190 RPh. § 20 Zusatz. S. 71.

191 RPh. § 17 Anmerkung. S. 68.

192 RPh. § 20. S. 71.

193 RPh. § 187. S. 344 f.

Hier macht Hegel einen weiteren entscheidenden Schritt. In dieser Totalität der Triebe, die sich wie eine »Naturgewalt« durchsetzt, erkennt er, dass »die Wahrheit (...) dieser formellen, für sich unbestimmten und ihre Bestimmtheit an jenem Stoffe vorfindenden Allgemeinheit (...) die sich selbst bestimmende Allgemeinheit« ist, »der Wille, die Freiheit. Indem er die Allgemeinheit, sich selbst, als die unendliche Form zu seinem Inhalte, Gegenstande und Zweck hat, ist er nicht nur der an sich, sondern ebenso der für sich freie Wille – die wahrhafte Idee«.[194] Damit öffnet sich das Fenster, dass der Mensch zunächst zwar Naturwesen ist, aber kein blindes Naturwesen bleibt. Denn er kann seine in sich unbestimmte Allgemeinheit außer sich in der Welt selbst bestimmen und zur institutionellen Sicherung seines Menschseins im Vollzug der Freiheit, was im Sinne Hegels mit Menschwerdung gleichgesetzt werden kann, Rechtsformen geben. »Dies, daß ein Dasein überhaupt Dasein des freien Willens ist, ist das Recht.«[195] Hier schlägt der welthistorische Sinn der Französischen Revolution durch, welchen Hegel erkannt hat, wonach gemäß ihrem Leitspruch die politische Freiheit als Recht und als Selbstseinkönnen des Menschen universell aufgestellt wird. »Der Mensch gilt so, weil er Mensch ist, nicht weil er Jude, Katholik, Protestant, Deutscher, Italiener usf. ist. Dies Bewußtsein, dem der Gedanke gilt, ist von unendlicher Wichtigkeit.«[196] Der Mensch ist nicht von Natur aus frei. Er muss sich frei machen. Nicht seine Natur, sondern seine Geschichte verbürgt seine Freiheit. Recht ist also nach Hegel nicht eine Sache der Deklaration einer überzeitlichen Natur des Menschen, nicht also bloß die Menschenrechtserklärung vom 26. August 1789, sondern vielmehr der Sturm auf die Bastille am 14. Juli 1789 und der Sklavenaufstand in Haiti 1791. Recht ist, wie der Mensch seine vorfindliche Welt für sich verändert, um in ihr Subjekt zu sein. So lässt sich der Inhalt von Hegel philosophischem Begriff des Rechts verkürzt zusammenfassen. Hegels Begriff des Rechts hat einen Kampfakzent.

Zu beachten ist aber, dass »der Wille frei und was Wille und Freiheit ist – die Deduktion hiervon (...) allein im Zusammenhange des Ganzen stattfinden«[197] kann. Mit anderen Worten: Ein Rechtssystem ist nur als das Reich der verwirklichten Freiheit zu begreifen, das Menschsein als historischer Moment

194 RPh. § 21. S. 71 und 72.

195 RPh. § 29. S. 80.

196 RPh. § 209. S. 360 f.

197 RPh. § 4. S. 48.

seiner Menschwerdung im Dasein seiner Freiheit, worin eine bestimmte Gesellschaft die historische Spezifikation, aber auch Freisetzung der ontologischen Seinsstruktur des Menschen darstellt. Damit unterliegt das Recht einem geschichtlichen Wandel. Es setzt das Menschsein in actu voraus, nicht eine vita contemplativa des Menschen. »Jede Stufe der Entwicklung der Idee der Freiheit hat ihr eigentümliches Recht, weil sie das Dasein der Freiheit in einer ihrer eigenen Bestimmungen ist.«[198] Recht ist also, wie der Mensch seine vorfindliche Welt für sich verändert und diese Veränderung institutionell im Recht als historischer Verkehrsform der Freiheit temporär im sukzessiven Fortgang der Befreiung sichert.

Damit ist die ontologische Grundschicht, die anthropologisch überlagert und durch die Sinnlichkeit aktiviert wird, herausgearbeitet. Menschsein ist in sich reflektiertes Sein, nämlich durch den Willen als besondere praktische Weise des Denkens, was es vom Tiersein unterscheidet. Der Mensch ist praktische Geist-Natur. Die ontologische Grundbestimmung des Menschseins, dem der Wille und seine Teleologie eigen ist, ist die Freiheit, die, um wirklich zu sein, als vermittelte und vermittlungserheischende gedacht werden muss. Damit wird die Freiheit in den Seinsverhältnissen fundiert, »wie die Schwere eine Grundbestimmung der Körper ist«[199] oder in abgewandelter Redewendung, »wie die Schwere die Substantialität des Körpers«[200] ausmacht, also ein ontologisches Fundierungsverhältnis darstellt. Die Schwere liegt nicht im Körper, sondern im physikalischen Materiezusammenhang, in dem der Körper sich als Körper vorfindet. Ebenso ist die Freiheit nach Hegel nicht im Menschen, sondern im gegenständlichen und gesellschaftlichen Zusammenhang, in dem der Mensch sich als Mensch vorfindet. Insofern ist die Schwere des Menschseins die Freiheit. Sie ist normativer Ausdruck des ontischen Wesens des Menschseins, in gewisser Weise der geschichtliche Auftrag, dem der Mensch sich zu stellen hat. Diese Freiheit ist nicht als einzelsubjektivistisches Abstraktum zu verstehen, sondern vielmehr als logische Vermittlung von Einzelnem und Allgemeinem im Ensemble gesellschaftlicher Verhältnisse. »Freiheit wird also zugleich als Daseinsmodus des Vernünftig-Allgemeinen und als »Besonderung des Ich« im »Setzen seiner selbst als eines bestimmten« (§ 6) begriffen, und ihr eigentliches Sein ist nicht das eine noch das andere, son-

198 RPh. § 30. S. 83.

199 RPh. § 4 Zusatz. S. 46.

200 RPh. § 7. S. 55.

dern »die Vermittlung des Besonderen durch das Allgemeine als dialektische Bewegung« (§ 199).«[201] Diese logische Vermittlung ist für Hegel zugleich eine reale. Im Zusatz zu Paragraph 408 der »Enzyklopädie der philosophischen Wissenschaft« macht Hegel diesen Zusammenhang mit dem Begriff des Sittlichen deutlich: »In der philosophischen Entwicklung des Sittlichen können wir jedoch nicht mit dem Staate beginnen, da in diesem jenes sich zu seiner konkretesten Form entfaltet, der Anfang dagegen notwendigerweise etwas Abstraktes ist«[202], nämlich das abstrakte Recht. Hegels Freiheitskonzept ist weniger in der Locke-Rousseau-Kant-Deutung, als vielmehr in der Linie Aristoteles-Hobbes-Spinoza-Leibniz zu verstehen.[203] Das Gemeinwesen geht dem Individuum voraus.

Der hier erörterte philosophische Begriff des Rechts, den Hegel in den Paragraphen 1 bis 33 entwickelt, bildet das Fundament der »Rechtsphilosophie«. Obzwar nach langwierigen Kämpfen historisch entsprungen, gilt er für Hegel, da er nun einmal ins Bewusstsein getreten und im Begriff gefasst, ewig. Als Begriff ist das Recht in diesem Sinn zeitlos. Ab Paragraph 34 der »Rechtsphilosophie« analysiert Hegel anschließend, wie die bürgerliche Gesellschaft rechtstheoretisch diesen philosophischen Begriff des Rechts vermittelt und verwirklicht. Von der dialektischen Ontologie, welchen er aus der bisherigen Geschichte entwickelt hat, wendet er sozusagen seinen Blick wieder auf die neuere Geschichte der Gegenwart. Insofern ist zwischen dem philosophischen Begriff des Rechts und dem abstrakten Recht eine Trennlinie zu ziehen. Nun ist der »Anfang« im Abstrakten zu suchen.

2. Das abstrakte Recht

Folgend gilt es zu bestimmen, was Hegel mit abstraktem Recht meint, dessen Inhalt er in den Paragraphen 41 ff. entfaltet, und welche Rechtskategorien im Hinblick auf den Pöbel Relevanz haben. Historisch knüpft Hegel hierbei an

201 Hans Heinz Holz. Dialektik – Problemgeschichte von der Antike bis zur Gegenwart. Band 5. Neuzeit III. Wissenschaftliche Buchgesellschaft, Darmstadt 2011. S. 29.

202 Hegel. Enzyklopädie der philosophischen Wissenschaften im Grundrisse. Band 3. Suhrkamp Verlag, Frankfurt a. M. 2001. § 408 Zusatz S. 171.

203 Das macht Hegel vor allem in § 29 im Zusammenhang mit § 15 deutlich, wo er das »Vernünftige« an Kants und Rousseaus Überlegungen hervorhebt und als »formelles Allgemeines« verwirft. Siehe RPh. § 15. S. 66-76 und § 29. S. 80 f.

das römische Recht an. Es war die Basis für die Kodifizierung des »Preußischen Landrecht« (1794), für »das Allgemeine bürgerliche Gesetzbuch für die deutschen Erblande« (1811) in Österreich und vor allem für das »Code Civil« bzw. »Code Napoleon« (1804) in Frankreich. Das abstrakte Recht handelt vom bürgerlichen Privatrecht.

»Der an und für sich freie Wille«, beginnt Hegel, ist »in seinem abstrakten Begriffe.«[204] Es geht also um die Abstraktheit der Freiheit im bürgerlichen Recht. Sie wird im Zusammenhang mit dem Eigentum entwickelt. Der Wille ist »seine gegen die Realität negative, nur sich abstrakt auf sich beziehende Wirklichkeit – in sich einzelner Wille eines Subjekts«.[205] Ferner heißt das, dass »alle Bestimmungen (...) zwar in ihm enthalten« sind, »aber auch nur enthalten: sie sind nur an sich und noch nicht zur Totalität in sich selbst entwickelt. Wenn ich sage, ich bin frei, so ist Ich noch dieses gegensatzlose Insichsein«[206]. Die Freiheit hat den materiellen Gehalt des Menschseins – ihren Inhalt – also außer sich. Das Ich hat seinen Inhalt im Außersichsein. Folglich ist das abstrakte Recht in diesem Rahmen »nur erst bloße Möglichkeit und insofern gegen den ganzen Umfang des Verhältnisses etwas Formelles. (...) Möglichkeit ist nämlich Sein, das die Bedeutung hat, auch nicht zu sein«[207], sonst wäre es Wirklichkeit. Damit wird ersichtlich, dass das abstrakte Recht die privatrechtliche Art und Weise der Formalisierung des Rechts darstellt. Der Inhalt des abstrakten Rechts abstrahiert von realen Unterschieden und indem dies geschieht, wird die Freiheit der Form nach verallgemeinert. Im Ergebnis ist das abstrakte Recht nach Hegel und nach der bisherigen Untersuchung des Begriffs des Rechts fixierte Einzelheit in einer formellen Allgemeinheit, unter Ausklammerung ihrer Vermittlung in der realen Allgemeinheit, was sich in der sozialen Sphäre der Sittlichkeit realisiert und erst auch dort von Hegel dargestellt wird. Die Frage ist nun, wie sich diese Abstrahierung, welche formalisiert, theoretisch vollzieht.

Der Grundgedanke ist, dass konkrete Menschen von ihrer Konkretheit im Wege der Abstraktion entkleidet werden, um sie im allgemeinen, abstrakten Begriff des Menschen zusammenzufassen. In dem »Dieser« in »*diesem* Menschen« steckt unter dem Gesichtspunkt des Willens die unbestimmte All-

204 RPh. § 34. S. 92.

205 RPh. § 34. S. 92.

206 RPh. § 34 Zusatz. S. 92 und 93.

207 RPh. § 37 Zusatz. S. 96.

gemeinheit »Mensch«. Hier schlägt die Dialektik zwischen Besonderem und Allgemeinem durch. Dadurch erhalten konkrete Menschen als allgemeine Menschen Rechtscharakter. Als allgemeine Menschen werden sie unbestimmte Rechtssubjekte, wohinter die konkreten, bestimmten Menschen verschwinden. »Die wesentliche Einsicht, die hier zu erlangen wäre, ist nun, daß diese erste Unbestimmtheit selbst eine Bestimmtheit ist«[208], die Negation selbst positiv gefasst wird. So zeigt Hegel, dass die konkrete Nicht-Identität der Menschen in einer abstrakten Identität der Menschen als Mensch formell im bürgerlichen Recht gleichgesetzt wird. »Die abstrakte Identität ist es, welche hier die Bestimmtheit ausmacht.«[209] Entscheidend ist also, »daß die abstrakten Formen sich nicht als für sich bestehend, sondern als unwahre aufweisen«.[210] Hegels Ausgangspunkt ist insofern der Wille im Modus der Einzelheit, wohlwissend dass das Einzelne, das reale *Ens*, in Wirklichkeit das Allgemeine ist, also im Modus der Allgemeinheit Realität hat.[211] Das bürgerliche Recht dividiert also durch die Abstrahierung Menschen in unpersönliche Einzelsubjekte. Wesenhaft für das bürgerliche Rechtsverständnis ist damit das Prinzip des gleichen Rechts der Individuen, hinter dem die Ungleichheit aller Individuen verschwindet. Die Gleichheit besteht also darin, dass an gleichem Maßstab, Menschsein, gemessen wird. Das bürgerliche Recht ist daher »ein Recht der Ungleichheit, seinem Inhalt nach« – und gerade von dieser Seite ließe sich eine radikale Rechtskritik formulieren. Denn Individuen sind per Definition ungleich.[212] Dieses unwahre Moment am abstrakten Recht hat Hegel im Blick.

---

208 RPh. § 34 Zusatz. S. 93.

209 RPh. § 34 Zusatz. S. 93.

210 RPh. § 32 Zusatz. S. 87.

211 Siehe Hegel. Enzyklopädie der philosophischen Wissenschaften im Grundrisse. Band 1. Suhrkamp Verlag, Frankfurt a. M. 2001. § 163. S. 311: »Das Einzelne ist dasselbe, was das Wirkliche ist«.

212 Von dieser Seite kritisiert Marx den bürgerlichen Rechtshorizont: »Das Recht kann seiner Natur nach nur in Anwendung von gleichem Maßstab bestehn; aber die ungleichen Individuen (und sie wären nicht verschiedne Individuen, wenn sie nicht ungleiche wären) sind nur an gleichem Maßstab meßbar, soweit man sie unter einen gleichen Gesichtspunkt bringt, sie nur von einer bestimmten Seite faßt, z. B. im gegebnen Fall sie nur als Arbeiter betrachtet und weiter nichts in ihnen sieht, von allem andern absieht. Ferner: Ein Arbeiter ist verheiratet, der andre nicht; einer hat mehr Kinder als der andre etc. etc. Bei gleicher Arbeitsleistung und daher gleichem Anteil an dem gesellschaftlichen Konsumtionsfonds erhält also der eine faktisch mehr als der andre, ist der eine reicher als der andre etc. Um alle diese Mißstände zu vermeiden, müßte das Recht, statt gleich, vielmehr ungleich sein.« Siehe MEW 19, 21.

Es wäre jedoch falsch, daraus abzuleiten, dass Hegel die »Rechtsphilosophie« deshalb individualistisch entwickelt. Ein »in sich einzelner Wille eines Subjekts« ist zwar der Anfang der »Rechtsphilosophie«, aber, wie Holz richtig bemerkt, »nicht anders als das einfache unbestimmte Sein am Anfang der »Logik« oder die sinnliche Gewissheit am Anfang der »Phänomenologie«, wovon das Denken sich abstoßen muss, um auf seinen Weg zu gelangen«.[213] So stößt sich Hegel von diesem Einzelwillen unverzüglich ab, ohne das Moment der Abstrahierung links liegen zu lassen. Vielmehr nimmt er diese Abstrahierung mit, um den Charakter des bürgerlichen Rechts zu bestimmten. Er liegt darin, dass Formalisierung der Freiheit das abstrakte Recht ist, in der jeder dem Begriff nach frei ist. Recht ist zugleich abstrakt, weil es formal-allgemein ist. Hier scheint die Universalität von Hegels Begriff des Rechts auf, wenn auch bloß formell. Doch das hindert Hegel nicht daran, in dem abstrakten Recht eine Bedingung für die Möglichkeit der konkreten Verwirklichung der Freiheit aller zu sehen.

3. Die Person

Rechtscharakter hat der Mensch also kraft seines Menschseins, sobald dieses formalisiert wird. Die abstrakte Identität der Menschen im Recht macht sie zu »Personen«. Das ist die erste und wichtigste Rechtskategorie des bürgerlichen Rechts. Menschen werden Rechtspersonen, Träger von Rechten und Pflichten, »die selbstbewußte, sonst inhaltlose einfache Beziehung auf sich in seiner Einzelheit, – das Subjekt ist insofern Person«.[214] Zu betonen ist die Inhaltlosigkeit der Beziehung. Sie ist keine konkrete. Die Person ist rechtstheoretisch ein »Dieser«, »vollkommen nach allen Seiten«[215] von seiner Subjektivität[216], als welche die Person lebendige Persönlichkeit ist, getrennt, eine Person also als Rechtspersönlichkeit. Der juristische Sinn des Rechtsbegriffs »Person« ist damit die unpersönliche Person. Doch gerade hierin sieht Hegel,

---

213 Hans Heinz Holz. Dialektik – Problemgeschichte von der Antike bis zur Gegenwart. Band 5. Neuzeit III. Wissenschaftliche Buchgesellschaft, Darmstadt 2011. S. 83.

214 RPh. § 35. S. 93.

215 RPh. § 35. S. 93.

216 Hierzu Hegel: »Ich will dieses oder jenes, Bedürfnisse, Laune, Einfall. Kein Mensch hat Respekt davor, besonderer Wille.« Siehe RPh. § 35 Anmerkung. S. 94.

obwohl »im Ausdruck etwas Verächtliches«, die »Fruchtbarkeit dieses Begriffs von Recht«[217]. Die Möglichkeit nämlich, dass der Mensch als Person Rechtsfähigkeit erlangt, macht die »abstrakte Grundlage des abstrakten und daher formellen Rechtes«[218] aus. Diese befähigt jede Rechtsperson als Privatperson dazu, »sich die Freiheit auf unmittelbare Weise« zu geben, nämlich in der Form des Besitzes, »welcher Eigentum ist«[219]. Das geschieht durch die Sache, was, wenn sie zwischen Personen vermittelt wird, die Form des Vertrags zur Folge hat. Folgerichtig wird die Person mit Nicht-Personen und Personen verbunden und kann sich verbinden. Als »Personen« stehen sich die Menschen auf rechtstheoretischer Ebene ebenbürtig als Gleiche gegenüber. Zunächst ist aber der Besitz einer Sache, die Eigentum wird, das äußere Dasein der Person. Hier unterscheidet Hegel zwischen Ding und Sache.

4. Das Ding und die Sache

»Der freie Wille«, schreibt Hegel, »muß sich zunächst, um nicht abstrakt zu bleiben, ein Dasein geben, und das erste sinnliche Material dieses Daseins sind die Sachen, das heißt die äußeren Dinge«.[220] Die Person »hat das Recht, in jede Sache ihren Willen zu legen«[221]. So erkennt Hegel, dass das bürgerliche Subjekt sich zur Natur a priori als Besitzer verhält, nämlich zur Natur als einer Sache für ihn. Doch es stellt sich die Frage, wie die Natur eine Sache für den Menschen wird?

Die Sache ist zunächst »ein Unfreies, Unpersönliches und Rechtloses«[222], also ein äußeres Ding. Ein äußeres Ding kann kein Mensch sein, weil das Menschsein frei, persönlich und rechtsfähig ist, wie die bisherige Bewegung des Willens gezeigt hat. Das äußere Ding ist also das »unmittelbar Verschiedene« des unmittelbaren Willens, demnach die Natur, welche die »Begriffsbestimmung« hat, »das Äußerliche an ihr selbst zu sein«.[223] Sie ist nicht in sich

217 RPh. § 35 Anmerkung und Zusatz. S. 94.

218 RPh. § 36. S. 95.

219 RPh. § 40. S. 98.

220 RPh. § 33. Zusatz S. 91.

221 RPh. § 44. S. 106.

222 RPh. § 42. S. 103.

223 RPh. § 42. S. 103.

reflektiertes Sein, wie das Menschsein als Teil der Natur. Hier kommt die Unterscheidung zwischen Ding und Sache zum Tragen.

Ein äußeres Ding aus der Natur ist nach Hegel nicht per se Sache und mit Sache gleichzusetzen. »Sache« ist für Hegel in diesem Zusammenhang eine Rechtskategorie, die aus der Rechtskategorie »Person« folgt. Die Person gibt sich »eine äußere Sphäre ihrer Freiheit«[224] und hat so ihre »erste Realität (...) in einer äußerlichen Sache, somit eine schlechte Realität«[225]. Eine Sache ist rechtlich jedes körperliche Ding. Ein äußeres Ding aus der Natur muss also erst in den Rechtsverkehr eingehen und in der Verfügbarkeit der Menschen stehen, um Sache zu sein. »Alle Dinge können Eigentum des Menschen werden, weil dieser freier Wille und als solcher an und für sich ist, das Entgegenstehende aber diese Eigenschaft nicht hat. Jeder hat also das Recht, seinen Willen zur Sache zu machen oder die Sache zu seinem Willen, das heißt mit anderen Worten, die Sache aufzuheben und zu der seinigen umzuschaffen; denn die Sache als Äußerlichkeit hat keinen Selbstzweck, ist nicht die unendliche Beziehung auf sich selbst, sondern sich selbst ein Äußerliches. (...) nur der Wille ist das Unendliche.«[226] Der Mensch hat nach Hegel ein »absolutes Zueignungsrecht«[227] auf die Gesamtheit der Natur, insofern, dass das dem Menschen entzogene Natürliche seine Selbstständigkeit verliert und in die Verfügung des Menschen, damit in den Rechtsverkehr, übergeht. Die Rechtskategorie »Sache« setzt in sich Handeln voraus und dies wiederum einen handelnden Zugriff[228] des Menschen im Verhältnis zur Natur. Die »erste Realität meiner Freiheit«[229] ist damit die Befreiung von der Natur.

224 RPh. § 41. S. 102.

225 RPh. § 41. Zusatz S. 102.

226 RPh. § 44 Zusatz. S. 106 f.

227 RPh. § 44. S. 105.

228 Hier werden der römische Ursprung und die imperialistische Grundlegung des bürgerlichen Rechts deutlich. Völker ohne diese Unterscheidung leben mit Dingen bis Europäer auftreten, um »zugreifend zu handeln«, sodann die Dinge zu Sachen machen und sie dann zu besitzen. Dies dient historisch als – im Sinne Hegels selbstverständlich unkultivierte und missbräuchliche – Rechtfertigung für ein Handeln, welches in der Tat nur mit Tötungswaffen begangen werden konnte, deren Gebrauch weniger durch Gewinnung von Recht als durch imperiale Beauftragung und päpstliche Edikte, also durch als formales Recht getarnte Willkür sanktioniert war. Nach der Aufklärung änderte sich die Form der praktischen Abwicklung nur wenig und läuft heutzutage im Effekt noch ähnlich. Das Recht wird zur formellen Legitimation materieller Besitzergreifung genutzt, wo es zum Zugriff selbst aber gar nicht nötig wäre und allein bei der Exekution rechtlicher Verfügung auch nicht hülfe.

229 RPh. § 41 Zusatz. S. 102.

Die rechtliche Realität der Person ist die Sache. Daraus folgt, dass die Freiheit des Menschseins nur in actu wirklich ist. »Hinter der scheinbaren dinglichen Festigkeit, die das Eigentum als Sache hat, verbirgt sich für Hegel die Bewegung, der oft lange geschichtliche Prozeß des tätigen Zurichtens der Natur, mit dem sie in eine Sache umgewandelt und als Sache vom Menschen in Besitz genommen wird.«[230] Das natürliche Ding wird rechtliche Sache durch einen geschichtlichen Umformungsprozess der Natur durch den vergesellschaftet arbeitenden Menschen. Die Existenz der Freiheit ist nach Hegel an die praktische Befreiung des Menschen von der Macht der Natur gebunden. Die Subjekt-Objekt-Beziehungen sind bei Hegel also nicht konstant und statisch. Das Verhältnis zwischen Mensch und Natur ist vielmehr geschichtlich, wohingegen die Natur in ihrem Selbstverhältnis geschichtslos ist. »Daher ist das Verhältnis, in dem Personen sich in Sachen das Dasein geben, der Anfang der Freiheit.«[231] Freiheit besteht geschichtlich und in actu. »Der Mensch, der als Naturwesen nur dem »Begriffe nach«, nur »an sich« und der »Möglichkeit nach« frei ist, kann erst in actu frei werden, indem er sich aus der Unfreiheit des Naturstandes befreit und die Natur, ihre Macht durchbrechend, zur Sache macht.«[232] Ohne die Freiheit der unpersönlichen Person keine Versachlichung der unfreien Natur, und umgekehrt. Das macht den kategorialen Kern des bürgerlichen Rechts nach Hegel aus.

Im Vorgriff auf das »System der Bedürfnisse« lässt sich bereits hier konstatieren, dass Freiheit in dem Moment der Arbeit konkret wird. Sie ist »das Moment der Befreiung, die in der Arbeit liegt«[233]. Freiheit ist nach Hegel immer Befreiung von etwas (= negative Freiheit) zu etwas (= positive Freiheit), vermittelt durch das tätige Subjekt, was Arbeit ist. In actu ist Freiheit Arbeit. Es ist nach Hegel der gesellschaftliche Arbeitsprozess, der die Natur in den Rechtsverkehr zieht und sie in die gesellschaftliche Disponibilität stellt. Das Problem, das sich jedoch an dieser Stelle zunächst aufdrängt, ist, wie die Natur und die äußeren Dinge zu Sachen als Bereich äußerer Freiheit der Person werden. Es geht um die Versachlichung der Natur durch den Menschen, wodurch die Natur ihre äußere Dingheit und Selbstständigkeit verliert.[234]

---

230 Joachim Ritter. Person und Eigentum. In: Materialien zu Hegels Rechtsphilosophie. Suhrkamp Verlag, Frankfurt a. M. 2016, 2. Aufl. Band 2. S. 158.

231 Ebd. S. 161.

232 Ebd. S. 160.

233 RPh. § 194. S. 350.

234 RPh. § 52. S. 115.

5. Das Formieren

Der Umformungsprozess vollzieht sich in der Besitznahme. Hier unterscheidet Hegel zwischen der Besitzergreifung, der Formierung und der Bezeichnung[235] als unterschiedlicher Weisen der Besitznahme. Dabei stuft er das Formieren als »die der Idee angemessenste Besitznahme«[236] ein, sodass diese näher zu analysieren ist.

Zentral ist für Hegel die Hand des Menschen. »Ich übe die Besitznahme durch die Hand, aber der Bereich derselben kann erweitert werden«, erst jedoch nachdem die Hand zur Ausübung kam. »Die Hand ist dieses große Organ, das kein Tier hat, und was ich mit ihr fasse, kann selbst ein Mittel werden, womit ich weiter greife«[237], sodass die Hand sich Arbeitsmittel und Werkzeuge schafft, um sie als Mittel für die Erweiterung von Eingriffsumfang und -intensität zu benutzen. Wenn die Geschichte der Freiheit des Menschen mit seiner Befreiung vom Naturstand und der Natur beginnt, dann ist nach Hegel die erste geschichtliche Tat mit der Hand ausgeübt worden, die ein natürliches Ding zur Sache umformte und dadurch in die menschliche Verfügung brachte. Näher ist im Hinblick auf die Fragestellung dieser Untersuchung die Formierung als eine Form der Besitznahme darzulegen.

Was versteht Hegel unter Formierung? Das Formieren »vereinigt« das »Subjektive und Objektive in sich«, übrigens »nach der qualitativen Natur der Gegenstände und nach der Verschiedenheit der subjektiven Zwecke unendlich verschieden«[238]. Formierung macht »meinen Willen objektiv, äußerlich, bleibend«[239]. »Diese Formierung kann empirisch die verschiedenartigsten Gestalten annehmen.«[240] Sie ist »Bearbeitung«[241] der Natur, mit anderen Worten: Arbeiten. Im Hinblick auf den Ausgangspunkt des Begriffs des Rechts folgt daraus, dass das Menschsein sich im Vollzug der Arbeit zur Freiheit entfaltet. Hieraus leitet Hegel »die wichtige Lehre von der Notwendigkeit des Privateigentums«[242]

235 Siehe RPh. § 54. S. 119.

236 RPh. § 56. S. 121.

237 RPh. § 55 Zusatz. S. 121.

238 RPh. § 55. S. 121.

239 RPh. § 56 Anmerkung. S. 122.

240 RPh. § 56 Zusatz. S. 122.

241 RPh. § 56. S. 121.

242 RPh. § 46 Zusatz. S. 110.

ab. Er erkennt die historische Daseinsberechtigung des Privateigentums an, welches für ihn den rechtskategorialen Kern der bürgerlichen Gesellschaft ausmacht und in einem allgemeinen Begriff der Arbeit fundiert. Das Privateigentum erstreckt sich rechtstheoretisch bei Hegel indifferent auf Sämtliches.[243] Er fragt nicht weiter »Privateigentum woran«, womit er den allgemeinen Begriff der Arbeit auf seine historische Konkretion in der bürgerlichen Gesellschaft erweitern müsste. Das bedeutet, dass Sache mit Ware gleichgesetzt wird, sofern unter Ware die Form von Erwerb und Veräußerung verstanden wird, also die politisch-ökonomische Erwerbbarkeit und Veräußerbarkeit eines zur rechtlichen Sache qualifizierten äußeren Dings, obwohl Hegel aus dem Formwechsel des Dings zur Sache den Formwechsel der Sache zur Ware entwickeln müsste. Das geschieht nicht und daher folgert Hegel: »Was und wieviel Ich besitze, ist daher eine rechtliche Zufälligkeit (…) und gehört einer anderen Sphäre, der bürgerlichen Gesellschaft, an.«[244] Hinter der Verwendung seines Begriffs »Eigentum« lauert fortwährend die Spezifikation desselben als Privateigentum. Zwar erkennt Hegel die geschichtliche Rolle und das Wesen der Arbeit, mit der der Mensch sein Verhältnis zur Natur vermittelt. Jedoch stellt er mit dem Begriff des Formierens die allgemeine Arbeit dar, die er für die bürgerliche Gesellschaft als Hauptprinzip reklamiert. Er betrachtet die Arbeit in ihrer geschichtlichen und allgemeinen Bedeutung, ohne die Form ihres Vollzugs in der konkreten, bürgerlichen Bedeutung im Kontext der bürgerlichen Gesellschaft und der Moderne zu untersuchen. Vielmehr unterstellt Hegel, dass der allgemeine Begriff der Arbeit den historisch-konkreten Begriff der Arbeit in der bürgerlichen Gesellschaft ausmache, sodass er zwar aus ihm die »Notwendigkeit des Privateigentums« ableiten kann, allerdings um den Preis, zwischen Privateigentum und Eigentum nicht mehr scharf zu unterscheiden und nicht mehr die Frage nach der konkreten Arbeitsform in der bürgerlichen Gesellschaft stellen zu können. Unter diesem Gesichtspunkt ist das »absolute Zueignungsrecht«[245] in der Tat absolut schrankenlos und hat absoluten Vorrang. Es hat eine imperiale Dimension. Dies wird im Zusammenhang mit dem »System der Bedürfnisse« besonders relevant. Hier ist jedoch noch die Bestimmung des Formierens weiter zu untersuchen.

243 Überhaupt ist hierzu zu bemerken, dass Hegel streckenweise nicht zwischen Privateigentum und Eigentum strikt differenziert und sich beide Begriffe demnach oft vermischen.

244 RPh. § 49. S. 112 f.

245 RPh. § 44. S. 105.

Die auf Eigentum beruhende Freiheit hat nämlich auch eine weitere Seite. Indem der Mensch die Natur zur Sache formiert, formiert er sich selbst als Mensch, befreit sich aus der Natur, und »der Mensch muß sich selbst formieren«[246], womit er »die Ausbildung seines eigenen Körpers und Geistes« vollbringt, nämlich »wesentlich dadurch, daß er sein Selbstbewußtsein sich als freies erfaßt, nimmt er sich in Besitz und wird das Eigentum seiner selbst und gegen andere«.[247] Die Versachlichung der Natur wird zugleich die Versachlichung des Menschen. In der Form zu Privateigentum gewordener Sache befinden sich die Menschen als Personen im Rechtsverkehr. Die als Sache zur Verfügung gestellten Dinge gehen über in den Rechtsverkehr der Veräußerung, einschließlich »geistige Geschicklichkeiten, Wissenschaften, Künste, selbst Religiöses (Predigten, Messen, Gebete, Segen in geweihten Dingen), Erfindungen usf«. Somit wird notwendigerweise nicht nur das Verhältnis Mensch-Natur zu Person-Sache versachlicht, sondern ebenso das Verhältnis Person-Person, was in der Form des schuldrechtlichen Vertrags (§§ 72 bis 81) vermittelt wird, die dritte Rechtskategorie. Letzteres ist nur möglich, eben weil der Mensch im bürgerlichen Recht als unpersönliche Person auftritt. Wie oben festgestellt, ist die »Person« die Rechtskategorie des abstrakten Daseins des Menschen, worin er von seiner Subjektivität total getrennt wird. Die abstrakte Identität konkreter Menschen im Recht und damit die formale Gleichheit aller ist die Bedingung für die Möglichkeit der Freiheit nach Hegel. Ihre Kehrseite ist die damit als Mysterium beiseitegeschobene und zugleich rechtlich zementierte materielle Ungleichheit, sodass Hegel von ihr als »rechtlicher Zufälligkeit«[248] (§ 49) sprechen kann, was meint, dass sie rechtlich irrelevant und belanglos ist. Im abstrakten Recht gibt es nur die formelle Freiheit der Personen.

Gerade deshalb aber, weil der Mensch als Person von seiner Subjektivität getrennt wird, kann er, wie Hegel ausführt, als Person Elemente seiner Subjektivität zur Sache machen und als solche in den Rechtsverkehr bringen, etwa Fähigkeiten, Dienstleistungen usw. Er kann per Vertrag über sie verfügen. Er kann sie veräußern. Persönliche Faktoren des Menschen erhalten damit sachlichen Charakter und werden rechtlich veräußer- und erwerbbar. Aus diesem Gesichtspunkt leitet Hegel den Arbeitsvertrag ab, wohlgemerkt, ohne dass er

246 RPh. § 57 Anmerkung. S. 124.

247 RPh. § 57. S. 122.

248 RPh. § 49s. S. 112: »Was und wieviel Ich besitze, ist daher eine rechtliche Zufälligkeit.«

die historisch-konkrete Spezifikation der Arbeitsform zuvor untersucht und dargestellt hat. Sein Begriff der Arbeit ist stets historisch-allgemeine Arbeit. Aus diesem Blickwinkel schreibt er bezüglich des Arbeitsvertrags: »Von meinen besonderen, körperlichen und geistigen Geschicklichkeiten und Möglichkeiten der Tätigkeit kann ich einzelne Produktionen und einen in der Zeit beschränkten Gebrauch von einem anderen veräußern, weil sie nach dieser Beschränkung ein äußerliches Verhältnis zu meiner Totalität und Allgemeinheit erhalten. Durch die Veräußerung meiner ganzen durch die Arbeit konkreten Zeit und der Totalität meiner Produktion würde ich das Substantielle derselben, meine allgemeine Tätigkeit und Wirklichkeit, meine Persönlichkeit zum Eigentum eines anderen machen.«[249] Auch die Arbeitsverhältnisse werden versachlicht, was den »Unterschied (…) zwischen einem Sklaven und dem heutigen Gesinde oder Tagelöhner«[250] ausmacht, den Unterschied zwischen modernen Gesellschaften und vormodernen. Die Arbeitskraft kann als Sache also gekauft und verkauft werden. Dies geschieht schuldrechtlich durch den »Lohnvertrag (locatio operae), Veräußerung meines Produzierens oder Dienstleistens, insofern es nämlich veräußerlich ist, auf eine beschränkte Zeit oder nach sonst einer Beschränkung«[251]. Die Schranke der rechtlichen Verfügbarkeit persönlicher Faktoren bestimmt Hegel mit der Unveräußerlichkeit der Person, »welche meine eigenste Person und das allgemeine Wesen meines Selbstbewußtseins ausmachen, wie meine Persönlichkeit überhaupt, meine allgemeine Willensfreiheit, Sittlichkeit, Religion«.[252] Daher liege es »in der Natur der Sache, daß der Sklave«, eben weil er Mensch ist, »ein absolutes Recht hat, sich frei zu machen«.[253]

Doch die Schranke der Unveräußerlichkeit der Person (§ 66) stellt, wie sich nun aufdrängt, rechtstheoretisch zugleich einen Widerspruch zum absoluten Zueignungsrecht des Menschen auf alle Sachen (§ 44) dar, aus welchem die rechtliche Zufälligkeit (§ 49) des quantitativen und qualitativen Besitzes folgt. Das bürgerliche Privatrecht kennt folglich keine sozialen Rechte. Diesen Widerspruch lässt Hegel auf der rechtstheoretischen Ebene offen, weil er gerade in diesem Punkt das bürgerliche Recht als »die Natur der Freiheit des Geistes

249 RPh. § 67. S. 144 f.

250 RPh. § 67. S. 145.

251 RPh. § 80 B 3. S. 167.

252 RPh. § 66. S. 141.

253 RPh. § 66 Zusatz. S. 144.

und des Rechts«[254] schlechthin, als das Wesen des Rechts überhaupt ausgibt bzw. wissen will. Er betrachtet die Sache, wie sie aus dem äußerlichen Ding der Natur durch einen Umformungsprozess hervorgeht, nicht aber, wie sie in der Manufaktur und in der Fabrik produziert wird. Diese Betrachtungsweise korreliert mit seinem Begriff des Formierens, der im allgemeinen Begriff der Arbeit stehenbleibt. So erscheint die Bewegung der Sachen, die rechtlich reglementiert wird, nur in ihrer Zirkulation zwischen Person-Sache und Person-Person. »Wenn Ausnahmen« vom auf Privateigentum basierten Eigentum im Hinblick auf soziale Rechte gemacht werden können, dann auf staatstheoretischer Ebene »durch den Staat, so ist es doch dieser allein, der sie machen kann«[255]. Auf gesellschaftstheoretischer Ebene bleibt dieser Widerspruch zwischen den Paragraphen 66, 44 und 49 bestehen und perpetuiert sich im Phänomen des Pöbels. Möglicherweise ist dies sowohl der historischen Gegenwart seiner Zeit und seiner politischen Präferenz geschuldet, war doch für Hegel das Staat-Werden Deutschlands und die Sicherung des ins Sein eingebrochenen Prinzips der Freiheit oberste Priorität,[256] aber auch der schon in der Idee des Rechts festgestellten Prävalenz des Begriffs gegenüber dem Gegenstand.

Hier ist jedoch noch ein zweiter Punkt entscheidend: Gleichwohl der Mensch als Person persönliche Faktoren seiner Subjektivität oder, in Form des Lohnvertrags, auf eine beschränkte Zeit das »Produzieren« seiner Subjektivität versachlichen und veräußern kann, bedeutet das im Vollzug, seine ganze Subjektivität auf eine beschränkte Zeit zu entäußern. Denn das Lebendige der Subjektivität des Subjekts ist das »Produzieren« schlechthin. Man kann nicht sein »Produzieren« auf beschränkte Zeit veräußern, ohne die Subjekthaftigkeit in toto auf beschränkte Zeit zu entäußern.

Aus all dem folgt die Versachlichung aller Verhältnisse in der bürgerlichen Gesellschaft. Die Versachlichung vollzieht sich also nicht nur extensiv in Richtung Natur, sie ist nach Hegel ebenfalls intensiv in Richtung Gesellschaft und

---

254 RPh. § 46. S. 108.

255 RPh. § 46 Zusatz. S. 110.

256 Hierzu ist folgende Passage in § 62 charakteristisch: »Es ist wohl an die anderthalbtausend Jahre, daß die Freiheit der Person durch das Christentum zu erblühen angefangen hat und unter einem übrigens kleinen Teile des Menschengeschlechts allgemeines Prinzip geworden ist. Die Freiheit des Eigentums aber ist seit gestern, kann man sagen, hier und da als Prinzip anerkannt worden. – Ein Beispiel aus der Weltgeschichte über die Länge der Zeit, die der Geist braucht, in seinem Selbstbewußtsein fortzuschreiten – und gegen die Ungeduld des Meinens.« Siehe RPh. § 62. S. 133.

Mensch. Der Terminus »zweite Natur« als Resultat des geschichtlichen Umschaffungsprozesses zwischen Mensch und Natur bezieht sich nicht nur auf die nicht-menschliche materielle Natur, sondern schließt zugleich das materielle Natursein des Menschen mit ein, das in eine »zweite«, nämliche gesellschaftliche Natur umgeschafft wird; in der Tat in eine »Natur«, weil die Gesellschaft einen naturwüchsigen Zwang auf den Menschen ausübt. Gerade darin sieht Hegel das allgemeine Prinzip der bürgerlichen Gesellschaft, mithin ihre rationale Herrschaft über die Natur auf der einen, wie die rationale Binnenstruktur in der Gesellschaft auf der anderen Seite begründet. »Denn die Weisen der Besitznahme«, hier in der Gestalt der Formierung, »enthalten den Fortgang der Einzelheit zu der Allgemeinheit«[257] und »das Formieren ist ein Heraussetzen eines Innerlichen – hier schon Spaltung – in äußerliche Allgemeinheit – und in innere«[258].

Festzuhalten ist, dass für Hegel

a) die Entzweiung Mensch-Person, oder politisch ausgedrückt Menschsein-Bourgeois, konstitutiv für das bürgerliche Recht als Dasein der Freiheit ist, weil sie in der Ebene der abstrakten Person prinzipiell eine formale Gleichheit aller Menschen als Freie bedeutet,
b) die Freiheit nur in actu in Form der Arbeit Wirklichkeit hat und den in sich einzelnen Willen eines Subjekts in der Allgemeinheit der Willen aller Subjekte aufhebt,
c) die totale Versachlichung aller Verhältnisse als allgemeines Prinzip der bürgerlichen Gesellschaft die Bedingung für die Möglichkeit realer Freiheit ist, was bedeutet, dass vormoderne, feudale wie religiöse Bindungen zerrissen werden,
d) die historisch-allgemeine Arbeit die historisch-konkrete Arbeitsform in der bürgerlichen Gesellschaft sei.

Nachdem die Rechtsgrundlage des Rechts im Zusammenhang mit dem Prinzip der Freiheit und das ontologische Fundierungsverhältnis der Freiheit im Menschsein freigelegt sowie dessen Aktualisierung im bürgerlichen Recht dargelegt wurde, kommt es nun darauf an, welche systemische Stellung der Pöbel in der bürgerlichen Gesellschaft einnimmt.

---

257 RPh. § 54. S. 119.

258 RPh. § 57 Anmerkung. S. 125.

V.
Die Erzeugung des Pöbels

Die Totalität der Versachlichung aller Verhältnisse, die den normativen Zweck des bürgerlichen Rechts darstellt, bedeutet gesellschaftlich nach Hegel, dass die Menschen als abstrakte Personen realiter zu ihrer Besonderheit kommen. Im Gegenzug zum Verzicht auf die Subjektivität durch die Abstraktion im Bereich des Rechts, wodurch das Persönliche der Person äußerlich wird, gewinnen die Personen im Bereich der Gesellschaftlichkeit ihre äußerliche Subjektivität. Das ist das Quidproquo der bürgerlichen Gesellschaft. Denn hier, im Bereich des Gesellschaftlichen, entäußern die Personen ihr Wesen, welches Menschsein ist. Dies geschieht in Hegels Terminologie im »System der Bedürfnisse«. Es kann übersetzt werden als die materielle Binnenstruktur der bürgerlichen Gesellschaft. Es bildet die Grundlage für die Dialektik der Geschichte nach Hegel, da sich hier im Wege der Arbeit die Vergesellschaftung und zugleich Versachlichung vollzieht, in welchen das Allgemeine im Rücken der Besonderen aufscheint. In der Eröffnung des Abschnitts, wo vom Pöbel erstmals die Rede ist, schreibt Hegel demgemäß: »Im System der Bedürfnisse ist die Subsistenz und das Wohl jedes Einzelnen als eine Möglichkeit, deren Wirklichkeit durch seine Willkür und natürliche Besonderheit ebenso als durch das objektive System der Bedürfnisse bedingt ist.«[259] Entscheidend ist, wie sich noch zeigt, dass das System der Bedürfnisse die Subsistenz und das Wohl des Einzelnen als Möglichkeit herstellt. Die Verwirklichung hängt also von anderen Faktoren ab, und unter Umständen von solchen, die die Möglichkeit verunmöglichen. Da zudem der Pöbel erst aus dem »Herabsinken einer großen Masse unter das Maß einer gewissen Subsistenzweise«[260] erzeugt wird, ist folglich zunächst das System der Bedürfnisse als Bedingung für die Möglichkeit des Pöbels zu untersuchen. Der

259 RPh. § 230. S. 382.

260 RPh. § 244. S. 389.

Abschnitt beinhaltet die Beschreibung des So-Seins der bürgerlichen Gesellschaft, die Hegel zwischen der Familie auf der einen und dem Staat auf der anderen Seite verortet und damit dem Bereich der Sittlichkeit zuordnet. Was versteht Hegel also unter »Sittlichkeit« im Kontext der bürgerlichen Gesellschaft, die in der Einleitung als Ergänzung und Gegensatz zum Sittengesetz[261] angedeutet wurde? In welchem Zusammenhang steht die Sittlichkeit mit der bürgerlichen Gesellschaft?

1. Verlust der Sittlichkeit

»Die Sittlichkeit ist die Idee als wirkliches Leben«[262], ist »die Idee der Freiheit, als das lebendige Gute (...) – der zur vorhandenen Welt und zur Natur des Selbstbewußsteins gewordene Begriff der Freiheit.«[263] Sie ist »Ansich und Fürsich – ist Gegenstand jetzt des Selbstbewußtseins – wie uns von Anfang«[264] angekündigt im Paragraph 1 der »Rechtsphilosophie«, der bereits untersucht wurde.

Im Bereich des Sittlichen emaniert also die Idee der Freiheit. Das ontologische Verhältnis von Begriff und Wirklichkeit hat hier seine Realdialektik. Die Sittlichkeit entspricht der historischen Manifestation der Idee der Freiheit bzw. der geschichtlichen Spezifikation der Seinsstruktur des menschlichen, transsubjektiven Willens. Der in sich einzelne Wille, welcher in Hegels Terminologie subjektiver Geist ist, verkehrt sich hier in den objektiven Willen, wo der objektive Geist die Einzelnen in Wirklichkeit durchwaltet. Hier ist das Menschsein »konkrete Substanz«[265], dynamische »Einheit des Begriffs des Willens und seines Daseins«[266] in seiner Besonderheit. Das ewige Sein ist in der Zeit Besonderes sowie Erscheinendes und darin ist auch die »Vernünftigkeit«[267] der Welt zu erblicken. Die Formalität des Rechts wird hier mit der Substantialität des Gerech-

261 Hierzu Hegel unmissverständlich: »Die großen Interessen des Menschen, sein wahres Verhältnis, liegen in der Sphäre der Sittlichkeit – diese moralischen sind nur Abschnitzel.« (RPh. § 126 Anmerkung. S. 239.)

262 RPh. § 141 Anmerkung. S. 289.

263 RPh. § 142. S. 292.

264 RPh. § 141 Anmerkung. S. 289.

265 RPh. § 144. S. 293.

266 RPh. § 143. S. 293.

267 RPh. § 145. S. 294.

ten konfrontiert. Dabei ist der Maßstab nicht der subjektive Wille, sondern der durch die einzelnen Willen vermittelte allgemeine und objektive Wille, durch die der Einzelne ist, was er ist, und werden kann, was er werden will. Im Sittlichen vollzieht sich die dialektisch-ontologische Kernfusion des Menschseins.

Hegel macht deutlich, dass für ihn der Vorrang des Allgemeinen gegenüber den Besonderen gilt, aus denen es hervorgeht und ihnen zugleich »im höchsten Sinne der Selbständigkeit«[268] entgegentritt. Das Allgemeine ist für Hegel stets das Allgemeine der Besonderen. Seine gesellschaftsanalytische Methode folgt diesem Muster: »Ob das Individuum sei, gilt der objektiven Sittlichkeit gleich, welche allein das Bleibende und die Macht ist, durch welche das Leben der Individuen regiert wird.«[269] Dennoch sind die Individuen, ohne es zu wissen[270], »die äußerlich erscheinende Weise, in welcher das Sittliche existiert«.[271] Demnach lässt sich die Sittlichkeit als eine kritische und sozialontologische Kategorie für die Gesamtheit und den lebendigen Umfang gesellschaftlicher Verhältnisse verstehen. In der Kategorie der Sittlichkeit verbirgt sich der gerechtigkeitstheoretische Kern der Politischen Philosophie Hegels. Da sich hier die Verobjektivierung der Freiheit zeigt, »das lebendige Gute«, welches Sitte und Gewohnheit wird[272], liegt der Sittlichkeit ein normativer Kern zugrunde. »Das Gute ist hier Substanz, das heißt Erfüllung des Objektiven mit der Subjektivität.«[273] Das Gute stellt hier die Kompossibilität aller Teile gesellschaftlichen Gemeinwesens dar und hat seinen normativen Fluchtpunkt in Anknüpfung an die begriffliche Herkunft im bonum commune oder, was dasselbe ist, im salus publica: dem Gemeinwohl. Der Bereich der Sittlichkeit umfasst den geschichtlichen Institutionalisierungsprozess der Freiheit.

Im Übergang der natürlichen Sittlichkeit der Familie zur bürgerlichen Gesellschaft stellt Hegel fest, dass die »Sittlichkeit (...) auf diesem Standpunkt verloren«[274] scheint. Die bürgerliche Gesellschaft ist die bestimmte Negation der Familie. Sie »reißt (...) das Individuum aus diesem Bande heraus, entfremdet

---

268 RPh. § 146. S. 295.

269 RPh. § 145 Zusatz. S. 294.

270 Siehe RPh. § 144 Zusatz. S. 294: »Betrachtet man die Sittlichkeit von dem objektiven Standpunkt, so kann man sagen, der sittliche Mensch sei sich unbewußt.«

271 RPh. § 154. S. 304.

272 Siehe RPh. § 150 und § 151. S. 298-301.

273 RPh. § 144 Zusatz. S. 294.

274 RPh. § 181 Zusatz. S. 338.

dessen Glieder einander und anerkennt sie als selbstständige Personen.«[275] Die Mitglieder der Familie treten auseinander und verhalten sich »überhaupt als selbständige konkrete Personen und daher äußerlich zu einander«[276]. Daher ist die bürgerliche Gesellschaft »die Stufe der Differenz«[277]. In ihr prozessiert die Ausdifferenzierung, Individualisierung und Vereinzelung aller gegenüber allen. Die bürgerliche Gesellschaft ist damit geschichtlicher Ausdruck für die Mobilisierung und Emanzipation der Massen aus patriarchalen Lehensverhältnissen.

Mit Blick auf die Versachlichung aller Verhältnisse bedeutet dies zugleich die Herrschaft des Egoismus und der Selbstsucht, mithin die Selbstgewinnung der Person als Persönlichkeit. Sie stellt die individuelle Selbstbezüglichkeit eines Einzelnen als Einzelnen her. »In der bürgerlichen Gesellschaft«, schreibt Hegel, »ist jeder sich Zweck, alles andere ist ihm nichts.«[278] Gerade deshalb bietet sie »das Schauspiel ebenso der Ausschweifung, des Elends und des beiden gemeinschaftlichen physischen und sittlichen Verderbens«.[279] »Die Besonderheit für sich ist das Ausschweifende und Maßlose, und die Formen dieser Ausschweifung selbst sind maßlos.«[280] »Das Sittliche ist hier in seine Extreme verloren, und die unmittelbare Einheit der Familie ist in eine Vielheit zerfallen.«[281] Diese Entzweiung oder der Zerfallsprozess alter Bande ist konstitutiv für die bürgerliche Gesellschaft. Sie schafft Öffentlichkeit und Individualität, Persönlichkeit und Egoismus, Ausschweifung und Selbstsucht. Sie ist einheitslose Vielheit, die man wie Hegel als »Not- und Verstandesstaat ansehen«[282] kann, mit anderen Worten: Die bürgerliche Sittlichkeit liegt darin, dass sie keinen sittlichen Zweck hat. Denn das Gemeinwesen wird reduziert auf ein Mittel privater Interessen. Wenn die bürgerliche Gesellschaft nach Hegel aber keinen Zweck außer sich hat, wohin sie transzendiert, dann muss sie ihren Zweck in sich haben, worin sie verharrt. Die bürgerliche Gesellschaft ist kraft sittlicher Obdachlosigkeit transzendenzloser Selbstzweck.

---

275 RPh. § 238. S. 386.

276 RPh. § 181. S. 338.

277 RPh. § 181. S. 338.

278 RPh. § 182 Zusatz. S. 339.

279 RPh. § 185. S. 341.

280 RPh. § 185 Zusatz. S. 342.

281 RPh. § 184 Zusatz. S. 340.

282 RPh. § 183 Zusatz. S. 340.

2. Das unendliche Recht des Marktes

Gerade darin erkennt Hegel aber das einheitsstiftende, produktive Moment. Die Desorganisation der Besonderen strukturiert, gesellschaftlich betrachtet, nach Hegel gleichsam die reale Allgemeinheit der Ordnung, die auf einer weiteren Stufe durch den Staat gesichert und konsolidiert wird bzw. werden soll. Hier geht es jedoch um die Herstellung dieser realen Allgemeinheit im Bereich der bürgerlichen Gesellschaft.

»Ohne Beziehung auf andere kann« das Individuum »den Umfang seiner Zwecke nicht erreichen; diese anderen sind daher Mittel zum Zweck des Besonderen. Aber«, und das ist entscheidend für Hegels Theorie der bürgerlichen Gesellschaft, »der besondere Zweck gibt sich durch die Beziehung auf andere die Form der Allgemeinheit und befriedigt sich, indem er zugleich das Wohl des anderen mit befriedigt.« Daraus folgt für Hegel: »Indem die Besonderheit an die Bedingung der Allgemeinheit gebunden ist, ist das Ganze der Boden der Vermittlung, wo alle Einzelheiten, alle Anlagen, alle Zufälligkeiten der Geburt und des Glücks sich frei machen, wo die Wellen aller Leidenschaften ausströmen, die nur durch die hineinscheinende Vernunft regiert werden. Die Besonderheit, beschränkt durch die Allgemeinheit, ist allein das Maß, wodurch jede Besonderheit ihr Wohl befördert.«[283] Aus der Maßlosigkeit der Vielen leitet Hegel das Maß des Ganzen ab, das sich als das eigentliche Subjekt erweist. Jedes individuelle Handeln wird begleitet vom gesellschaftlichen Lenkrad, welches von der in einer Gesamtheit kulminierenden Interaktion allen individuellen Handelns gesteuert wird. Das Lenkrad ist – nach dem Bild – bewusstlos, ohne Fahrer. Individuelles Handeln ist damit zugleich gesellschaftliches Handeln, das den Einzelnen als »sittliche Mächte«[284] gegenübertritt. Das Allgemeine verselbstständigt sich gegenüber dem Besonderen. »Meinen Zweck befördernd, befördere ich das Allgemeine, und dieses befördert wiederum meinen Zweck.«[285] Das Individuum kann zu sich nur in Verbindung zu einem anderen kommen und dieser andere ebenso nur in Verbindung mit einem weiteren und so weiter, bis der Kreis sich schließt und die gesellschaftliche Gesamtbewegung erschlossen ist, aus der alle Individuen ihre Besonderheit gewinnen. Das Individuum stellt so ein Glied in der Kette des gesellschaftlichen Vermittlungs-

283 RPh. § 183 Zusatz. S. 340.

284 RPh. § 145 S. 294.

285 RPh. § 184 Zusatz. S. 341.

ganzen dar, das in multiplizierter und potenzierter Weise auf ihn zurückwirkt und ihn bewegt. Das Allgemeine erscheint den Individuen dabei als Mittel für ihr »eigenes Interesse«[286], wohingegen im Allgemeinen eine Zweck-Mittel-Verschiebung stattfindet, die den Individuen epistemisch entgeht. Denn das allgemeingesellschaftlich Ganze ist ontisch das Erste, gleichwohl logisch der Einzelne als Erstes erscheint, demgegenüber für ihn das Ganze das Zweite bzw. Folgende ist. Dieses Allgemeine, das im Rücken der Privatinteressen der Individuen Selbstzweck wird, ist der warenproduzierende und -austauschende Markt, mit Hegels Worten der »Kampfplatz des individuellen Privatinteresses aller gegen alle«[287]. In dem »Wimmeln von Willkür«[288] macht durch die Konkurrenz hindurch die »Allgemeinheit sich geltend«[289]. Durch die Willkür vermittelt, wirkt in der Tat der objektive Wille. Doch die bürgerliche Gesellschaft hat kein Bewusstsein fürs Ganze, da ihr Standpunkt, wie Hegel im »System der Bedürfnisse« mit greller Beschreibung verdeutlicht, der Standpunkt des Individuums ist.

Gesellschaftstheoretisch kommt es zu einer Transformation der abstrakten Person. Was sich im abstrakten Recht als Person zeigte, wodurch alle Menschen gleich, allgemein, abstrakt Mensch werden, erweist sich in der Vorstellung der bürgerlichen Gesellschaft, individuell betrachtet, als Bürger und Bourgeois. »Im Rechte ist der Gegenstand die Person, im moralischen Standpunkt das Subjekt, in der Familie das Familienglied, in der bürgerlichen Gesellschaft überhaupt der Bürger (als bourgeois) – hier auf dem Standpunkte der Bedürfnisse (vgl. § 123 Anm.) ist es das Konkretum der Vorstellung, das man Mensch nennt; es ist also erst hier und auch eigentlich nur hier vom Menschen in diesem Sinne die Rede.«[290] Der »Mensch« ist Bourgeois. Dies hat jedoch auch eine andere Seite.

Es ist, gesellschaftlich betrachtet, offensichtlich, dass Hegel bei der Beschreibung des So-Seins der bürgerlichen Gesellschaft die politische Ökonomie von Adam Smith vorschwebt. Dies wird deutlich, wenn man die einschlägigen Textstellen vergleicht. Das allgemeine Wohl der Nation ist dem Bürger, schreibt Adam Smith, »in der Regel weder sein Streben (…) noch weiß er auch, wie sehr

---

286 RPh. § 187. S. 343.

287 RPh. § 289. S. 458.

288 RPh. § 189. S. 347.

289 RPh. § 189. S. 346.

290 RPh. § 190. S. 348.

er dasselbe befördert. Indem er den einheimischen Gewerbefleiß dem fremden vorzieht, hat er nur seine eigene Sicherheit vor Augen, und indem er diesen Gewerbefleiß so leitet, daß sein Produkt den größten Wert erhalte, beabsichtigt er lediglich seinen eigenen Gewinn und wird in diesen wie in vielen anderen Fällen von einer unsichtbaren Hand geleitet, daß er einen Zweck befördern muß, den er sich in keiner Weise vorgesetzt hatte. (…) Verfolgt er sein eigenes Interesse, so befördert er das der Nation weit wirksamer, als wenn er dieses wirklich zu befördern die Absicht hätte.« Diese Beschreibung schließt Smith damit, dass er »niemals gesehen« habe, »daß diejenigen viel Gutes bewirkt hätten, welche die Miene annahmen, für das allgemeine Beste Handel zu treiben«.[291]

Hegel ergänzt diese Strukturbeschreibung von Smith lediglich insofern, dass er die im Markt bewusstlos waltende »unsichtbare Hand« mit dem Ingrediens der Vernünftigkeit[292], also mit unpersönlicher sowie anonymer Bewusstheit, apostrophiert und das Gute im Hinblick auf den Staat philosophisch mobilisiert. Denn erst im Staat, als Negation der Negation der bürgerlichen Gesellschaft gegenüber der Familie, »ist die Wirklichkeit der sittlichen Idee«[293] und damit »die Wirklichkeit der konkreten Freiheit«[294] gewonnen. Die Sittlichkeit, welche durch die bürgerliche Gesellschaft ihrer Natürlichkeit entkleidet wird, kehrt im Staat als institutionelle Sittlichkeit zurück. So bewahrt Hegel begrifflich die Stringenz und Konsistenz des Systems. Aus der Anarchie des Privatwohls entwächst als Gesellschaftlich-Unbewusstes eine rationale Herrschaft, das Allgemein-Sittliche, das im und durch den Staat nach der Maßgabe des Gemeinwohls organisiert werden soll. Die Rolle des Staates in Bezug auf die sozialen Widersprüche der bürgerlichen Gesellschaft wirkt nach Hegel harmonisierend.[295] Die Unordnung in der bürgerlichen Gesellschaft erscheint, vom

291 Adam Smith. Wohlstand der Nationen. Anaconda Verlag, Köln 2009. S. 451.

292 Siehe RPh. § 258 S. 399: »Die Vernünftigkeit besteht, abstrakt betrachtet, überhaupt in der sich durchdringenden Einheit der Allgemeinheit und der Einzelheit und hier konkret dem Inhalte nach in der Einheit der objektiven Freiheit, d. i. des allgemeinen substantiellen Willens und der subjektiven Freiheit als des individuellen Wissens und seines besondere Zwecke suchenden Willens – und deswegen der Form nach in einem nach gedachten, d. h. allgemeinen Gesetzen und Grundsätzen sich bestimmenden Handeln. – Diese Idee ist das an und für sich ewige und notwendige Sein des Geistes.«

293 RPh. § 257. S. 389.

294 RPh. § 260. S. 406.

295 Siehe RPh. § 185 Zusatz. S. 343: »Ebenso ist aber auf der anderen Seite die Entbehrung und Not ein Maßloses, und die Verworrenheit dieses Zustandes kann zu seiner Harmonie nur durch den ihn gewältigenden Staat kommen.«

Standpunkt des Staates betrachtet, als Ordnung für den Staat, welchen wiederum die bürgerliche Gesellschaft nicht als Freiheit, sondern als Notwendigkeit und äußere Autorität erfährt.[296] Doch im Gegensatz zur Sphäre des Staates, die nicht Gegenstand dieser Untersuchung ist, bekräftigt Hegel im selben Geist wie Smith die Notwendigkeit der Uneingeschränktheit des (nationalen, inneren) Marktes dadurch, dass jede Beschränkung, anders als »der Platonische Staat die Besonderheit ausschließen wollte«, »dem unendlichen Rechte der Idee widersprechen« würde, »die Besonderheit frei zu lassen«.[297] Der Markt, dessen produktive Kräfte der Staat absorbiert, ohne sein Wesen anzutasten, soll sich selbst überlassen bleiben. Diese produktiven Kräfte münzt der Staat in sittliche Kräfte seiner selbst – in Form von Institutionen und organisierter Gewalt – um. Hier kommt es jedoch weiter auf den Markt an.

3. Arbeitsteilung

Im Markt kommt die Reziprozität der Bedürfnisse aller Individuen zueinander zum Ausdruck. Hier vollzieht sich die Gesamtbewegung der Sachen unter der Komposition der Privatinteressen. Die bürgerliche Gesellschaft stellt ein gewaltiges Beziehungsgeflecht von wechselseitigen Abhängigkeiten der Individuen untereinander her. »Die Bedürfnisse und die Mittel werden als reelles Dasein ein Sein für andere, durch deren Bedürfnisse und Arbeit die Befriedigung gegenseitig bedingt ist.«[298] Individuen sind also nach Hegel nicht vereinzelte Einzelne, die außerhalb der Gesellschaft stehen und nach Belieben in die Gesellschaft eintreten. Sie existieren nur in der Gesellschaft, wo sie Indi-

---

296 Damit korrespondiert Friedrich Engels' Einschätzung über die politische Herrschaftsweise in der bürgerlichen Gesellschaft. In einem Brief vom 13. April 1866 schreibt er an Karl Marx: »(…) denn der Bonapartismus ist doch die wahre Religion der modernen Bourgeoisie. Es wird mir immer klarer, daß die Bourgeoisie nicht das Zeug hat, selbst direkt zu herrschen, und daß daher, wo nicht eine Oligarchie wie hier in England es übernehmen kann, Staat und Gesellschaft gegen gute Bezahlung im Interesse der Bourgeoisie zu leiten, eine bonapartistische Halbdiktatur die normale Form ist; die großen materiellen Interessen der Bourgeoisie führt sie durch, selbst gegen die Bourgeoisie, läßt ihr aber keinen Teil an der Herrschaft selbst. Andrerseits ist diese Diktatur selbst wieder gezwungen, diese materiellen Interessen der Bourgeoisie widerwillig zu adoptieren.« (Siehe: MEW 31, 208.)

297 RPh. § 185 Zusatz. S. 343.

298 RPh. § 192. S. 349.

viduen werden. Individuen sind nach Hegel also stets gesellige Einzelne und die bürgerliche Gesellschaft der soziale Raum für die ungesellige Geselligkeit. Niemand ist autark. »Die bürgerliche Gesellschaft ist vielmehr die ungeheure Macht, die den Menschen an sich reißt, von ihm fordert, daß er für sie arbeite und daß er alles durch sie sei und vermittels ihrer tue.«[299] »Dadurch«, schreibt Hegel, »daß ich mich nach dem anderen richten muß, kommt hier die Form der Allgemeinheit herein. Ich erwerbe von anderen die Mittel der Befriedigung und muß demnach ihre Meinungen annehmen. Zugleich aber bin ich genötigt, Mittel für die Befriedigung anderer hervorzubringen. Das eine spielt also in das andere und hängt damit zusammen. Alles Partikulare wird insofern Gesellschaftliches«[300]. Der gesellschaftliche Gesamtzusammenhang ergibt sich damit aus den gegenständlichen, sachlichen Beziehungen aller mit allen und die versachlichte Form dieser Beziehungen maßregelt, aber auch erzeugt die Persönlichkeit.

Ontologisch ist dabei das »Anerkanntsein« der »gegenseitigen Beziehung der Individuen aufeinander«[301] vorausgesetzt und kommt im Moment der gegenständlichen Praxis zum Einsatz. Ich kann nur erkennen und mich entsprechend zu etwas verhalten, was ich zuvor als da-seiend anerkannt habe. Das Anerkanntsein ist darum nach Hegel das ontologische Moment – kein ethisches oder gar diskursives –, das die Bedürfnisse und Mittel zu »konkreten, als gesellschaftlichen, Bedürfnissen, Mitteln und Weisen der Befriedigung macht.«[302] Ontologisch betrachtet ist im Anerkanntsein der gesellschaftliche Charakter jeder individuellen Handlung unwiderrufbar fundiert, mag auch das Individuum eine Robinsonade sein, die mindestens ohne Wissen des Helden, welches demnach gesellschaftliche Wurzeln hat, nicht funktioniert.

Dies hat Folgen für die Bedürfnis- und Triebstruktur des Menschen. Nach Hegel ist die Bedürfnisstruktur des Menschen derart, »ins Unendliche«[303] vervielfältigbar und verfeinerbar zu sein. Dies ist, von der Seite des bürgerlichen Subjekts betrachtet, der Grund des »Luxus«, der »eine ebenso unendliche Vermehrung der Abhängigkeit und Not«[304] ist. Im bürgerlichen Recht korre-

299 RPh. § 238 Zusatz. S. 386.

300 RPh. § 192 Zusatz. S. 349.

301 RPh. § 192. S. 349.

302 RPh. § 192. S. 349.

303 RPh. § 191. S. 349.

304 RPh. § 195. S. 351.

liert diese Feststellung Hegels mit dem absoluten Zueignungsrecht aus Paragraph 44 im Zusammenhang mit dem Privateigentum aus Paragraph 46 der »Rechtsphilosophie«.

Die geschilderte Reziprozität, die ohne das ontologische Moment des Anerkanntseins nicht auskommt und die Wirklichkeit ins Unendliche von Möglichkeiten treibt, wird nach Hegel in der gesellschaftlichen Arbeitsteilung vermittelt. »Die Vermittlung (...) ist die Arbeit, welche das von der Natur unmittelbar gelieferte Material für diese vielfachen Zwecke durch die mannigfaltigsten Prozesse spezifiziert.«[305] Auch hier findet sich eine Korrelation zum abstrakten Recht, nämlich zu der Besitznahme in Gestalt der Formierung, die weiter oben rechtstheoretisch untersucht wurde. Hier tritt die Formierung in ihrer gesellschaftstheoretischen Realisation auf, bleibt aber auf der Grundlage des allgemeinen Begriffs der Arbeit. Die »Formierung gibt nun dem Mittel den Wert und seine Zweckmäßigkeit, so daß der Mensch in seiner Konsumtion sich vornehmlich zu menschlichen Produktionen verhält und solche Bemühungen es sind, die er verbraucht«.[306] Im Zusatz: »Menschenschweiß und Menschenarbeit erwirbt dem Menschen die Mittel des Bedürfnisses.«[307] Eine Dialektik zwischen Produktion und Konsumtion zeichnet sich ab, ohne dass Hegel näher auf die konkrete, bürgerliche Produktionssphäre eingeht. Die Produktionssphäre bleibt allgemein-historische Produktion. Hegel erkennt dennoch, dass in der Selbstbewegung der gesellschaftlichen Arbeit nicht nur Produkte für die Konsumtion ausgestoßen werden und dass dieselbe Selbstbewegung die Natur vermenschlicht. In dieser Selbstbewegung transformiert sich darüber hinaus zugleich die gesellschaftliche Arbeit in evolutionärer Permanenz. Sie erneuert sich auf höherer Stufenleiter, wird an sich produktiver[308] und erzeugt für sich neue technische Mittel, die zusammen gleichzeitig das Abnehmen der gesellschaftlichen Gesamtarbeit zur Folge haben. Die Arbeit wird abstrakt, was für Hegel bedeutet, dass die Teilung der Arbeit zunimmt sowie einzelne Produktionszweige sich bilden und sich spezifizieren. Individuelle Arbeit wird mehr und mehr zur vereinseitigten Teilfunktion gesellschaftlicher Gesamtarbeit.

---

305 RPh. § 196. S. 351.

306 RPh. § 196. S. 351.

307 RPh. § 196 Zusatz. S. 351.

308 Siehe RPh. § 197. S. 352. Hier unterscheidet Hegel zwischen theoretischer und praktischer Bildung, die die Arbeit »objektiver« und »allgemeingültiger« machen, zugleich den Arbeiter »geschickter« und den Menschen ausbilden. Arbeit ist für Hegel auch ein Zivilisationsprozess.

»Die Abstraktion des Produzierens macht das Arbeiten ferner immer mehr mechanisch und damit am Ende fähig, daß der Mensch davon wegtreten und an seine Stelle die Maschine eintreten lassen kann.«[309] Die Kehrseite, die Hegel in diesem utopisierten und technizistischen Zukunftsbild in der »Rechtsphilosophie« nicht ausspricht, ist, dass durch die technischen Erneuerungen in der Produktion, welche die Arbeit erleichtern, der Mensch überflüssig und überzählig wird, es sei denn, das »System der Bedürfnisse« wäre ein anderes. Dass diese Tendenz mit dem Phänomen des Pöbels zusammenhängen könnte, dass diese »das Herabsinken einer großen Masse unter das Maß einer gewissen Subsistenzweise« (§ 244) bedeuten könnte, übersieht Hegel.[310] Der Grund hierfür liegt abermals darin, dass Hegel aus dem Blickwinkel des allgemeinen Begriffs der Arbeit zwar eine »Erleichterung« der Arbeit ahnt, aber diese Erleichterung nicht konkretisieren kann, weil er den allgemeinen Begriff der Arbeit nicht in einen konkreten Begriff der Arbeit im Rahmen der bürgerlichen Gesellschaft erweitert. Dieses Moment, die bürgerliche Produktionsweise, überspringt Hegel und er wendet seinen Blick auf das Ergebnis des allgemeinen Produzierens, nämlich auf das Produkt selbst statt auf seine Genese. Das Produkt der gesellschaftlichen Gesamtarbeit erscheint damit von Seiten des Resultats betrachtet als »das allgemeine, bleibende Vermögen«[311]. Es ist das Ergebnis der »allseitigen Verschlingung der Abhängigkeit aller«[312], das Allgemeine in seiner stofflichen und substanziellen Form. Das allgemeine Vermögen umfasst nach Hegel neben ökonomischen Elementen aber auch kulturelle und zivilisatorische Werte.

Bei näherer Betrachtung zeigt sich, dass das »System der Bedürfnisse« einen Denkfehler aufweist. Hegel unterscheidet hier zwar zwischen der Produktionssphäre und der Zirkulations- sowie Konsumtionssphäre, letzteres be-

309 RPh. § 198. S. 351 f.

310 In der Vorlesungsnachschrift von 1819/20 hingegen erkennt er diese Tendenz. Siehe Hegel. Philosophie des Rechts: die Vorlesung von 1819/20. Aus einer Nachschrift. Hrsg. von Dieter Henrich. Suhrkamp Verlag, Frankfurt a. M. 1983. S. 193: »Die Notwendigkeit dieser Erscheinung besteht darin, daß die Arbeiten zur Befriedigung der Bedürfnisse abstrakter werden. Sie können so leichter hervorgebracht werden, wie bereits erwähnt wurde. Der Kreis des Erwerbes dehnt sich damit aus und so auch der Kreis des Gewinnes. Das konkrete Gewerbe hat einen beschränkten Kreis von Individuen, den es befriedigt. An die Stelle der abstrakten Arbeit tritt, wie wir sahen, die Maschine. Dadurch werden die Wirkungen der abstrakten Arbeit noch vermehrt; die konkreten Gewerbe werden so heruntergebracht. Die Reichtümer häufen sich bei den Inhabern der Fabriken.«

311 RPh. § 199. S. 353.

312 RPh. § 199. S. 353.

treffs des marktvermittelten Verkehrs zwischen Individuen und Sachen, welche konsumiert werden. Jedoch bleibt er dabei, die Produktion bzw. das Formieren historisch-allgemein zu fassen. Die Zirkulation (= Vermittlung der Bedürfnisse) und Konsumtion (= Bedürfnisbefriedigung) hingegen unterscheidet er nach historisch-allgemeiner Weise und der historisch-konkreten Realisation in der bürgerlichen Gesellschaft. So erscheinen die Zirkulations- sowie Konsumtionssphäre wie ein Vorhang, der die historisch-konkrete Produktionssphäre verdeckt, sodass Hegel auf sie nicht weiter eingeht. Diese Disparität korreliert systemimmanent mit dem rechtstheoretischen Widerspruch zwischen dem auf Privateigentum gestützten absoluten Zueignungsrecht und der Unveräußerlichkeit der Person. So erscheint die historisch-konkrete Realisation der historisch-allgemeinen Produktionsnotwendigkeit des Menschen wie eine qualitas occulta.

4. Ständelosigkeit der Produzenten

An dieser Stelle wird die Ambivalenz der Gesellschaftstheorie Hegels entschieden deutlich. In den Paragraphen 199 bis 208 entwickelt er eine Ständetheorie. Er schichtet die Stände in der bürgerlichen Gesellschaft nach der Maßgabe, wie eine gesellschaftliche Gruppe ökonomisch an dem allgemeinen Vermögen teilnimmt und sein besonderes Vermögen daraus aneignet. Entsprechend ist die soziale Stellung eines Individuums nach seiner Erwerbsart vorbestimmt. Sie übt determinierende Kraft auf das Individuum aus, ohne es durchgängig und vollständig zu determinieren.

Das allgemeine Vermögen »enthält« objektiv »die Möglichkeit« für ein Individuum, »durch seine Bildung und Geschicklichkeit daran teilzunehmen, um für seine Subsistenz gesichert zu sein – so wie dieser durch seine Arbeit vermittelte Erwerb das allgemeine Vermögen erhält und vermehrt«.[313] Die Arbeit des Individuums begründet also, neben seiner produktiven Hauptfunktion, zweierlei: Auf der einen Seite ist sie der Wirklichkeit nach integrativ und auf der anderen Seite ist sie der Möglichkeit nach partizipativ, beides im Hinblick auf das allgemeine Vermögen bzw. den gesamtgesellschaftlichen Prozess. Je nachdem, wie das Individuum in diese Wirklichkeit integriert ist und der Möglichkeit nach an derselben partizipiert, bestimmt sich sein besonderes Vermö-

313 RPh. § 199. S. 353.

gen aus dem allgemeinen Vermögen. Die ökonomische Basis des Individuums präformiert nach Hegel das So-Sein desselben. An diesem Punkt schaltet sich nach Hegel die soziale Hierarchisierung der bürgerlichen Gesellschaft in die Stände ein.

»Die Möglichkeit der Teilnahme an dem allgemeinen Vermögen (…) ist aber bedingt, teils durch eine unmittelbare eigene Grundlage (Kapital), teils durch die Geschicklichkeit«, die entweder durch das Kapital oder die sonstigen »zufälligen« Umstände bedingt ist.[314] Was Kapital ist und wie es entsteht, expliziert Hegel nicht. Er konstatiert, dass diese zwei Säulen »die Ungleichheit des Vermögens und der Geschicklichkeiten der Individuen zur notwendigen Folge«[315] haben. »Ferner ist es die im Systeme menschlicher Bedürfnisse und ihrer Bewegung immanente Vernunft, welche dasselbe zu einem organischen Ganzen von Unterschieden gliedert.«[316] Daraus folgt, dass »in allgemeinen Massen« Unterschiede stattfinden, »so daß der ganze Zusammenhang sich zu besonderen Systemen der Bedürfnisse, ihrer Mittel und Arbeiten, der Arten und Weise der Befriedigung und der theoretischen und praktischen Bildung – Systemen, denen die Individuen zugeteilt sind –, zu einem Unterschiede der Stände ausbildet«.[317] Die »allgemeine Verschiedenheit der Besonderung der bürgerlichen Gesellschaft ist ein Notwendiges«.[318] Die »erste Basis des Staates« ist die Familie, »die Stände die zweite. (…) Hier ist also die Wurzel, durch die die Selbstsucht sich an das Allgemeine, an den Staat knüpft, dessen Sorge es sein muß, daß dieser Zusammenhang ein gediegener und fester sei«.[319] Hauptprinzip des Staates ist also die Her- und Sicherstellung eine Ständeversöhnung und -harmonie. Anschließend unterscheidet Hegel seine ökonomisch begründete Ständeschichtung in drei Stände:

a) der Großbauern- und Grundbesitzerstand (»Der substanzielle Stand« § 203),
b) der Handwerks-, Fabrikanten- und Handelsstand (»Der Stand des Gewerbes« § 204),
c) der Beamtenstand (»Der allgemeine Stand« § 205).

---

314 RPh. § 200. S. 353.

315 RPh. § 200. S. 353.

316 RPh. § 200. S. 354.

317 RPh. § 201. S. 354.

318 RPh. § 201 Zusatz. S. 354.

319 RPh. § 201 Zusatz. S. 354 f.

Im Hinblick auf das Phänomen des Pöbels ist der zweite Stand entscheidend: »Das Individuum im Stande des Gewerbes ist an sich gewiesen, und dieses Selbstgefühl hängt mit der Forderung eines rechtlichen Zustandes aufs engste zusammen. Der Sinn für Freiheit und Ordnung ist daher hauptsächlich in den Städten aufgegangen.« Dieser Stand ist »mehr zu Freiheit geneigt« im Gegensatz zum ersten Stand, der sich auf Land und Boden entfaltet, welcher »mehr zur Unterwürfigkeit«[320] geneigt ist. Die Stadt ist der Bereich der Mobilität, das Land der Bereich der Immobilität. So ist der Bereich der Stadt jener, wo der Rechts- und Tauschverkehr seine höchste Intensität erreicht, wohingegen der Bereich von Land und Boden die Extensität von Rechts- und Tauschverkehr hat, die Ausdehnung und Abwanderung. Das allgemeine Vermögen hat seine Zentren in den Städten. Hier wird es zentralisiert. Die Städte sind die Metropolen des bürgerlichen Lebens, das Land ist die Peripherie desselben.

Aus der Sicht der Individuen ist der Stand »die sich objektiv gewordene Besonderheit«[321], die in wirklicher Allgemeinheit steht. »Das Individuum gibt sich nur Wirklichkeit, indem es in das Dasein überhaupt, somit in die bestimmte Besonderheit tritt, hiermit ausschließend sich auf eine der besonderen Sphären des Bedürfnisses beschränkt.«[322] Durch die Standeszugehörigkeit ist das Individuum mit der Allgemeinheit verbunden. Sein Stand bestimmt sein Selbstgefühl in der sittlichen Form von Rechtschaffenheit und Ehre. Das Standesbewusstsein vermittelt das Individuum mit dem gesellschaftlichen Ganzen. »Die sittliche Gesinnung in diesem Systeme ist daher die Rechtschaffenheit und die Standesehre, sich, und zwar aus eigener Bestimmung, durch seine Tätigkeit, Fleiß und Geschicklichkeit zum Gliede eines der Momente der bürgerlichen Gesellschaft zu machen und als solches zu erhalten und nur durch diese Vermittlung mit dem Allgemeinen für sich zu sorgen sowie dadurch in seiner Vorstellung und der Vorstellung anderer anerkannt zu sein.«[323] Der Mensch wird etwas. Er wird konkreter Mensch, anerkannt als Mensch in Form eines Standes-Menschen. »Darunter, daß der Mensch etwas sein müsse, verstehen wir, daß er einem bestimmten Stande angehöre; denn dies etwas will sagen, daß er alsdann etwas Substantielles ist.«[324] Nun zeigt sich aber, dass die Stän-

320 RPh. § 204 Zusatz. S. 357.

321 RPh. § 206. S. 358.

322 RPh. § 207. S. 359.

323 RPh. § 207. S. 359.

324 RPh. § 207 Zusatz. S. 360.

deaufteilung von Hegel den Stand der Produzenten, also eben neben Handwerkern, Fabrikanten und Handelsleuten (§ 204), nicht kennt. Alle Stände von Hegel, ausgenommen den letzten der Regierungsbeamten und Beamten schlechthin, besitzen in ihrem besonderen Vermögen Kapital (§ 200), d.h. in stofflicher Gestalt, dass der Handwerker durch seine Werkstatt, der Fabrikant durch seine Maschinen und der Handelskaufmann durch gekaufte und abzusetzende Warenkontingente Kapital besitzt. Diejenigen aber, die ohne Kapital und bloß durch Geschicklichkeit (§ 200) ihre Subsistenz und damit Selbsterhaltung leisten, haben nach Hegel keinen selbstständigen Stand, obwohl ohne sie mindestens der Fabrikant nicht auskommt und die anderen Stände den Boden unter den Füßen verlieren. In der Verschlingung vorindustrieller und industrieller Manufaktur mit maschinenbetriebenen Fabriken, in dem die industrielle Arbeitsteilung zu Hegels Zeit gipfelt, zeigt sich der blinde Fleck in Hegels Theorie der Stände. Ein Stand der Produzenten und Besitzlosen ist in Hegels »Rechtsphilosophie« nicht vorhanden. Die materielle Ungleichheit, die er bereits im abstrakten Recht mit Notwendigkeit konstatiert hat, erweist sich als die Ungleichheit der Kapitale und schließt den Fall nicht ein, dass jemand überhaupt kein Kapital besitzt.

Dieser blinde Fleck lässt sich jedoch auch systemimmanent erklären, nämlich nicht als blinder Fleck in Hegels Theorie, sondern als blinder Fleck der bürgerlichen Gesellschaft, worauf Hegels Theorie verweist. Mit anderen Worten: Das unsichtbare Dasein bzw. die Ausgrenzung einer Gruppe von Individuen ist für die bürgerliche Gesellschaft konstitutiv. Die Nicht-Teilnahme einer Gruppe von Individuen am allgemeinen Vermögen ist Teil des Vermögens der bürgerlichen Gesellschaft. Soziale Ungleichheit erweist sich als Ausgangspunkt und Resultat der bürgerlichen Gesellschaft.

Dieser Widerspruch, den Hegel möglicherweise durch die geschichtlichen Schranken seiner Zeit nicht im Blick hatte oder gerade deshalb im Blick hatte, weil er ihn konsequent im So-Sein der bürgerlichen Gesellschaft stehen lässt, bleibt unvermittelt und perpetuiert sich als solcher. Das zeigt sich vor allem darin, dass Hegel in den für den Pöbel einschlägigen Paragraphen von seiner Theorie der Ständeschichtung mehr und mehr abrückt und zu einer Theorie der Klassenteilung tendiert, wozu ihn seine Methode leitet. Eine Theorie der Klassen entwickelt er jedoch nicht, wie im nächsten Abschnitt zu sehen sein wird – und dennoch: Er beschreibt die bürgerliche Gesellschaft als in Stände gegliederte Klassengesellschaft. Hier liegt das Gravitationsfeld für die Emergenz des Pöbels. Die vom bürgerlichen Leben und vom Besitz Ausgegrenzten entsprechen Hegels Begriff des Pöbels. Sie sind der Pöbel in potentia. Der integrativen und partizipativen Wirkung der Vermögensbildung gemäß dem bürgerlichen »System der Bedürfnisse« wohnt ein desintegrativer und diskriminierender Mechanismus inne, der durch die Polizei im Zeichen des Allgemeinen aufgefangen wird und die bürgerliche Gesellschaft im Übergang zur Sphäre des Staates nach innen befrieden soll. Denn Hegel behandelt das Pöbel-Phänomen wider Erwarten im letzten Abschnitt des Kapitels zur bürgerlichen Gesellschaft: »Die Polizei und Korporation«.

Das Bisherige wird in der Untersuchung der für den Pöbel unmittelbar einschlägigen Paragraphen ipso facto endlich seine vollumfängliche und systematische Relevanz zeigen.[325]

325 Die Theorie der Stände hat nach Hegel seine besondere und entscheidende Bedeutung im Zusammenhang mit dem Staat. Dies führt Hegel in dem Abschnitt »Die gesetzgebende Gewalt« in den Paragraphen 298 bis 320 detailliert aus. Die Stände bilden die Fäden, mit denen die bürgerliche Gesellschaft in ihrer hierarchisch unterschiedenen Einheit an die harmonisierende und klassenversöhnende Funktion des Staates gebunden ist. Auch hier spielt der Pöbel eine zentrale Rolle. Er wird politisch bedeutsam. Da diese Untersuchung den Pöbel im Zusammenhang mit der bürgerlichen Gesellschaft – und nicht im Zusammenhang mit dem Staat – zum Ziel hat, müssen die einschlägigen Passagen ausgeklammert werden. Auf der einen Seite betont Hegel: »Was die eigentliche Bedeutung der Stände ausmacht, ist, daß der Staat dadurch in das subjektive Bewußtsein des Volks tritt und daß es an demselben teilzuhaben anfängt.« Und ferner unterstreicht er auf der anderen Seite: »Der konkrete Staat ist das in seine besonderen Kreise gegliederte Ganze; das Mitglied des Staates ist ein Mitglied eines solchen Standes; nur in dieser seiner objektiven Bestimmung kann es im Staate in Betracht kommen.« Siehe RPh. § 302 Zusatz S. 471 und § 308. S. 477. Der Staat ist also Produkt der Ständeschichtung und Klassenantagonismen in der bürgerlichen Gesellschaft zu Gunsten der Existenzsicherung dieser selben Gesellschaft.

VI.
Der Standpunkt des Negativen im Sittlichen

1. Die Armut an sich

Hegel unterscheidet zwischen Armut an sich und Armut für sich. Betrachten wir zunächst die Armut an sich.

Das direkte Gegenteil des Luxus, welcher »eine ebenso unendliche Vermehrung der Abhängigkeit und Not«[326] bedeutet, ist die Armut, ein Dasein »des Elends und des beiden gemeinschaftlichen physischen und sittlichen Verderbens«[327]. Nach Hegel ist die Armut ein Zustand, der den Betroffenen »die Bedürfnisse der bürgerlichen Gesellschaft läßt und der – indem sie ihnen zugleich die natürlichen Erwerbsmittel (§ 217) entzogen [hat] und das weitere Band der Familie als eines Stammes aufhebt (§ 181) – dagegen sie aller Vorteile der Gesellschaft, Erwerbsfähigkeit von Geschicklichkeiten und Bildung überhaupt, auch der Rechtspflege, Gesundheitssorge, selbst oft des Trostes der Religion usf. mehr oder weniger verlustig macht«.[328] Armut ist der soziale Zustand des mittellosen Bedürfnisses trotz Vorhandenseins der Mittel, die aber der Verfügung des Betroffenen strukturnotwendig verweigert werden. Das mittellose Bedürfnis bleibt unvermittelt. Es fällt auf sich selbst zurück und zehrt sich auf. Das spezifische Moment der Armut in der bürgerlichen Gesellschaft liegt also darin, dass sie dem (physischen, kulturellen, juristischen usw.) Bedürfnis die Mittel zur Befriedigung »entzogen« hat und ihn der Mittel zur Bedürfnisbefriedigung »verlustig macht«. Armut ist demnach für Hegel kein statischer Sachverhalt. Armut bestimmt sich vielmehr je nach historischem Stand im Verhältnis zum Reichtum der Gesellschaft, die dem Armen die Mittel zur Teil-

326 RPh. § 195. S. 351.

327 RPh. § 185. S. 341.

328 RPh. § 241. S. 388.

habe und Bedürfnisbefriedigung verweigert. Hegels Armutsbegriff ist nicht physisch, sondern sozial.

In derselben Argumentationslinie entwickelt Hegel die Armut nicht als Anomalie oder äußere Störung in der bürgerlichen Gesellschaft. Die Armut an sich wird objektiv gerade dort produziert, wo sich die bürgerliche Gesellschaft im Stadium der Prosperität befindet. Für Hegel gibt es objektive Armut. Sie ist ein notwendiger »Zustand« innerhalb des bürgerlich-gesellschaftlichen Ganzen, nicht etwa, wenn die Gesellschaft schlecht wirtschaftet, sondern umgekehrt gerade dann, je besser sie wirtschaftet und dadurch das allgemeine Vermögen wächst. »Wenn die bürgerliche Gesellschaft sich« gemäß ihrem System der Bedürfnisse »in ungehinderter Wirksamkeit befindet, so ist sie innerhalb ihrer selbst in fortschreitender Bevölkerung und Industrie begriffen«.[329] Die bürgerliche Gesellschaft hat also ein ihr immanentes gesellschaftliches Bevölkerungsgesetz, das eng mit einem ihr immanenten Wachstumsgesetz verwoben ist. Daraus folgt für Hegel: »Durch die Verallgemeinerung des Zusammenhangs der Menschen durch ihre Bedürfnisse und der Weisen, die Mittel für diese zu bereiten und herbeizubringen, vermehrt sich die Anhäufung der Reichtümer – denn aus dieser gedoppelten Allgemeinheit wird der größte Gewinn gezogen – auf der einen Seite, wie auf der andern Seite die Vereinzelung und Beschränktheit der besonderen Arbeit und damit die Abhängigkeit und Not der an diese Arbeit gebundenen Klasse.«[330] Die der bürgerlichen Gesellschaft immanente Gesetzmäßigkeit, die auf der einen Seite das Individuum aus den feudalen, religiösen, patriarchalischen Bindungen, kurz: der alten Ständeordnung, herausreißt, restrukturiert die nach und nach verbürgerlichte Gesellschaft zugleich von der Ständeschichtung zur Klassenteilung in der Achse der Akkumulation der »Anhäufung der Reichtümer«. Eine an die Abhängigkeit und an die Not der an Arbeit gebundenen Klasse entsteht, nicht etwa aus der Transformation eines bestimmten Standes, sondern aus der Ständelosigkeit der Produzenten und aller, die keinem Stand angehören oder aus einem herausfallen, also die für die bürgerliche Gesellschaft Überzähligen sowie Überflüssigen und Ersetzbaren. Während sich auf der einen Seite der Reichtum anhäuft, häuft sich auf der anderen Seite die an Arbeit gebundene Existenz und Armut. Die Arbeiterklasse hat nach Hegel ihre Genese in der bürgerlichen Gesellschaft. Sie ist weder logisch noch historisch vor ihrem Entstehen.

329 RPh. § 243. S. 389.

330 RPh. § 243. S. 389.

Für diese entstehende Klasse geht nach Hegel objektiv »die Unfähigkeit der Empfindung und des Genusses der weiteren Freiheiten und besonders der geistigen Vorteile der bürgerlichen Gesellschaft«[331] einher. Das ist strukturell das Kennzeichnende dieser Klasse. Die von ihr durch Arbeit erzeugten materiellen wie wiederum auf diesem Boden erzeugten geistigen Produkte sind für dieselben ausgeschlossen. Im Übrigen verwendet Hegel in diesem Zusammenhang das erste Mal das Wort »Klasse«. »So ist das Individuum« und damit jedes Individuum »Sohn der bürgerlichen Gesellschaft geworden«[332]. Es folgt für Hegel in notwendiger Weise »das Herabsinken einer großen Masse unter das Maß einer gewissen Subsistenzweise, die sich von selbst als die für ein Mitglied der Gesellschaft notwendige reguliert«, wodurch »die Erzeugung des Pöbels« hervorgebracht wird, »die hinwiederum zugleich die größere Leichtigkeit, unverhältnismäßige Reichtümer in wenige Hände zu konzentrieren, mit sich führt«.[333] Die Armut an sich ist ihrer Potenz nach Pöbel an sich, gleichzeitig ist sie die Bedingung für die Möglichkeit, Reichtum in wenigen Händen zu konzentrieren. Die bürgerliche Gesellschaft hat eine plutokratische Tendenz.

Gehen wir näher hierauf ein. Die Struktur des Pöbelhaften ist also objektiv in der gesellschaftlichen Struktur enthalten. Paragraph 244 entfaltet insofern seinen kompletten Gehalt erst im Zusammenhang mit Paragraph 243. »Wenn die bürgerliche Gesellschaft sich in ungehinderter Wirksamkeit befindet« (§ 243), aus der die an Arbeit gebundene Klasse entsteht, so führt dies nach Hegel in »die größere Leichtigkeit, unverhältnismäßige Reichtümer in wenige Hände zu konzentrieren« (§ 244). Ökonomisch betrachtet, schlägt also die Konkurrenz (s. o.) in das Monopol um, das wiederum durch die aus der (Ausschaltung von) Konkurrenz hervorgegangene »Erzeugung des Pöbels« (§ 243) seine Macht stabilisiert. Hegel zeigt also, dass das Gesetz der Konkurrenz seine bestimmte Negation, das Gesetz des Monopols, in sich hat. Gesellschaftstheoretisch folgt daraus, dass der »Pöbel« nicht etwa eine, gegenüber der an die Arbeit gebundenen Klasse, separate soziale Erscheinung darstellt. Das spiegelverkehrte Verhältnis von Konkurrenz/Monopol korreliert vielmehr mit Arbeiterklasse/Pöbel. Im Wörterbuch der Brüder Grimm, in dem unzählige Wortwandlungen des Begriffs »Pöbel« festgehalten sind, findet sich ein passender Ausdruck für diesen Prozess, der die Einheit des Unterschieds von Arbeiterklasse/Pöbel

331 RPh. § 243. S. 389.

332 RPh. § 238. S. 386.

333 RPh. § 244. S. 389.

deutlich macht: »Verpöbeln, verb. zum pöbel herabwürdigen.«[334] Vor dem Hintergrund von Hegels Analyse wird durch die Vermehrung von Armut als Kehrseite »der Anhäufung der Reichtümer« (§ 243) die an Arbeit gebundene Klasse zum Pöbel herabgewürdigt. Der Wachstumsprozess auf der einen Seite hat auf der anderen Seite einen Verpöblungsprozess zum Pendant. So zeigt sich, dass der Pöbel eine Substruktur der Arbeiterklasse darstellt. Pöbel ist das Resultat einer strukturnotwendigen Herab- bzw. Entwürdigung. Damit scheint auf, dass Hegels Begriff des Pöbels eine Verelendungstheorie für die Moderne beinhaltet. Historisch tituliert dieses Moment am Anfang der politischen Genese der bürgerlichen Gesellschaft unter dem Begriff des Pauperismus.

Nichtsdestotrotz ist hier die Rede von der Armut an sich. Hegel betont: »Die Armut an sich macht keinen zum Pöbel: dieser wird erst bestimmt durch die mit der Armut sich verknüpfende Gesinnung, durch die innere Empörung gegen die Reichen, gegen die Gesellschaft, die Regierung usw.«[335] Die objektive Armut an sich muss subjektive Armut für sich werden. Erst an und für sich seiende Armut degradiert jemanden zum Pöbel.

Festzuhalten ist: Die Armut an sich hat die bürgerliche Gesellschaft in sich. Notwendige Bedingung für die Entstehung des Pöbels ist das objektiv mittellose Bedürfnis, dem als hinreichende Bedingung subjektiv eine Gesinnung hinzutreten muss, eine Leidenschaft, die mit der Armut verknüpft ist. Damit regrediert die von der bürgerlichen Gesellschaft vorgegebene Allgemeinheit in die Besonderheit der Klasse der Reichen. Die Allgemeinheit enthüllt sich als die Anhäufung von Reichtümern in wenigen Händen. Darin liegt der oben konstatierte Selbstzweck der bürgerlichen Gesellschaft.

2. Die Armut an und für sich

»Die mit der Armut sich verknüpfende Gesinnung«, die Hegel als »innere Empörung gegen die Reichen, gegen die Gesellschaft, die Regierung usw.«[336], also gegen das sittliche Ganze beschreibt, ist bodenlos und zufällig, beliebig und rein moralisch, wenn sie keine systemimmanente und reale Begründung hat,

334 Deutsches Wörterbuch von Jacob und Wilhelm Grimm. 16 Bde. in 32 Teilbänden. Leipzig 1854-1961. Quellenverzeichnis Leipzig 1971. Online-Version vom 14.07.2020.

335 RPh. § 244. Zusatz S. 389.

336 RPh. § 244 Zusatz. S. 389.

in der diese »Empörung« fundiert ist. Die Empörung muss also Selbsterzeugnis der bürgerlichen Gesellschaft sein.

Es ist bereits herausgearbeitet worden, dass die Freiheit für Hegel eine ontologische Grundbestimmung des Menschseins ist. Menschsein in actu ist Befreiung und Menschwerdung. Der Vollzug der Freiheit wird in der Form der Arbeit vermittelt. Entsprechend beschreibt Hegel die Seinsstruktur des einzelnen Willens in abstracto, welcher in concreto in allgemeinen Willen umschlägt, von welchem der einzelne Wille in realiter abhängt. Ferner wurde gezeigt, dass das »abstrakte« bzw. bürgerliche Recht gerade diesen Freiheitsbegriff zum Ausgang hat, um ihn im Bereich der Sittlichkeit als Vermittlungsganzes darzustellen, der Vermittlung zwischen Einzelnem und Allgemeinem, welches in Form des Gemeinwesens das Einzelne übergreift. Da nun auch die von der bürgerlichen Gesellschaft produzierten Armen Menschen sind, haben sie als Personen zu ihrer Menschwerdung dieses Recht inne, durch Arbeit zu ihrer Freiheit zu kommen. In der Vorlesung im Wintersemester 1819/20 sagt Hegel gemäß der Nachschrift: Die bürgerliche Gesellschaft »hat dafür so zu sorgen, daß den Individuen Möglichkeit gegeben ist, durch Arbeit das Ihrige zu verdienen. Wenn Arbeitslose vorhanden sind, so haben diese ein Recht zu fordern, daß ihnen Arbeit verschafft wird«.[337] Dieses Recht ist metajuristisch. Es gründet im Menschsein des Menschen, in Hegels Worten, in der Idee des Rechts. Indem die Armen sich an das Grundprinzip der bürgerlichen Gesellschaft halten, wird ihre Existenz das Dasein des Protestes gegen die bürgerliche Gesellschaft, in der sie ihrer Subsistenz beraubt werden und verarmen. Dem Armen an sich wird verunmöglicht, »seine Subsistenz durch seine Arbeit zu finden«, obwohl dieser »doch seine Subsistenz zu finden als sein Recht anspricht«.[338] In diesem Widerspruch entzündet sich die Armut an sich zu der inneren Empörung gegen die Gesellschaft. Es tritt ein Zwiespalt im Armen ein. »Der Arme«, sagt Hegel gemäß der Vorlesungsnachschrift, »fühlt sich von allem ausgeschlossen und verhöhnt, und es entsteht notwendig eine innere Empörung. Er hat das Bewußtsein seiner als eines Unendlichen, Freien, und damit entsteht die Forderung, daß das äußere Dasein diesem Bewußtsein entspreche«.[339] Es ist eine

337 Hegel. Philosophie des Rechts: die Vorlesung von 1819/20. Aus einer Nachschrift. Hrsg. von Dieter Henrich. Suhrkamp Verlag, Frankfurt a. M. 1983. S. 192.

338 RPh. § 244 Zusatz. S. 390.

339 Hegel. Philosophie des Rechts: die Vorlesung von 1819/20. Aus einer Nachschrift. Hrsg. von Dieter Henrich. Suhrkamp Verlag, Frankfurt a. M. 1983. S. 195.

Empörung im Rahmen der bürgerlichen Gesellschaft, als würde sie zur Selbsterhaltung eine Kohlenstoffdioxid-Emission produzieren, welche langfristig ab einem bestimmten Punkt für die Selbsterhaltung schädlich sein kann. »Der Arme fühlt sich als sich verhaltend zur Willkür, zur menschlichen Zufälligkeit, und dies ist das Empörende in der letzten Analyse, daß er durch die Willkür in diesen Zwiespalt gesetzt ist. Das Selbstbewußtsein erscheint zu dieser Spitze getrieben, wo es keine Rechte mehr hat, wo die Freiheit kein Dasein hat. Auf diesem Standpunkte, wo das Dasein der Freiheit etwas ganz Zufälliges wird, ist die innere Empörung notwendig. Weil die Freiheit des Einzelnen kein Dasein hat, so verschwindet damit das Anerkennen der allgemeinen Freiheit.«[340] Empörung wird Armut an und für sich. Denn als »Mitglied im System der bürgerlichen Gesellschaft« hat »jeder Mensch von ihr das Recht«, »die Subsistenz zu verlangen«[341]. »Soll der Mensch so ein Glied der bürgerlichen Gesellschaft sein, so hat er ebenso Rechte und Ansprüche an sie (…) Die bürgerliche Gesellschaft muß ihr Mitglied schützen, seine Rechte verteidigen, so wie der Einzelne den Rechten der bürgerlichen Gesellschaft verpflichtet ist.«[342] In der Tat kann die bürgerliche Gesellschaft nicht leisten, was sie muss. Vom Standpunkt der bürgerlichen Gesellschaft, die an diesem Anspruch an sich selbst scheitert, ist dieser tiefverankerte Widerspruch eine Paradoxie. Auf diesem Standpunkt stehen Freiheit und Privateigentum von Anfang an gegeneinander und gehen eben nicht auseinander hervor. Das Privateigentum ist nicht Voraussetzung der allgemeinen Freiheit.

Wenn also die bürgerliche Gesellschaft das Recht auf Subsistenz nicht einlösen kann, so gilt die Empörung und Indignation des verarmten Subjekts nicht unmittelbar gegen seine Armut an sich, sondern gegen das verweigerte Recht, sich von der Armut befreien und sein Menschsein entfalten zu dürfen. »Weil die bürgerliche Gesellschaft schuldig ist, die Individuen zu ernähren, hat sie auch das Recht, dieselben anzuhalten, für ihre Subsistenz zu sorgen.«[343] Wenn aber die bürgerliche Gesellschaft dieses Recht hat, so hat sie damit die Pflicht, die Mittel bereitzustellen, mit denen Arme für die eigene Subsistenz sorgen können. Doch gerade diese Mittel werden, wie Hegel konstatiert, von der bürgerlichen Gesellschaft kraft ihrer inneren Bewegung den Armen fak-

340 Ebd.

341 RPh. § 240 Zusatz. S. 387.

342 RPh. § 238 Zusatz. S. 386.

343 RPh. § 240 Zusatz. S. 387.

tisch entzogen. Der Rechtsanspruch der bürgerlichen Gesellschaft gegenüber dem Individuum widerspricht dem Rechtsprinzip der Freiheit, welches die Rechtsgrundlage des Rechtsanspruchs der verarmten Individuen darstellt. Aus Sicht der Armen folgt die Unmöglichkeit der Rechtsverwirklichung, wodurch der Arme zu seiner Besonderheit kommt. Das Recht der Armen auf die Mittel zur Subsistenz steht unvermittelt gegen das Recht der Reichen, die Mittel der Subsistenz absolut anzueignen. Recht steht gegen Recht. Die Ungleichheit, die rechtstheoretisch Folge des gleichen Rechts ist, durchbricht die Formalisierung der Freiheit. In eine schizophrene Schuld gerät dabei die bürgerliche Gesellschaft im Ganzen. Sie verletzt ihr eigenes Prinzip der Freiheit, auf dem sie steht und zu stehen deklariert. »Gegen die Natur kann kein Mensch ein Recht behaupten, aber im Zustande der Gesellschaft gewinnt der Mangel sogleich die Form eines Unrechts, was dieser oder jener Klasse angetan wird.«[344] Dadurch werden die Armen zum Pöbel herabgewürdigt »– und damit zum Verluste des Gefühls des Rechts, der Rechtlichkeit und der Ehre, durch eigene Tätigkeit und Arbeit zu bestehen«[345]. Die Gesellschaft billigt den Einzelnen Würde zu, oder verweigert sie ihnen. Das für die bürgerliche Gesellschaft entscheidende Kriterium ist dabei das durch Arbeit erworbene Eigentum, das zur Subsistenz führen soll. Folgt aus der Arbeit Eigentumslosigkeit (und damit Besitzlosigkeit in Relation zum gesellschaftlich hervorgebrachten Reichtum) verletzt die bürgerliche Gesellschaft im Verhältnis des betroffenen Einzelnen – ihrem Mitglied – ihr eigenstes Prinzip und der Eigentumslose wird objektiv um das gebracht, worauf er zählen durfte. Er fühlt sich »ungerecht« behandelt. Erst das Eigentum aber individuiert, ohne es kann der Einzelne nicht Individuum werden. Allerdings vindiziert das in der bürgerlichen Gesellschaft notwendige Privateigentum jede Form des Eigentums.[346] Das hat rechtstheoretisch für die Armen die

344 RPh. §244 Zusatz. S. 390.

345 RPh. §244. S. 389.

346 An dieser Stelle sieht Hegel gemäß der Vorlesungsnachschrift von 1819/20, dass ab einem bestimmten Punkt der privaten Anhäufung von gesellschaftlich erzeugtem Reichtum »die Gesinnung der Pöbelhaftigkeit« bei Superreichen auftritt, obwohl sie nicht arm an sich sind. Ihr Reichtum setzt sie in den Stand, sich nicht mehr an Recht und Gesetz gebunden zu fühlen. Diese Bemerkung von Hegel ist in der Veröffentlichung der »Rechtsphilosophie« von 1821 gestrichen bzw. nicht enthalten. Wo bei den zum Pöbel gewordenen Armen Entrechtung eintritt, folgt die Pöbelhaftigkeit der Reichen durch Rechtsentbindung kraft ihrer ökonomischen Macht: »Wie nun auf der einen Seite die Armut zum Grunde liegt zur Pöbelhaftigkeit der Nichtanerkennung des Rechts, so tritt auf der andern Seite in dem Reichtum ebenso die Gesinnung der Pöbelhaftigkeit auf. Der Reiche betrachtet alles

Konsequenz der Entrechtung. »Das Recht der Individuen für ihre subjektive Bestimmung zur Freiheit«[347] geht unter. Die Möglichkeit verlangt Unmögliches. Wird dadurch das Leben selbst angetastet, folgt aus der Entrechtung »die totale Rechtlosigkeit«[348], die für Hegel gleichbedeutend ist mit Sklaverei.

Die Armen werden in ihrem Sein als Menschen nicht nur entehrt, sondern genau in demselben negiert. Sie finden weder Rechtschaffenheit noch Standesehre, also die »sittliche Gesinnung« (§ 207) in der bürgerlichen Gesellschaft, da die bürgerliche Gesellschaft keinen Stand für die Produzenten und die an Arbeit gebundenen Klassen zur Erhaltung der Subsistenz vorsieht. Das entehrte Dasein schlägt subjektiv um in das Dasein der Scham, »der subjektiven Basen der Gesellschaft«[349]. Wo Ehre sich nicht im Selbstbewusstsein aufbäumt, erhält sie sich in gebrochener Weise auf der Oberfläche der Scham. Das man unwürdig ist, wird in der bürgerlichen Gesellschaft mit dem Schein des Stolzes verheimlicht. Die Wirklichkeit der Scham ist Schein des Stolzes.

Unter dieser Oberfläche und »in Rücksicht ihres unmittelbaren Mangels« entstehen bei den Armen die »Gesinnung der Arbeitsscheu, Bösartigkeit und der weiteren Laster, die aus solcher Lage und dem Gefühl ihres Unrechts entspringen«[350], weil die bürgerliche Gesellschaft auf ihnen lastet. Vom Standpunkt der bürgerlichen Gesellschaft bedeutet Armut sozialer und kultureller Tod.[351] Die Möglichkeit der Teilnahme am allgemeinen Vermögen (§ 200) kehrt

---

als käuflich für sich, weil er sich als die Macht der Besonderheit des Selbstbewußtseins weiß. Der Reichtum kann so zu derselben Verhöhnung und Schamlosigkeit führen, zu der der arme Pöbel geht. Die Gesinnung des Herrn über den Sklaven ist dieselbe wie die des Sklaven. Der Herr weiß sich als die Macht, so wie der Sklave sich weiß als die Verwirklichung der Freiheit, der Idee. Indem der Herr sich als Herr über die Freiheit des Andern weiß, so ist damit das Substantielle der Gesinnung verschwunden. Es ist hier das schlechte Gewissen nicht nur als innerliches, sondern als eine Wirklichkeit, die anerkannt ist. Diese beiden Seiten, Armut und Reichtum, machen so das Verderben der bürgerlichen Gesellschaft aus.« (Hegel. Philosophie des Rechts: die Vorlesung von 1819/20. Aus einer Nachschrift. Hrsg. von Dieter Henrich. Suhrkamp Verlag, Frankfurt a. M. 1983. S. 196.)

347 RPh. § 153. S. 303.

348 RPh. § 127. S. 240.

349 RPh. § 245 S. 390.

350 RPh. § 241 S. 388.

351 In der Vorlesungsnachschrift beschreibt Hegel den Zustand der Armut sehr eindrücklich: »Die Armut ist nun ein Zustand in der bürgerlichen Gesellschaft, der nach jeder Seite hin unglücklich und verlassen ist. Nicht nur die äußere Not ist es, die auf dem Armen lastet, sondern es gesellt sich dazu auch moralische Degradation. Den Armen fehlt so größtenteils der Trost der Religion; sie können die Kirchen oft nicht besuchen, weil es

sich um in die Teilnahmslosigkeit an der Wirklichkeit der bürgerlichen Gesellschaft. Der Pöbel ist das Laster der bürgerlichen Gesellschaft. Er führt, gesellschaftlich betrachtet, ein unwirkliches und gespensterhaftes Dasein.

3. Die Abhilfe der Armut als Prävention gegen den Pöbel

Es stellt sich die Frage, welche Abhilfemöglichkeiten Hegel für die Beseitigung eines solchen Zustands bei seiner Analyse sieht. Auch an dieser Stelle lohnt sich ein Blick in das Wörterbuch der Brüder Grimm: »PÖBEL, m., mhd. und frühnhd. auch n. ohne plural; mhd. und md. seit dem 13. jahrh. povel, bovel (pavel Beheim buch von den Wienern 20, 19. 45, 25. 54, 20), mnd. popel, poppel (Schiller-Lübben 3, 361a f.), nhd. im 16. jahrh. bofel (th. 2, 218), pofel, poffel wie noch in den oberd. mundarten (s. 2), sonst mit umlaut pövel (vereinzelt schon im 15. jahrh.), pöfel, pöffel bis ins 17. jahrh. neben jetzigem pöbel, das schon in Luthers bibel vorkommt. das wort ist entlehnt aus prov. poble (altfrz. poblus = lat. populus), franz. peuple, dem die umgelauteten formen entsprechen. über den wechsel zwischen b, v, f s. theil 1, 1053. 3, 1210. 12, 2f.«[352] Ergänzend hierzu steht im etymologischen Wörterbuch des Deutschen: »Pöbel m. ›rohe Volksmasse‹. Mhd. bovel, povel (seit 1200), popil (13. Jh.), povil, bofel (1. Hälfte 14. Jh.) ›Volk, Volksmenge, Leute‹, frühnhd. (bis ins 15. Jh. ohne verächtlichen Nebensinn) bovel, povel, pofel, poffel (mit Umlaut seit 15. Jh.) pöfel, pöffel, pövel, bei Luther Pübel, Pubel, Pobel, schlieißlich Pöbel ›Volksmenge, einfaches, gemeines Volk‹ ist entlehnt aus afrz. pueple, pople ›Volk, Bevölke-

ihnen an Kleidern fehlt oder weil sie auch an dem Sonntage arbeiten müssen. Die Armen nehmen ferner Teil an einem Gottesdienst, der für ein gebildetes Publikum hauptsächlich berechnet ist. Christus sagt dagegen: Den Armen werde das Evangelium gepredigt. Die Universitätsbildung der Geistlichen ist selbst großenteils von der Art, daß die Lehrer der Religion mehr gelehrt reden, als fähig sind, zum Herzen zu sprechen und das Innere zu offenbaren. – Ebenso wird ferner dem Armen auch der Genuß der Rechtspflege oft sehr erschwert. In Ansehung seiner Gesundheitspflege ist er ebenso übel daran. Wenn auch für ihn bei eigentlicher Krankheit gesorgt ist, so fehlt es ihm doch meist an dem, was sonst zur Erhaltung und Pflege der Gesundheit erforderlich ist. Wollte man den Armen an den Genuß an den Hervorbringungen der Kunst verweisen, so fehlen ihm gleichfalls die Mittel zu solchem Genuß, und er müßte eine solche Verweisung als Verhöhnung betrachten.« (Hegel. Philosophie des Rechts: die Vorlesung von 1819/20. Aus einer Nachschrift. Hrsg. von Dieter Henrich. Suhrkamp Verlag, Frankfurt a. M. 1983. S. 194f.)

352 Deutsches Wörterbuch von Jacob und Wilhelm Grimm. 16 Bde. in 32 Teilbänden. Leipzig 1854-1961. Quellenverzeichnis Leipzig 1971. Online-Version vom 24.06.2020.

rung, Leute, Menge‹ (frz. peuple), das auf lat. populus ›Volk‹ beruht. Direkt aus lat. populus stammt mnd. pōpel ›niederes Volk‹; dazu pop(e)lig Adj. ›armselig, dürftig, knauserig‹ (Mitte 19. Jh.). – pöbelhaft Adj. ›gemein, roh, unfein‹ (Mitte 18. Jh.). pöbeln Vb. ›sich wie der Pöbel verhalten‹ (Ende 19. Jh.), auch ›durch flegelhaftes Benehmen, beleidigende Äußerungen provozieren, randalieren‹ (20. Jh.). anpöbeln Vb. ›mit Worten belästigen‹ (Anfang 20. Jh.).«[353]

Aus dieser detaillierten Ausführung zur Begriffsherkunft und -bedeutung heben sich drei Momente ab. Der Pöbel

a) ist vom Lateinischen »populus«, worin das lateinische Wort »Popularen« steckt, ins Französische »peuple« übergegangen und von dort ins Deutsche gekommen, sodass der »Pöbel« der Bedeutung nach »Volk«, »Menge« und »Bevölkerung«, kurz unorganisierte Masse beinhaltet,
b) hat bis zur Neuzeit keinen verächtlichen Nebensinn, den das Wort erst im 15. Jahrhundert mit dem Beginn der Neuzeit erhält und vom 18. Jahrhundert (Ende der Aufklärung[354] und Beginn der Moderne) bis hin zum An-

353 Etymologisches Wörterbuch des Deutschen. Erarbeitet unter der Leitung von Wolfgang Pfeifer. dtv, München 1997, 3. Aufl. Siehe »Pöbel« S. 1021 f.

354 Exemplarisch steht für die Verachtung gegenüber dem Pöbel durch die bürgerlichen Aufklärer Immanuel Kant. In seiner »Anthropologie« schreibt er über den Pöbel: »Das Passive in der Sinnlichkeit, was wir doch nicht ablegen können, ist eigentlich die Ursache alles des Übels, was man ihr nachsagt. Die innere Vollkommenheit des Menschen besteht darin: daß er den Gebrauch aller seiner Vermögen in der Gewalt habe, um ihn seiner freien Willkür zu unterwerfen. Dazu aber wird erfordert, daß der Verstand herrsche, ohne doch die Sinnlichkeit (die an sich Pöbel ist, weil sie nicht denkt) zu schwächen: weil ohne sie es keinen Stoff geben würde, der zum Gebrauch des gesetzgebenden Verstandes verarbeitet werden könnte.« (Siehe Kant. Anthropologie in pragmatischer Hinsicht. In: Werke in zehn Bänden. Herausgegeben von Wilhelm Weischedel. Band 10 Schriften zur Anthropologie, Geschichtsphilosophie, Politik und Pädagogik. Zweiter Teil. Wissenschaftliche Buchgesellschaft, Darmstadt 1975, 4. Aufl. S. 433.) Ein weiteres Beispiel aus der »Vorlesung zur Moralphilosophie«: »Es ist im Menschen ein gewisser Pöbel, der unter der Regierung stehen muss und der ein wachsames Regiment unter der Regel erhalten muss, und wo auch Gewalt sein muss, diesen Pöbel der Anordnung der Regierung gemäß unter die Regel zu zwingen. Dieser Pöbel im Menschen sind die Handlungen der Sinnlichkeit, diese stimmen nicht mit den Regeln des Verstandes überein (…). Die widerstehende Gewalt« müsse geschwächt werden, wozu Selbstdisziplinierung erforderlich sei, d. h. bei Kant, »in Ansehung seiner selbst durch wiederholte Handlungen den Hang ausrotten, der aus der sinnlichen Triebfeder entspringt«. (Siehe Kant. Vorlesung zur Moralphilosophie. Herausgegeben von Werner Stark. Verlag Walter de Gruyter, Berlin 2005. S. 202 und S. 205.) Hegel hingegen nimmt die Sinnlichkeit, wie oben mit der Bedürfnisstruktur des Menschen im Zusammenhang mit dem Willen herausgearbeitet, in die praktische Philosophie als notwendiges Moment der Menschwerdung des Menschen auf, statt sie wie Kant »ausrotten« lassen zu wollen.

fang des 20. Jahrhundert (Industrialisierung und Etablierung der bürgerlichen Gesellschaft, einschließlich repräsentativer Demokratien) nahezu ein Schimpfwort wird,

c) beginnt also mit der frühbürgerlichen Revolution (Hussiten-Bewegung, Reformation, Bauernkrieg usw.) und der allmählichen Bauernbefreiung aus feudalen Lehensverhältnissen und dem damit sich allmählich etablierenden Kapitalismus einen verächtlichen Sinn zu erhalten, welcher sich im Laufe der Jahrhunderte vertieft.

In dieser etymologischen, historischen und semantischen Spannweite des Begriffs »Pöbel« untersucht Hegel, wie die bürgerliche Gesellschaft der Armut aus inneren Kräften abhilft und abhelfen kann, mit dem Zweck, den Pöbel mit dem rechtsphilosophischen System zu versöhnen. Hierbei unterscheidet er zwischen drei Möglichkeiten.

Zunächst kommt die Familie in Betracht, der »die Vorsorge für die besondere Seite des Individuums sowohl in Rücksicht der Mittel und Geschicklichkeiten, um aus dem allgemeinen Vermögen sich [etwas] erwerben zu können, als auch seiner Subsistenz und Versorgung im Falle eintretender Unfähigkeit angehört«.[355] Sie hat »für das Brot der Einzelnen zu sorgen«[356]. Indessen ist es gerade die Familie, die ein »Untergeordnetes« in der bürgerlichen Gesellschaft ist; »sie ist nicht mehr von so umfassender Wirksamkeit«[357] wie in der vorbürgerlichen Seinsweise. Vielmehr »unterwirft« die bürgerliche Gesellschaft »das Bestehen der Familie selbst, der Abhängigkeit von ihr, der Zufälligkeit«[358], die, wie oben gezeigt, in der rechtlichen Zufälligkeit der materiellen Ungleichheit die Armut erzeugt. Insofern übernimmt die »allgemeine Macht« »die Stelle der Familie bei den Armen«[359]. Die allgemeine Macht entspricht den Verkehrsformen in der bürgerlichen Gesellschaft. Folglich ist nach Hegel die Familie zur Abhilfe der Armut unfähig.

Ferner bemerkt Hegel, dass die private Wohlfahrt und Armenfürsorge, kurz die Philanthropie der Wohlhabenden und Reichen, die »subjektive Hilfe ebenso in Rücksicht der besonderen Umstände als des Gemüts und der Liebe«[360],

355 RPh. § 238. S. 386.

356 RPh. § 238 Zusatz. S. 386.

357 RPh. § 238 Zusatz. S. 386.

358 RPh. § 238. S. 386.

359 RPh. § 241. S. 388.

360 RPh. § 242. S. 388.

der Not der Armut abhelfen könnte. »Hier ist der Ort, wo bei aller allgemeinen Veranstaltung die Moralität genug zu tun findet. (…) Das Zufällige des Almosens, der Stiftungen, wie des Lampenbrennens bei Heiligenbildern usf., wird ergänzt durch öffentliche Armenanstalten, Krankenhäuser, Straßenbeleuchtung usw. Der Mildtätigkeit bleibt noch genug für sich zu tun übrig.«[361] Jedoch stellt Hegel fest, dass die Philanthropie ebenso »in ihren Wirkungen von der Zufälligkeit abhängt«. In ihrer Konsequenz erweist sie sich ebenfalls als unfähig, dem Dasein der Armut abzuhelfen und sie mit dem System zu versöhnen.

Schließlich reflektiert Hegel, ob nicht mit der direkten Belastung der reicheren Klassen, etwa mit Steuern, durch Enteignungen (mit Entschädigung) oder durch die zwangsweise Beschäftigung der Armen, der Armut abzuhelfen sei. Hier attestiert Hegel jedoch eine vernichtende Feststellung, wonach die bürgerliche Gesellschaft mit ihrem Fundament in Widerspruch gerät und an die Grenzen ihrer Fähigkeiten kommt. Hegel schreibt: »Wird der reicheren Klasse die direkte Last aufgelegt, oder es wären in anderem öffentlichen Eigentum (reichen Hospitälern, Stiftungen, Klöstern) die direkten Mittel vorhanden, die der Armut zugehende Masse auf dem Stande ihrer ordentlichen Lebensweise zu erhalten, so würde die Subsistenz der Bedürftigen gesichert, ohne durch die Arbeit vermittelt zu sein, was gegen das Prinzip der bürgerlichen Gesellschaft und des Gefühls ihrer Individuen von ihrer Selbständigkeit und Ehre wäre; oder sie würde durch Arbeit (durch Gelegenheit dazu) vermittelt, so würde die Menge der Produktionen vermehrt, in deren Überfluß und dem Mangel der verhältnismäßigen selbst produktiven Konsumenten gerade das Übel besteht, das auf beide Weisen sich nur vergrößert.« Hieraus resultiert für Hegel der historische Horizont der bürgerlichen Gesellschaft. Denn »es kommt hierin zum Vorschein, daß bei dem Übermaße des Reichtums die bürgerliche Gesellschaft nicht reich genug ist, d.h. an dem ihr eigentümlichen Vermögen nicht genug besitzt, dem Übermaße der Armut und der Erzeugung des Pöbels zu steuern«.[362] Dasein der bürgerlichen Gesellschaft ist Dasein des Pöbels, und das gilt ebenso vice versa: Dasein des Pöbels ist Dasein der bürgerlichen Gesellschaft. So führt der Pöbel ein notwendiges Dasein mit der bürgerlichen Gesellschaft. Der Pöbel ist ihr negativer Anhang. Dies ließe sich, so

361 Hegel. Rechtsphilosophie. Suhrkamp Verlag, Frankfurt a.M. 2017, 15. Aufl. § 242. S. 388.

362 RPh. § 245. S. 390.

Hegel, »im großen an Englands Beispiel studieren«, etwa an den »Armentaxen, den unermeßlichen Stiftungen und der unbegrenzten Privatwohltätigkeit«.[363] Sie scheitern allesamt, sodass dieser Widerspruch sich für Hegels Dialektik als größter erweist, an dem er sie im Rahmen der bürgerlichen Gesellschaft zu versöhnen resigniert. Diesen Widerspruch lässt er mit einem Verweis auf Schottland links liegen: »Als das direkteste Mittel hat sich daselbst (vornehmlich in Schottland) (…) dies erprobt, die Armen ihrem Schicksal zu überlassen und sie auf den öffentlichen Bettel anzuweisen.«[364] Die Versöhnung der Armen mit der bürgerlichen Gesellschaft ist schier unmöglich, selbst für Hegel. Sie werden auf die Straße gesetzt. So perpetuiert sich dieser Widerspruch, der sich als Selbstwiderspruch der bürgerlichen Gesellschaft erweist, im Bereich des Staates fort.

Zwar stellt Hegel fest, dass die »verschiedenen Interessen der Produzenten und Konsumenten (…) in Kollision miteinander kommen« können, »und wenn sich zwar das richtige Verhältnis im Ganzen von selbst herstellt, so bedarf die Ausgleichung auch einer über beiden stehenden, mit Bewußtsein vorgenommenen Regulierung«.[365] Denn die bürgerliche Gesellschaft ist von »bewußtloser Notwendigkeit«[366] reguliert. In ihrer Bewegung fehlt das Moment des reflexiven Selbstverhältnisses, mit welchem sie sich selbst mit Bewusstsein regulieren könnte. Aber gerade in der bürgerlichen Gesellschaft ist das Recht der Besonderheit unbeschränkbar und dies würde ein planmäßiges Regulativ untergraben. »Die Freiheit des Gewerbes«, das sich wie gezeigt in einer Kollision mit dem Recht auf die Mittel zur Subsistenz zuspitzt, gilt uneingeschränkt. Die »höhere Regulierung«[367] zerschellt an der Gewerbefreiheit, welche die Freiheit des Privateigentums und das absolute Zueignungsrecht institutionell absichert. Dennoch betont Hegel, dass »die Gewerbefreiheit (…) nicht von der Art sein« darf, »daß das allgemeine Beste in Gefahr kommt«.[368] Wie diese Gefahr abzuwenden ist, sagt Hegel nicht. Darauf hat er keine progressive Antwort, sodass er sie im System der bürgerlichen Gesellschaft repressiv liefern muss: anhand der Polizei.

---

363 RPh. § 245. S. 390.

364 RPh. § 245. S. 390 f.

365 RPh. § 236. S. 384.

366 RPh. § 236. S. 385.

367 RPh. § 236. S. 385.

368 RPh. § 236. S. 385.

4. Polizei als verlängerter Arm des Privateigentums

Wie schon erwähnt, ist die systematische Verortung des Pöbels in den Bereich der Polizei, als jenen letzten in der Sphäre der bürgerlichen Gesellschaft, entscheidend. Dies ist nicht einer Beliebigkeit von Hegel geschuldet. Vielmehr hat Hegel systematischen Grund dazu. Im Anschluss an die Polizei (und die Korporation) beginnt in der »Rechtsphilosophie« die Sphäre des Staates. Insofern ist die Polizei jene erste staatliche Institution, mit der nach Hegel nicht nur der Staat in der »Rechtsphilosophie« vorgestellt wird. Die Polizei ist das Vermittlungsglied zwischen der Grenze der bürgerlichen Gesellschaft, in der die Besonderheit sich geltend macht, und dem Auftritt des Staates, in der die in sich konkrete und in Glieder unterschiedene Allgemeinheit ihren Platz zur Entfaltung findet. Die Polizei ist der Grenzbegriff für die Mitte zwischen bürgerlicher Gesellschaft und Staat. Mit der Polizei kommt das Sittliche, welches mit der bürgerlichen Gesellschaft verloren ist, zurück in den gesamtgesellschaftlich-institutionellen Prozess.

Der Einwand, die »Rechtspflege« und die Gerichtsbarkeit seien die Mitte, schlägt fehl. Denn die »Rechtspflege«, die der »Polizei« systematisch in der »Rechtsphilosophie« vorgeschaltet ist, behandelt die ordentliche Gerichtsbarkeit, nicht die Gerichte des öffentlichen Rechts. Die ordentliche Gerichtsbarkeit ist für das Privatrecht bzw. das abstrakte und damit bürgerliche Recht in der Bestimmung des positiven, gesetzten Rechts zuständig: Das Gesetz. »Das Recht, indem es in das Dasein zunächst in der Form des Gesetztseins tritt, tritt auch dem Inhalte nach als Anwendung in die Beziehung auf den Stoff der in der bürgerlichen Gesellschaft ins Unendliche sich vereinzelnden und verwickelnden Verhältnisse und Arten des Eigentums und der Verträge.«[369] Die »Rechtspflege« nach Hegel hat also ihre Zuständigkeit in Rechtsstreitigkeiten betreffs des Eigentums, einschließlich Privateigentums, und der Verträge zwischen Personen, nicht zwischen Person und Staat, was Hegel erst im »inneren Staatsrecht« und damit in der staatlichen Sphäre analysiert. Die »Rechtspflege« ist folglich eine innergesellschaftliche Einrichtung der bürgerlichen Gesellschaft. Die ordentlichen Gerichte waren ursprünglich private Gerichte für die Verhandlung kollidierender Privatinteressen zwischen Bürgern. Dies koinzidiert im Übrigen historisch mit der Entstehung ordentlicher Gerichte, die primär Rechtskollisionen zwischen Bürgern verhandelten und erst sekundär allmählich zu einer

369 RPh. § 213. S. 365.

staatlichen Institution reiften, wo der Bürger sich unter Berufung auf das Gesetz gegen die Willkür der Monarchen und Fürsten zur Wehr setzen konnte. Der rechtshistorisch berühmteste Fall in der bürgerlichen Rechtsgeschichte in Deutschland dürfte hierbei die sogenannte »Historische Mühle von Sanssouci« sein, die einen Rechtsstreit zwischen einem Müller und dem Preußenkönig Friedrich II. verursachte, worin ein absoluter Monarch vor einem Gericht gegen einen Bürger unterlag, sodass die Absolutheit des monarchischen Rechts gegen das bürgerliche Recht fundamental in Frage gestellt wurde. Sie zerbrach gegen die Besonderheit des Bürgers.

Folglich kann mit gutem Grund festgehalten werden, dass die Polizei nach Hegel die systematisch erste Erscheinungsform des Staates in der bürgerlichen Gesellschaft ist, gleichwohl sie historisch schon vor der bürgerlichen Gesellschaft existierte.[370] Sie figuriert als die in die bürgerliche Gesellschaft »hineinscheinende Vernunft«[371], die Hegel im Zusammenhang mit dem »System der Bedürfnisse« am Rande erwähnt. Die Polizei ist das Scharnier zwischen bürgerlicher Gesellschaft und Staat. Daher bestimmt Hegel die Polizei als die »sichernde Macht des Allgemeinen«, welche »zunächst« »teils auf den Kreis der Zufälligkeiten beschränkt« bleibt, »teils eine äußere Ordnung« darstellt[372]; »äußere«, weil sie auf dem Boden des Staates steht, aber auf dem Boden der bürgerlichen Gesellschaft geht, wo sie als verlängerter Arm des Privateigentums fungiert.

Der Aufgabenbereich der Polizei umfasst demnach nach Hegel »die ungestörte Sicherheit der Person und des Eigentums« sowie »die Sicherung der Sub-

370 Ganz im Sinne Hegels steht im Wörterbuch der Brüder Grimm zum Begriff »Polizei«: »vom 15. bis ins 17. jahrh. verstand man unter polizei die regierung, verwaltung und ordnung, besonders eine art sittenaufsicht in staat und gemeinde und die darauf bezüglichen verordnungen und maszregeln (vgl. Medicus im deutschen staatswörterb. 8, 128. Stein verwaltungslehre 95), auch den staat selbst, sowie die staatskunst, politik (des Machiavelli policei. Schm.2 1, 386 vom jahre 1694). (…) die versuche, den begriff der polizei wissenschaftlich zu construieren, beginnen seit der mitte des vorigen jahrh., doch ist es noch heute ein vielumstrittener begriff, worauf hier nicht näher eingegangen werden kann. vgl. Rau über begriff u. wesen der polizei in der zeitschrift für staatswissenschaft 9, 605 ff., Funk die auffassung des begriffes der polizei im vorigen jahrh. ebenda 19, 489 ff. Stein verwaltungslehre 95 ff. Medicus im deutschen staatswb. 8, 129 ff.« (Deutsches Wörterbuch von Jacob und Wilhelm Grimm. 16 Bde. in 32 Teilbänden. Leipzig 1854-1961. Quellenverzeichnis Leipzig 1971. Online-Version vom 21.8.2020.)

371 RPh. § 183 Zusatz. S. 340.

372 RPh. § 231. S. 382.

sistenz und des Wohls des Einzelnen«[373]. Das Schutzgut der Polizei ist also die Person, welche Träger von Rechten und Pflichten ist, und ihr Eigentum, auf das sich ihre Rechte und Pflichten erstrecken. Zusammengefasst liegt der »Zweck« der »polizeilichen Aufsicht und Vorsorge« darin, dass »das Individuum mit der allgemeinen Möglichkeit zu vermitteln« ist, »die zur Erreichung der individuellen Zwecke vorhanden ist«.[374] Was bedeutet das im Hinblick auf den Pöbel und die Armut?

Da das in der Armut sich selbst überlassene, unvermittelte Dasein des Pöbels, der keine Möglichkeit an der Teilnahme am allgemeinen Vermögen hat, weitgehend ohne Eigentum ist und die Polizei ihre Hauptzuständigkeit im Schutz des Eigentums und Eigentümers sieht, wodurch sie juristisch die »Person« schützt, ist der Pöbel für die Polizei fortwährend ein inkriminiertes Subjekt. Der Pöbel ist die Verkehrtheit der unpersönlichen Person. Er erscheint als Persönlichkeit ohne Person. Juristisch gewendet, entsteht aus der normativen Kraft des faktischen Systems eine Schuldvermutung, oder mit anderen Worten: In der Funktion der Polizei gilt der bürgerlichen Gesellschaft gegenüber dem Pöbel in dubio contra reum, im Zweifel gegen den Verdächtigen. Not, an die der Pöbel gebunden ist, verkehrt sich zu Zwang und Zwang ist immer da, wo Not regiert. Not jedoch, bewusst geworden, wird Notwendigkeit. Diese bewusste Notwendigkeit entgeht der bürgerlichen Gesellschaft eben mangels eines reflexiven Selbstverhältnisses, sodass ihr die Existenz des Pöbels vom »Kreis der Zufälligkeiten«[375] her zu stammen scheint, obwohl in der Tat ihr polizeiliches Tun gegen den Pöbel »bewußtloser Notwendigkeit«[376] folgt. Was unreflektiert ist, ist trotzdem. Darauf macht Hegel in aller Dringlichkeit aufmerksam.

Folglich verdächtigt und verurteilt die bürgerliche Gesellschaft in ihrer funktionalen Rolle als Polizei den Pöbel, was die bürgerliche Gesellschaft darüber hinwegsehen lässt und in ihr Gesellschaftlich-Unbewusstes zu verdrängen hilft, dass der Pöbel das Selbsterzeugnis ihrer eigenen Bewegung ist, Fleisch von ihrem Fleisch. In der Polizei etabliert, so ließe sich ableiten, die bürgerliche Gesellschaft ihr reines Gewissen infolge eines unreflektierten Selbstverhältnisses. Die Reflexionslosigkeit erlaubt den Bürgerlichen ihre sog. »Schönen Seele«

373 RPh. § 230. S. 382.

374 RPh. § 236 Zusatz. S. 385.

375 RPh. § 231. S. 328.

376 RPh. § 236 Zusatz. S. 385.

zu pflegen. Der Bürgerliche fällt zurück in den »leeren Formalismus«[377] der Moralität und wird, wie Hegel in der »Phänomenologie des Geistes« ausführt, eine »wirklichkeitslose schöne Seele«, welche »in sehnsüchtiger Schwindsucht« »zerfließt« und »ein reines Sein oder das leere Nichts« ist, da sie sich die Unschuld eben damit bewahren möchte, sich aus den Widersprüchen der Welt herauszuhalten.[378] In der »Rechtsphilosophie« greift er diese Überlegungen wie folgt wieder auf: »Diese absolute Selbstgefälligkeit«, nämlich die schöne Seele, bleibt »ein einsamer Gottesdienst seiner selbst« und kann »auch eine Gemeinde bilden«, »deren Band und Substanz etwa auch die gegenseitige Versicherung von Gewissenhaftigkeit, guten Absichten, das Erfreuen über diese wechselseitige Reinheit, vornehmlich aber das Laben an der Herrlichkeit dieses Sich-Wissens und Aussprechens und an der Herrlichkeit dieses Hegens und Pflegens ist.«[379]. Die Schöne Seele markiert ein Moment der bürgerlichen Gesellschaft, worin ein Teil der der Not entbundenen Schichten der reicheren Klassen aufgehoben ist.

So denkt die bürgerliche Gesellschaft in ihrem unreflektiertem Selbstverhältnis, der Pöbel sei »leichtsinnig und arbeitsscheu«, eine individuelle Disposition, selbstverschuldeter Zustand und das »Böse«[380] usw., was zugleich das Reflexionsmoment liquidiert, dass »der Mensch« im System der bürgerlichen Gesellschaft, gipfelnd bei den Armen, »auf die Zufälligkeit angewiesen ist«[381]. Damit urteilt die bürgerliche Gesellschaft über die Armen und den Pöbel abstrakt moralisch, weil sie sie systematisch vorab bereits verurteilt und abgefertigt hat. Die bürgerliche Gesellschaft begreift nicht, dass die Armut – wie der Pöbel – aus ihrem eigenen Begriff entspringt. Diesen blinden Fleck erkennt Hegel wie kein zweiter unter seinen Zeitgenossen. Den Begriff der bürgerli-

377 RPh. § 135. S. 252.

378 Siehe PhG. S. 491.

379 RPh. § 140. S. 279. Zum inneren Zusammenhang zur »Phänomenologie des Geistes« schreibt Hegel an selber Stelle weiter: »– inwiefern das, was schöne Seele genannt worden, die in der Eitelkeit aller Objektivität und damit in der Unwirklichkeit ihrer selbst verglimmende edlere Subjektivität, ferner andere Gestaltungen, mit der betrachteten Stufe verwandte Wendungen sind, – habe ich in der Phänomenologie des Geistes, S. 605 ff. abgehandelt, wo der ganze Abschnitt c) das Gewissen, insbesondere auch in Rücksicht des Übergangs in eine – dort übrigens anders bestimmte – höhere Stufe überhaupt, verglichen werden kann.«

380 RPh. § 244 Zusatz. S. 390.

381 RPh. § 244 Zusatz. S. 389 f.

chen Gesellschaft überführt er in der Selbstreflexion zu seiner in ihr liegenden Konsequenz. Folglich nährt sich das Verhältnis zwischen Polizei und Pöbel aus Argwohn und Verachtung. Strukturell ruft die Polizei den Pöbel fortwährend zur Räson auf.

Dies hat noch eine weitere Seite, die Hegel freilegt. Er schreibt, dass die »polizeiliche Vorsorge« zunächst »das Allgemeine verwirklicht und erhält, welches in der Besonderheit der bürgerlichen Gesellschaft enthalten ist«[382] und sich gesellschaftlich als »Anhäufung der Reichtümer« (§ 243) erweist. Im Inneren stellt die Polizei sicher, dass die »über die Gesellschaft hinausgetriebenen Interessen (§ 246)«[383] im Äußeren in anderen Märkten verfolgt werden können. Diese Interessen nennt Hegel die »Kolonisation«[384] anderer Völker, wo »Konsumenten und die damit nötigen Subsistenzmittel«[385] gesucht werden. Denn »bei dem Übermaße des Reichtums ist die bürgerliche Gesellschaft nicht reich genug, d. h.« sie besitzt »an dem ihr eigentümlichen Vermögen nicht genug, dem Übermaße der Armut und der Erzeugung des Pöbels zu steuern«.[386] »So kehrt das Sittliche (…) in die bürgerliche Gesellschaft zurück.«[387] Der in Armut sich verzehrende Pöbel soll durch den Zwang des Systems der bürgerlichen Gesellschaft gehorchen oder wird zum Gehorsam diszipliniert, nämlich durch Gewalt, da der Selbstwiderspruch der bürgerlichen Gesellschaft in der Kategorie der Armut unversöhnlich bleibt und ihr vom gesellschaftlichen Standpunkt aus paradox erscheint. Unversöhnliche Widersprüche äußern sich, eben weil sie unversöhnlich sind, gewaltsam. Sie regulieren sich selbst zur objektiven Einheit durch Gewalt, nicht notwendig mit direkter und offener Gewalt als physischer Kraftentfaltung, aber notwendig mit Gewalt in struktureller Hinsicht. Dies ist der aporetische Punkt der bürgerlichen Gesellschaft, die offene Wunde des Systems nach der »Rechtsphilosophie«. »Meinem Körper von anderen angetane Gewalt« durch Entzug der Mittel zur Subsistenz »ist Mir angetane Gewalt«[388], also *meinem* Menschsein. Der Pöbel ist für die bürgerliche Gesellschaft factum brutum, eine bloße und hinzunehmende und unerklär-

382 RPh. § 249. S. 393.

383 RPh. § 249. S. 393.

384 RPh. § 248. S. 392.

385 RPh. § 246. S. 391.

386 RPh. § 245. S. 390.

387 RPh. § 249. S. 393.

388 RPh. § 48. S. 112.

liche Tatsache, obwohl gerade er der eigenen Modernität der bürgerlichen Gesellschaft zugrunde liegt.

In dieser Achse ließe sich die Staatstheorie von Hegel systematisch mit guten Gründen unter der These entfalten: Die Legitimationsgrundlage für die Existenz des modernen Staates ist unter dem Blickwinkel der bürgerlichen Gesellschaft, die bei der Geltendmachung der Besonderheit die Eingriffe der Allgemeinheit im Wege des Staates als Beschränkung und hinderlich empfindet, die Armut. Die Hauptbeschäftigung des modernen Staates zielt auf die Pöbel-Potenz der Armut. Armut an sich darf nicht Armut für sich werden. Der moderne Staatsapparat leistet primär die auf mannigfaltige Weise zu vollbringende Unschädlichmachung des potenziellen Pöbels, ohne ihn seinsmäßig aufheben zu können, was praktische Aufhebung der bürgerlichen Gesellschaft im Ganzen bedeuten würde. Deshalb muss der auf der bürgerlichen Gesellschaft beruhende Staat konservativ vorgehen, die Pöbel-Potenz der Armut neutralisieren, ohne die Armut an sich zu beseitigen. Er leistet tendenziell konservative Verwaltungsarbeit im Dienst der bürgerlichen Gesellschaft, die er zu erhalten hat, weil er seine Mittel aus dieser erhält – das »do ut des«, das Geben und Nehmen zwischen bürgerlichem Staat und bürgerlicher Gesellschaft.

5. Die Universalisierung der rationalen Herrschaft

Im Bereich des abstrakten Rechts wurde der universelle Charakter des Rechts, welches ein historisch-ontologisches Fundierungsverhältnis in der Freiheit des Menschseins hat, freigelegt. Das real-materielle Pendant zu diesem Begriff des Rechts sieht Hegel in der Eigendynamik der bürgerlichen Gesellschaft verwirklicht. Wenn es wesentlich für die bürgerliche Gesellschaft ist, dass sie »bei dem Übermaße des Reichtums (...) nicht reich genug ist«[389], so liegt ihr eine immanente Notwendigkeit zugrunde, welche sie über sie selbst hinaustreibt. Sie muss sich, um sich zu erhalten, permanent auf höherer Stufenleiter reproduzieren. Der Widerspruch, der sie wie ein Motor antreibt, liegt darin begründet, dass die bürgerliche Gesellschaft, um »dem Übermaße der Armut und der Erzeugung des Pöbels zu steuern«, also Herr zu werden, im »Übermaße des Reichtums«[390] nicht reich genug an Mitteln zur individuellen Subsistenz für alle ist. Zudem

389 RPh. §245. S. 390.

390 RPh. §245. S. 390.

fehlt es an Konsumenten der Produktion, da die Mittel fehlen, die Produkte zu erwerben; »besonders aber entsteht eine Menge, die die Befriedigung ihrer Bedürfnisse nicht durch ihre Arbeit gewinnen kann, wenn die Produktion das Bedürfnis der Konsumtion übersteigt«.[391] Es ist also ihr eigenster, unversöhnlicher Selbstwiderspruch – die Hervorbringung der mit der Armut verknüpften Pöbel-Potenz und die Desintegration desselben –, wodurch die bürgerliche Gesellschaft aus ihrer Nationalökonomie herausbricht und notwendig in eine Weltökonomie umschlägt. Dieser ökonomische Selbstwiderspruch ist die geschichtliche Bewegungsform der bürgerlichen Gesellschaft.

Der innere Markt muss sein Außen, den Nicht-Markt, sich einverleiben und zum erweiterten Markt werden. Der Nicht-Markt umfasst nach Hegel jene Völker, die nicht- bzw. vorbürgerlich sind und damit der bürgerlichen Gesellschaft nachstehen, kurz vormoderne Gesellschaften, wo (noch) nicht das Privateigentum herrscht. »Durch diese ihre Dialektik wird die bürgerliche Gesellschaft über sich hinausgetrieben, zunächst diese bestimmte Gesellschaft, um außer ihr in anderen Völkern, die ihr an den Mitteln, woran sie Überfluß hat, oder überhaupt an Kunstfleiß usf. nachstehen, Konsumenten und damit die nötigen Subsistenzmittel zu suchen.«[392] Ab diesem Punkt legt Hegel den »Wohlstand der Nation« (1776) von Adam Smith, der an seine Grenze kommt, zur Seite und schlägt die »Grundsätze der politischen Ökonomie und der Besteuerung« (1817) von David Ricardo auf, welchen er bereits im Zusammenhang mit dem System der Bedürfnisse in Paragraph 189 erwähnt. Der Markt wird Weltmarkt, nach politisch-ökonomischer Wissenschaft gewendet: Aus Protektionismus, der einen inneren Binnenmarkt schafft (Smith), wird ab einem bestimmten Reifepunkt der Freihandel, der die Binnenmärkte und Nicht-Märkte schrankenlos vernetzt (Ricardo).

Hegel stellt für die Umwandlung zum Welthandel drei Varianten fest.

a) Zum einen erschließt die bürgerliche Gesellschaft Märkte, welche sie in Konsequenz zu einem Weltmarkt zusammenzuschließen sucht in der Schifffahrt und im Überseehandel (§ 247).
b) Weiter erschließt sie Märkte durch die »sporadische« Kolonisation. »Die Kolonisten ziehen nach Amerika, Rußland, bleiben ohne Zusammenhang mit ihrem Vaterlande und gewähren so diesem keinen Nutzen.«[393] Diese

391 RPh. § 248 Zusatz. S. 392.

392 RPh. § 246. S. 391.

393 RPh. § 248 Zusatz. S. 392.

Art Kolonisation meint die Arbeitsmigration jener durch die bürgerliche Gesellschaft zum überschüssigen Teil der Bevölkerung Herabgedrückten, denen die Mittel zur Subsistenz fehlen, welche aber noch nicht in die Armut an und für sich gestürzt sind. Insofern ist nach Hegel die transnationale Arbeitsmigration eine immanente und notwendige Erscheinungsform der bürgerlichen Gesellschaft. Die bürgerliche Gesellschaft produziert ein ihr immanentes Migrationssystem als Fortführung ihres ihr immanenten Bevölkerungsgesetzes. Das Migrationssystem fungiert politisch, aus Sicht einer bürgerlichen Gesellschaft betrachtet, als Ventil, durch das der innere Druck nach außen abgelassen wird. Um nach innen politisch zu befrieden, klammert man eine mögliche Rückwirkung von außen nach innen aus.

c) Die dritte und letzte Variante zur Erschließung von Märkten, die Hegel feststellt, ist die »systematische« Kolonisation. »Sie wird von dem Staate veranlaßt, mit dem Bewußtsein und der Regulierung der gehörigen Weise der Ausführung. Diese Art Kolonisation ist vielfältig bei den Alten und namentlich bei den Griechen vorgekommen, bei denen harte Arbeit nicht Sache des Bürgers war, dessen Tätigkeit vielmehr den öffentlichen Dingen sich zuwendete. Wenn nun die Bevölkerung so anwuchs, daß Not entstehen konnte, für sie zu sorgen, dann wurde die Jugend in eine neue Gegend geschickt, die teils besonders gewählt, teils dem Zufall des Findens überlassen war. In den neueren Zeiten hat man den Kolonien nicht solche Rechte wie den Bewohnern des Mutterlandes zugestanden, und es sind Kriege und endlich Emanzipationen aus diesem Zustande hervorgegangen, wie die Geschichte der englischen und spanischen Kolonien zeigt. Die Befreiung der Kolonien erweist sich selbst als der größte Vorteil für den Mutterstaat, so wie die Freilassung der Sklaven als der größte Vorteil für den Herrn.«[394] Hier beschreibt Hegel im Grunde genommen die Entkolonialisierung der Vereinigten Staaten von Amerika und ihr Verhältnis zum Vereinigten Königreich von Großbritannien oder kurz, wie eingangs in dieser Untersuchung dargelegt, die ökonomischen und politischen Folgen des Zweiten Unabhängigkeitskriegs der USA. Die systematische Kolonisation ist also der Kolonialismus (Usurpation, Landnahme, Protektorat, Sklavenhandel, Raubwirtschaft). Da der unversöhnliche Widerspruch, der die bürgerliche Gesellschaft über sich hinaustreibt, sich gewaltsam zur Einheit bringt, perpetuiert sich das Element der Gewalt in der Erschließung von Märkten fort.

394 RPh. § 248 Zusatz. S. 391 f.

Alle drei Varianten, wonach der Handel zum Welthandel mutiert, haben also ihren Ausgang im Dasein der Pöbel-Potenz bei den Armen. Die selbstproduzierte Pöbel-Potenz der bürgerlichen Gesellschaft produziert zugleich einen Expansionsdrang derselben. Die Armut im eigenen Land ist Ursache und Grund für den Übergriff der bürgerlichen Gesellschaft auf fremdes Land.

Hegel sieht im so hergestellten Expansionismus der bürgerlichen Gesellschaft die Universalisierung des Prinzips der Freiheit. Die Idealität des Universellen wird Realität. Der Universalismus wird real, Begriff und Wirklichkeit schließen sich zur Idee der Freiheit total zusammen (§ 1). Die rationale Herrschaft, die historisch mit der bürgerlichen Gesellschaft auftritt, greift über auf die Welt, revolutioniert sie im Ganzen und stellt eine Totalität der Vernunft her. Dies ist die Arbeit des Geistes, ihr Werden zum Weltgeist, dessen Notwendigkeit Hegel einsieht und worin er, überspitzt gesagt, seine republikanische Hoffnung legt. In dieser Perspektive ist, wie Hegel schreibt, »nur das Recht des Weltgeistes (…) das uneingeschränkt absolute«.[395] In diesem Sinne ist seine Philosophie, wie Joachim Ritter festhält, die Philosophie der Revolution, nach der die bürgerliche Gesellschaft gemäß ihrem Ebenbild die Welt umschafft. Im Schatten der Gewalt bricht sich das Licht der Vernunft Bahn. Was Hegel dabei verschweigt bzw. nur implizit zeigt, ist, dass mit der Herstellung des Weltmarkts nicht nur eine weltbürgerliche Gesellschaft entsteht, sondern mit ihr die Erzeugung des Weltpöbels einhergeht: Die Kehrseite des Weltmarkts ist der Weltpöbel.

6. Das unabgegoltene Recht

Es wurde bereits festgestellt, dass in der bürgerlichen Gesellschaft jeder seine Subsistenz zu finden als sein Recht rechtmäßig anspricht, aber zugleich dieselbe Gesellschaft eine Masse unter das Maß einer gewissen Subsistenzweise herabdrückt (»Erzeugung des Pöbels« § 244), welcher (die Masse) sie die Mittel für die Realisierung dieser Subsistenz verweigert. Die Realisierung dieser Subsistenz durch Arbeit ist es aber, welche das Individuum zur Besonderheit hebt und die Freiheit zur konkreten Freiheit vermittelt. Dieser Prozess, begründet im Prinzip der Freiheit, wird der mit der Armut verknüpften Pöbelexistenz abgeschnitten. Ihr Recht regrediert. Für einen Teil der bürgerlichen Gesellschaft

395 RPh. § 30. S. 84.

wird das Recht unabgegoltenes Recht. Dieser Teil ist selbst ein Strukturelement der bürgerlichen Gesellschaft. Ihm gegenüber kann sie nicht ihr Versprechen einlösen, sodass ihr Universalismus sich als ein partikulärer Universalismus entpuppt. Es ist der Universalismus der Besitzenden. Genau in diesem Sinn nimmt der Pöbel den »Standpunkte des Negativen«[396] ein. Er verhält sich antagonistisch zum partikulären Universalismus. Er ist die Negativität in der bürgerlichen Gesellschaft, denn jene, die zum Pöbel gehören, sind nicht in ihren Prädikaten, sondern als Subjekt negiert. Die Pöbel-Potenz der Armut ist der Schmelztiegel aller Negativität in der bürgerlichen Gesellschaft. Kraft ihrer Existenz negiert sie die Positivität der bürgerlichen Gesellschaft und treibt sie über sich hinaus, sodass die bürgerliche Gesellschaft eine Negation dieser Negation in der Herstellung des Weltmarktes sucht, wo sie jedoch gleichsam einen Weltpöbel erzeugt. So stößt die bürgerliche Gesellschaft im Weltmaßstab an ihre eigenen Schranken.

Welche rechtstheoretischen Konsequenzen folgen daraus? Wie bereits festgestellt, kann, wenn das Leben selbst betroffen ist, aus der Entrechtung des Individuums (hier: des Pöbels) die »totale Rechtlosigkeit« folgen. Pöbelexistenz wird Notexistenz. Nicht ein besonderes Recht, sondern das Recht als Recht ist verletzt. Über den Pöbel wird ein unendlich-negatives Urteil ausgesprochen. Aus der totalen Rechtlosigkeit leitet Hegel das »Notrecht« der Armen ab. »Die Besonderheit der Interessen des natürlichen Willens, in ihre einfache Totalität zusammengefaßt, ist das persönliche Dasein als Leben. Dieses in der letzten Gefahr und in der Kollision mit dem rechtlichen Eigentum eines anderen hat ein Notrecht (nicht als Billigkeit, sondern als Recht) anzusprechen, indem auf der einen Seite die unendliche Verletzung des Daseins und darin die totale Rechtlosigkeit, auf der andern Seite nur die Verletzung eines einzelnen beschränkten Daseins der Freiheit steht, wobei zugleich das Recht als solches und die Rechtsfähigkeit des nur in diesem Eigentum Verletzten anerkannt wird. Aus dem Notrecht fließt die Wohltat der Kompetenz, daß einem Schuldner Handwerkszeuge, Ackergeräte, Kleider, überhaupt von seinem Vermögen, d. i. vom Eigentum der Gläubiger so viel gelassen wird, als zur Möglichkeit seiner – sogar standesgemäßen – Ernährung dienend angesehen wird.«[397] Dieses Notrecht des total Rechtlosen beruht auf der Unveräußerlichkeit der Person (§ 66) und kollidiert mit dem absoluten Zueignungsrecht (§ 44), welches in dem aus

396 RPh. § 301. S. 470.

397 Siehe RPh. § 127. S. 239 f.

Eigentum entwachsenen Privateigentum (§ 46) seine Rechtsgrundlage hat. Das Notrecht verlangt vom Gläubiger, dass er seinem Schuldner die Mittel überlässt, um seine Schuld zu abzuarbeiten. Was aber, wenn er das nicht tut, wozu er seinen Rechtsgrund im Verweis auf die Paragraphen 44 und 46 hat? Dann gilt nach Hegel: »Das Leben, als Gesamtheit der Zwecke, hat ein Recht gegen das abstrakte Recht. Wenn es z. B. durch Stehlen eines Brotes gefristet werden kann, so ist dadurch zwar das Eigentum eines Menschen verletzt, aber es wäre unrecht, diese Handlung als gewöhnlichen Diebstahl zu betrachten. Sollte dem am Leben gefährdeten Menschen nicht gestattet sein, so zu verfahren, daß er sich erhalte, so würde er als rechtlos bestimmt sein, und indem ihm das Leben abgesprochen würde, wäre seine ganze Freiheit negiert. (…) Aber notwendig ist es nur, jetzt zu leben, die Zukunft ist nicht absolute und bleibt der Zufälligkeit anheimgestellt. Daher kann nur die Not der unmittelbaren Gegenwart zu einer unrechtlichen Handlung berechtigen, weil in ihrer Unterlassung selbst wieder das Begehen eines, und zwar des höchsten Unrechts läge, nämlich die totale Negation des Daseins der Freiheit; – das beneficium competentiae hat hier seine Stelle.«[398] Das Notrecht der Armen stellt der bürgerlichen Gesellschaftsform als Ganzer ein höheres Recht entgegen, das ihnen aus ihr zukommt. Zwar verletzt der Diebstahl des Armen das Eigentumsrecht des Reichen. Aber für Hegel ist dies ein bloß einfach-negatives Urteil, das der Arme den Reichen zufügt, da der Reiche dadurch nur in einem seiner Prädikate negiert wird, während der Arme durch seine Tat dem Zustand entkommen will, dass er als Subjekt negiert wird. Der Gesetzesübertritt des armen Pöbels ist so gerechtfertigt, weil die Erzeugung des Pöbels den ganzen Umfang der Realisierung der Freiheit angreift. Der Gesetzesübertritt ist der Versuch, einer Situation zu entfliehen, die von totaler Rechtlosigkeit gekennzeichnet ist. Es handelt sich – noch inhaltslos – um ein aus innersystematischen Gründen begründetes Recht zum Aufstand oder gar zur Revolution der Verelendeten, das aus Hegels Ausführungen vorscheint. Die Pöbelexistenz wird Anlass, dies höhere Recht zur Entfaltung zu bringen. Denn das Notrecht, das sich im Rahmen des Paragraphen 127 auf ein momentan in Not geratenes Bedürfnis bezieht, hat in der Notexistenz des Pöbels permanente Geltung, da die Not des Pöbels nicht mehr bloß diesen temporären Charakter hat, sondern dauerhaft ist. Das temporäre, formelle Notrecht schlägt im Pöbel, der gleichermaßen Träger der formellen Rechten in der bürgerlichen Gesellschaft ist, um in ein dauerhaftes, materielles Notrecht, dessen Inhalt ein Recht

---

398 RPh. § 127 Zusatz. S. 241.

zum Aufstand und aktiven Protest darstellt.[399] Dieses höhere Recht, gründend in der bürgerlichen Gesellschaft, weist logisch über die bürgerliche Gesellschaft hinaus auf eine andere.

Jedoch kann Hegel dieses höhere Recht, das aus der von der Organisationsform der bürgerlichen Gesellschaft als solcher hervorgehenden Not folgt, nicht auf rechtstheoretischer Ebene auflösen. Bei genauerem Lesen der einschlägigen Passagen wird nämlich ersichtlich, wie Hegel hier sein System wie einen Zauberwürfel wieder und wieder um die eigene Achse dreht und doch die unterschiedlichen Teile nicht zu einer Einheit versöhnen kann. Auf der einen Seite ist das Leben ein rechtshierarchisch höherstehendes »Recht« gegen das »abstrakte Recht«. Damit formuliert Hegel einen Lex-superior-Grundsatz zugunsten des Lebens. Dann wird dieses Recht im Vollzug, worin es »Stehlen« ist, nicht aber ein »gewöhnlicher Diebstahl« sein soll, eine »unrechtliche Handlung«, obwohl sie doch aus dem »Recht« des Lebens entspringt, insofern niederes Recht, welches das Recht auf Privateigentum darstellen soll, brechen darf. Zugleich soll aber die »Not der unmittelbaren Gegenwart zu einer unrechtlichen Handlung berechtigen«, was bedeutet, dass eine unrechtmäßige Grundlage eine Berechtigung zum Besitz vindiziert. Dann unterstellt Hegel, dass daraus zugunsten des Schuldners eine beneficium competentiae (lat., die »Rechtswohlthat der Kompetenz«) erwachse, die den Eigentümer verpflichten soll, dem Eigentumslosen ein Minimum an Mittel zu überlassen, damit dieser mit ihnen seine Schuld abarbeiten kann, was wiederum das »Notrecht« unterhöhlt. Man sieht, dass dieser Widerspruch rechtstheoretisch nicht aufzulösen

---

399 So auch die Auslegung von Dieter Henrich, jedoch bezogen auf die Vorlesungsnachschrift von 1819/20: »Es ist das Rechtsbewußtsein selbst, das nach Hegel das Recht einschließt, der eigenen Freiheit ein Dasein zu geben und sie in einer Lebenswelt und in ihren Institutionen verwirklicht zu sehen, welches dem Verarmten entzogen wird. Darum macht seine Empörung, wie immer in der Gestalt von Neid und Haß, nichts als das eigene Rechtsprinzip der bürgerlichen Welt geltend gegen die Auswirkungen der aus ihr selbst hervorgehenden Ordnung. (…) Die Armut hat in der bürgerlichen Gesellschaft das Recht zum Aufstand gegen die Ordnung, die dem Willen der Freien jede Verwirklichung verwehrt. (…) Dies ist nur zu verstehen als die Erklärung des Rechtes, gegen die Gesellschaft selbst, welche dem Willen des Armen sein Dasein verweigert, dessen Verwirklichung durchzusetzen. Es gibt keine andere Stelle in Hegels Werk, an der er Revolution nicht nur als historische Tatsache und Notwendigkeit begreift, sondern ein Recht zu ihr aus der systematischen Analyse einer auch für ihn gegenwärtigen Institution gewinnt und erklärt.« (Dieter Henrich. Vernunft in Verwirklichung. In: Philosophie des Rechts: die Vorlesung von 1819/20. Aus einer Nachschrift. Hrsg. von Dieter Henrich. Suhrkamp Verlag, Frankfurt a. M. 1983. Einleitung. S. 19 f.)

ist, sondern allenfalls praktisch. Mit anderen Worten: Die Unveräußerlichkeit der Person im Zusammenhang mit dem aus der totalen Rechtslosigkeit folgenden Notrecht konfligiert unablässig mit dem absoluten Zueignungsrecht und dem Privateigentum. Dabei tritt das Recht aller Individuen in der bürgerlichen Gesellschaft zutage, auf das sie sich legitimerweise gleichermaßen berufen: »Das Recht der Individuen für ihre subjektive Bestimmung zur Freiheit hat darin, daß sie der sittlichen Wirklichkeit angehören, seine Erfüllung, indem die Gewißheit ihrer Freiheit in solcher Objektivität ihre Wahrheit hat und sie im Sittlichen ihr eigenes Wesen, ihre innere Allgemeinheit wirklich besitzen (§ 147).«[400] Dieses Recht wird de facto privilegiertes Recht für die einen, für die anderen wird es de facto unabgegolten. Der partikuläre Universalismus der bürgerlichen Gesellschaft auf welthistorischer Ebene spiegelt sich hier auf rechtstheoretischer Ebene wider.

Die Armen, einschließlich des Pöbels, sind unfreie Freie in der bürgerlichen Gesellschaft. Sie sind rechtlich Freie, die faktisch nicht zur Freiheit kommen, mit Blick auf Paragraph 1: dem Begriff nach frei, in der Wirklichkeit unfrei. Der Begriff entspricht nicht der Wirklichkeit, das Bewusstsein der Freiheit stößt sich an der Unfreiheit der Wirklichkeit, noch mehr: Dem Denken der Freiheit liegt die Praxis der Sklaverei zugrunde. Der Pöbel ist die äußere Erscheinungsform des logischen Selbstwiderspruchs im Wesen der bürgerlichen Gesellschaft, in welcher der Begriff des Rechts und die Verwirklichung desselben notwendig in gegenteilige Extreme fallen. Gerade dies markiert den Moment des unreflektierten Selbstverhältnisses der bürgerlichen Gesellschaft. »Der Mangel der bürgerlichen Gesellschaft«, sagt Hegel unverhohlen gemäß der Vorlesungsnachschrift von 1819/20, »ist ein höherer Mangel in ihrem Begriff«[401], also ein logischer Mangel, entsprungen aus der Seinsstruktur der bürgerlichen Gesellschaft, was rückwirkend ontische Konsequenz für die bürgerlichen Seinsverhältnisse hat. Das Auseinanderfallen von Begriff und Wirklichkeit des Rechts – zwischen Theorie und Praxis – erzeugt im Pöbel daher eine Spannung, aus der er seine politische Energie generiert, die auf das Zusammenfallen von Begriff und Wirklichkeit des Rechts abzielt. Diese Energie ist, mit Hegel gesprochen, der Protest der Idee des Rechts gegen eine Wirklichkeit, die »vorübergehendes Dasein, äußerliche Zufälligkeit, Meinung, wesenlose Erscheinung, Unwahrheit,

400 Siehe RPh. § 153. S. 303.

401 Hegel. Philosophie des Rechts: die Vorlesung von 1819/20. Aus einer Nachschrift. Hrsg. von Dieter Henrich. Suhrkamp Verlag, Frankfurt a. M. 1983. S. 201.

Täuschung usf.«[402] ist – gegen die Wirklichkeit des Unrechts. Denn die »Idee des Rechts ist die Freiheit, und um wahrhaft aufgefaßt zu werden, muß sie in ihrem Begriff und in dessen Dasein zu erkennen sein«.[403] Sie ist die Einkehr des Politischen in die Moderne und verleiht der Sphäre des modernen Staates eine entscheidende Bedeutung. Damit konstatiert Hegel, dass das Politische, anders als in vormodernen Epochen, mit dem Entstehen der bürgerlichen Gesellschaft sämtliche Glieder der Gesellschaft und die gesamte Welt erfasst. Auch die unteren Schichten und Klassen (die unorganisierte Masse) dringen in den Staat ein und verwandeln ihn nach der Maßgabe der Freiheit in die Arena der politischen Auseinandersetzung um das Menschsein.

Innersystemisch betrachtet, stellt der Pöbel das unversöhnliche Auseinanderklaffen zwischen dem Begriff des Rechts und der Wirklichkeit des Rechts gemäß Paragraph 1 der »Rechtsphilosophie« dar. Die rechtstheoretische Konsequenz ist, dass die bürgerliche Gesellschaft ein gerechtigkeitstheoretisches Problem hat, zudem eines, das sie in einer Weise selbst erzeugt, ohne Mittel zu seiner Lösung hervorbringen zu können, sondern durch strukturelle Verweigerung solcher Mittel noch zwingend verschärft. Nach Hegel ist der Pöbel der Beweis für den gerechtigkeitstheoretischen Kollaps der bürgerlichen Gesellschaft. Mit Hegel drängt sich in letzter Konsequenz auf, dass die Gleichheit der Mittel die Voraussetzung für die Möglichkeit der Freiheit ist. Doch gerade diese Gleichheit der Mittel ist für die bürgerliche Freiheit tödlich.

Nun ließe sich einwenden, dass Hegel bei der Erzeugung des Pöbels vom Verlust des Rechtsgefühls her argumentiert. Könnte es nicht sein, dass er dabei verschweigt, dass das Gesetz Pöbel und Pöbelhaftigkeit erzeugt: Was, wenn das bürgerliche Gesetz selbst pöbelhaft ist?

Hier kommt die sozialontologische Kategorie der Sittlichkeit zum Einsatz, die ihr bereits angekündigtes kritisches Potenzial entfaltet. Den Gedanken, das bürgerliche Gesetz könne selbst pöbelhaft sein, holt Hegel nämlich damit ein, dass er, wie oben freigelegt, die bürgerliche Gesellschaft als eine soziale Sphäre bestimmt, wo die Sittlichkeit verloren gegangen ist. Sie hat sich in die Extreme verloren[404], in Besitzende und Besitzlose. Die bürgerliche Sittlichkeit liegt darin, dass sie keinen sittlichen Zweck hat. Sie ist Selbstzweck des Marktes. Vor diesem Hintergrund zeigt sich die wesentliche Bedeutung des Pöbels

---

402 RPh. § 1. S. 29.

403 RPh. § 1 Zusatz. S. 30.

404 Siehe RPh. §§ 182 ff. ab S. 339.

als »Standpunkt des Negativen«. Das Dasein des Pöbels ist Negation der sittlichen Zwecklosigkeit der bürgerlichen Gesellschaft. Der Träger des Sittlichen im gesellschaftlichen Bereich des Sittenlosen ist mithin der Pöbel. Er ist das »Extrem«, in das die Sittlichkeit geflohen ist. Er versetzt die bürgerliche Gesellschaft in permanenten Aufruhr und drängt qua Existenz objektiv auf die Versittlichung aller Verhältnisse, die zu verwirklichen die bürgerliche Gesellschaft überfordert. Was auf der Seite des Reichtums als Verschwendung und Ausschweifung erscheint, ist auf der Seite der Armut Unruhe und notleidende Rastlosigkeit. Diese Zerrissenheit ist die Aporie der bürgerlichen Gesellschaft, die in ständiger Gewalt resultiert. Die Einheit tritt gewaltsam auf, von Seiten der bürgerlichen Gesellschaft in der Form der Polizei und von Seiten des Pöbels in der Form des Aufstands, der »Empörung«. Die Armen in der Gestalt des Pöbels wollen einen Platz auf der Erde in Freiheit auf der Grundlage des Prinzips der Freiheit. Sie berufen sich auf den Begriff des Rechts – fundiert im Menschsein – gegenüber dem Unrecht der bürgerlichen Wirklichkeit. Daraus folgt die schlechte Unendlichkeit[405] eines Kampfs um Anerkennung der Armen, der, von Hegels Standpunkt aus gesehen, die Verewigung des Herr-Knecht-Verhältnisses bedeutet. »Die Dialektik des Begriffs und des nur erst unmittelbaren Bewußtseins der Freiheit bewirkt daselbst den Kampf des Anerkennens und das Verhältnis der Herrschaft und der Knechtschaft.«[406] Der Kausalnexus dieses Kampfs ist – rechtsphilosophisch gewendet – das unabgegoltene Recht.

An diesem Ende der »Rechtsphilosophie« verweist uns Hegel auf die »Phänomenologie«, der wir unsere Aufmerksamkeit im Hinblick auf den Pöbel schließlich zuwenden möchten.

---

405 Siehe Hegel. Enzyklopädie der philosophischen Wissenschaften im Grundrisse. Band 1. Suhrkamp Verlag, Frankfurt a. M. 2001. § 93. S. 198: »Etwas wird ein Anderes, aber das Andere ist selbst ein Etwas, also wird es gleichfalls ein Anderes, und so fort ins Unendliche.« Und § 94 S. 199: »Diese Unendlichkeit ist die schlechte oder negative Unendlichkeit, indem sie nichts ist als die Negation des Endlichen, welches aber ebenso wieder entsteht, somit ebensosehr nicht aufgehoben ist, – oder diese Unendlichkeit drückt nur das Sollen des Aufhebens des Endlichen aus. Der Progreß ins Unendliche bleibt bei dem Aussprechen des Widerspruchs stehen, den das Endliche enthält, daß es sowohl Etwas ist als sein Anderes, und ist das perennierende Fortsetzen des Wechsels dieser einander herbeiführenden Bestimmungen.«

406 RPh. § 57. S. 124.

VII.
Die unfreien Freien

Die bürgerliche Gesellschaft ist gekennzeichnet durch die eklatante Differenz zwischen Denken und Praxis. Der Pöbel ist der lebendige Ausdruck dieser Differenz. Er ist die unorganisierte Menge der unfreien Freien. Diese sind insofern frei, als die bürgerliche Gesellschaft sie logisch, d.h. begrifflich mit dem Prinzip der Freiheit vermittelt. Sie sind insofern unfrei, als die bürgerliche Gesellschaft dieselben ontisch, d.h. seinsmäßig, nicht mit dem Prinzip der Freiheit vermittelt. Sie sind insofern unorganisiert, als sie sich in sich ständelos vorfinden. Der Pöbel bleibt ontologisch Vermittelt-Unvermitteltes. Unter diesem Gesichtspunkt ist jemand, der in den Pöbel herabsinkt, Seiendes, ohne sein-seiend zu sein, mit anderen Worten: Realität ohne Wirklichkeit, Dasein ohne gesellschaftliche Selbstwirksamkeit, Subjekt ohne Subjektstatus. Man ist seiend, ohne dass dieses durch die Teilnahme am »Sein-«, welches das Allgemeine bzw. die Gesamtgesellschaft oder das »allgemeine Vermögen« (§ 199) darstellt, frei wirken kann. Vielmehr stellt das Allgemeine die Fessel für den Subjektstatus dar.

Zum Pöbel zählen folglich im Anschluss an den Anfang dieser Untersuchung jene, deren Menschsein die Menschwerdung zur konkreten Freiheit versperrt wird. Das In-sich-reflektierte-Sein kommt nicht außer sich, was es jedoch braucht, um zu sich zu kommen. Der Pöbel ist gefangen in Unbestimmtheit. Dies ist das vorläufige Ergebnis dieser Untersuchung, welches folgend im Licht des Herr-Knecht-Verhältnisses aus der »Phänomenologie des Geistes« analysiert werden soll.

Zu diesem Schritt führt ein systematischer Grund, auf den Hegel selbst in der »Rechtsphilosophie« verweist, wie gezeigt wurde. Ebenso systematisch soll nun zum Schluss der einschlägige Ausschnitt aus der »Phänomenologie« im Zusammenhang mit dem Pöbel und den bisherigen Ergebnissen beleuchtet werden. Entscheidend ist hierbei der Begriff der Anerkennung.

1. Genese des Selbstbewusstseins

Das Herr-Knecht-Kapitel stellt zunächst einmal ein dialektisches Modell dar, das das logisch-historische Verhältnis des Menschen zum Menschen analytisch in elementare Momente zerlegt. Die wenigen Seiten in der »Phänomenologie« formulieren insofern ein begriffliches Strukturmodell zum Verständnis der ontologischen Struktur eines Gesellschaftsverhältnisses. Die verschiedene Weise der Integration in dieses Gesellschaftsverhältnis, womit die verschiedene Art der Gestaltung desselben einhergeht, bestimmt die funktionale, soziale und politische Stellung und Rolle eines Subjekts im Ganzen.

Nach Hegel ist das Selbstbewusstsein unmittelbar mit dem vorfindlichen Gesellschaftsverhältnis verschlungen. Es entsteht gleichsam mit der Sozietät. Ohne Sozietät fällt das Bewusstsein in seine unwahren Bewusstseinsgestalten (sinnliche Gewissheit, Wahrnehmung, Verstand) zurück.[407] Es regrediert. Bewusstsein im Progress benötigt ein anderes Bewusstsein. Das ist kennzeichnend für die gesamte Konstruktion der »Phänomenologie«. »Ich ist der Inhalt der Beziehung und das Beziehen selbst; es ist es selbst gegen ein Anderes, und greift zugleich über dies Andere über, das für es ebenso nur es selbst ist. (...) Wissen von sich selbst« ist »Wissen von einem Anderen. (...) Das Selbstbewußtsein stellt sich hierin als die Bewegung dar, worin dieser Gegensatz aufgehoben und ihm die Gleichheit seiner selbst mit sich wird«.[408] Nur gedoppeltes Bewusstsein wird Selbstbewusstsein. »Das Selbstbewußtsein erreicht seine Befriedigung nur in einem anderen Selbstbewußtsein. (...) Es ist ein Selbstbewußtsein für ein Selbstbewußtsein. Erst hierdurch ist es in der Tat; denn erst hierin wird für es die Einheit seiner selbst in seinem Anderssein.«[409] Das Selbstbewusstsein kommt zur Wirklichkeit, wonach »Ich, das Wir, und Wir, das Ich ist. Das Bewußtsein hat erst in dem Selbstbewußtsein, als dem Begriffe des Geistes,

---

407 Siehe PhG. S. 137: »In den bisherigen Weisen der Gewißheit ist dem Bewußtsein das Wahre etwas anderes als es selbst. Der Begriff dieses Wahren verschwindet aber in der Erfahrung von ihm; wie der Gegenstand unmittelbar an sich war, das Seiende der sinnlichen Gewißheit, das konkrete Ding der Wahrnehmung, die Kraft des Verstandes, so erweist er sich vielmehr, nicht in Wahrheit zu sein, sondern dies Ansich ergibt sich als eine Weise, wie er nur für ein Anderes ist; der Begriff von ihm hebt sich an dem wirklichen Gegenstande auf oder die erste unmittelbare Vorstellung in der Erfahrung, und die Gewißheit ging in der Wahrheit verloren.«

408 PhG. S. 138 f.

409 PhG. S. 138.

seinen Wendungspunkt, auf dem es aus dem farbigen Scheine des sinnlichen Diesseits und aus der leeren Nacht des übersinnlichen Jenseits in den geistigen Tag der Gegenwart einschreitet.«[410] Das Bewusstsein erkennt, dass es menschliches Bewusstsein ist. Ab diesem Punkt an bewegt es sich mit Hegels Worten im »geistigen Tag der Gegenwart«. Das Bewusstsein wird gegenwärtig. Es hat sozusagen die Augen geöffnet, den »farbigen Scheine« des bloß Sinnlichen als auch die leere »Nacht« des bloß Abstrakten hinter sich gelassen. Diese »Gegenwart« ist der Anfang gesellschaftlichen Lebens. Während das Bewusstsein bis zu diesem Punkt eine individuelle Struktur darstellt, hat das Bewusstsein von sich selbst *als Bewusstsein*, also Selbstbewusstsein, ab diesem Punkt eine transindividuelle Struktur. Sobald ich über mich nachdenke, denke ich implizit andere mit, durch die ich erfahre, dass ich bin, wer ich bin. Damit erteilt Hegel sämtlichen Theorien des Gesellschaftsvertrages, nach der Individuen erst per Vertrag und paritätisches Abkommen eine Gesellschaft und soziale Beziehung konstituieren, eine Absage. Der Gesellschaftsvertrag ist für Hegel eine historische Fiktion und als solche weist er ihn zurück. Denn der Mensch, so Hegel, ist in gesellschaftlichen Beziehungen mit Menschen, unabhängig davon ob sie vertraglich ratifiziert sind oder nicht. Folglich ist für Hegel ebenso ein vorgesellschaftlicher Naturzustand eine naturalistische Fiktion.

Nun ließe sich einwenden, dass es sich bei Hegel um einen logischen Zirkel handele. Wenn der Grund für die Suche eines Bewusstseins nach einem anderen das zu entwickelnde Selbstbewusstsein ist, dann steht das entwickelte Selbstbewusstsein am Schluss dieser Suche. Ursache und Ziel der Bewegung wären das Selbstbewusstsein, was paradox erscheint. In der Tat differenziert Hegel. Obwohl das Selbstbewusstsein an sich (in potentia) im Bewusstsein ist, wird es für das Bewusstsein (in actu) in der Praxis mit einem anderen Bewusstsein, für welches dasselbe gilt. Die Frage, die sich hier stellen lässt, ist vielmehr, welches Moment das Bewusstsein in actu versetzt; es sozusagen in die Praxis stößt. Darauf gibt Hegel dieselbe Antwort, wie in Paragraph 11 der »Rechtsphilosophie«, welcher bereits im Zusammenhang mit dem »natürlichen Willen« untersucht wurde.

Dort wurde festgestellt, dass sich die ontologische Seinsstruktur des Willens mit der animalischen Triebstruktur des Menschen aktiviert.[411] Im vor-

410 PhG. S. 144 f.

411 Siehe S. 38 f. Die an entsprechender Stelle konstatierten Ergebnisse gelten systematisch an dieser Stelle gleichermaßen. Mit diesem Verweis soll eine Wiederholung vermieden werden.

liegenden Zusammenhang ist es ebenso die Sinnlichkeit des Menschen, die Bewusstsein in actu setzt: die Begierde. »Das Selbstbewußtsein [ist] hiermit seiner selbst nur gewiß durch das Aufheben dieses Anderen, das sich ihm als selbständiges Leben darstellt; es ist Begierde. (…) In dieser Befriedigung aber macht es die Erfahrung von der Selbständigkeit seines Gegenstandes. Die Begierde und die in ihrer Befriedigung erreichte Gewißheit seiner selbst ist bedingt durch ihn, denn sie ist durch Aufheben dieses Anderen; daß dies Aufheben sei, muß dies Andere sein. Das Selbstbewußtsein vermag also durch seine negative Beziehung ihn nicht aufzuheben; es erzeugt ihn darum vielmehr wieder, so wie die Begierde. Es ist in der Tat ein Anderes als das Selbstbewußtsein, das Wesen der Begierde; und durch diese Erfahrung ist ihm selbst diese Wahrheit geworden.«[412] Nicht der vereinzelte Einzelne, der sich durch Gesellschaftsvertrag mit anderen vereinzelten Einzelnen in Gesellschaft bringt, ist der Ausgangspunkt organisierter Gesellschaftsbildung bei Hegel, sondern das natürliche und nackte In-der-Welt-Sein eines menschlich Seienden in Geselligkeit. Die notwendige Bedingung seines In-der-Welt-Seins verweist ihn auf menschlich Seiende. Dieser Verweis geschieht durch seine Begierde. Sein Dasein hängt an der Begierde, die zur Befriedigung Menschen braucht und mit dem begehrten und angeeigneten Gegenstand ihm die objektive Vernünftigkeit der gegenständlichen Verhältnisse in der Welt entdecken hilft, woraus folgt, dass die Begierde zur Bildung der eigenen subjektiven Vernunft erzieht. Nach Hegel ist also der Mensch ontisch und logisch stets assoziierter Einzelner, im Sinne von Aristoteles »Zoon politikon«[413] ein soziales, auf politische Gemeinschaft angelegtes und gemeinschaftsbildendes Lebewesen. Der sinnliche Schock, welcher Begierde ist, versetzt das Bewusstsein in actu, damit es als Selbstbewusstsein für es wird. Dieser Prozess ist für das Bewusstsein eine unerlässliche Lebensnotwendigkeit und Lebensbedingung. Das Bewusstsein ist ipso facto in Beziehungsgeflechten mit andern verwickelt und eingebettet. Dies ist seine »gegenständliche Weise«[414] zu sein, die Gegenständlichkeit des Menschseins überhaupt; und nach Hegel ist die Wahrheit des Bewusstseins immer das, was das Bewusstsein zum Gegenstand hat, den es in die Intentionalität nimmt, also mit dem das Bewusstsein zu tun hat. Das gesellschaftliche Verbundensein liegt dem menschlichen Dasein zugrunde. Die ontologische

412 PhG. S. 143.

413 Aristoteles. Politica. 1, 2, 1253a 3. 20 404.

414 PhG. S. 143.

Grundschicht dieses Ge- und Verbundenseins aller mit allen ist sinnlich. Dieses ist die Begierde, welche in einer ontologischen Topik »inter-esse« im Sinn des lateinischen Infinitivs (»dazwischen sein, verschieden sein, gegenwärtig sein, Anteil nehmen«) genannt werden kann: »lat. *esse* ›sein‹ und *inter* ›zwischen‹«[415]. Das allgemeinsprachliche verwendete »Interesse« im Alltag (»Anteil, Teilnahme, Aufmerksamkeit, Bedeutung, Belang, Neigung, Vorteil«[416]) ist nichts anderes als die Substantivierung des lateinischen Infinitivs, wodurch der Tätigkeitscharakter von »interesse« im Zustandscharakter von »Interesse« verschwindet.[417] Begierde, ebenso das Interesse, markieren nach Hegel einen Seinsdrang des Bewusstseins, außerhalb seines ideellen Seins sich im materiellen Sein reell zu vergegenständlichen und wiederzuerkennen. Dafür braucht es ein anderes Bewusstsein, nämlich einen Menschen, an dem es sein eigenes Menschsein entdeckt. Festzuhalten ist im Hinblick auf die Untersuchung, dass die Genese des Selbstbewusstseins einen sinnlichen Schock, nämlich die Begierde des Bewusstseins, zum Ausgang hat, sodass der Einwand eines logischen Zirkels bei Hegel nicht zutrifft.

Konstitutionsbedingung für das Selbstbewusstsein ist also eine gesellschaftliche Beziehung, vermittelt durch das sinnliche Moment der Begierde. Die Konstitution einer gesellschaftlichen Beziehung ist folglich die lebendige Auseinandersetzung anthropogenetischer, kreatürlicher, sinnlicher Lebewesen mit Bewusstsein, welche es schaffen, in der praktischen Auseinandersetzung Selbstbewusstsein zu werden. Selbstbewusstsein und Gesellschaft koinzidieren nach Hegel. Sie sind nicht identisch, vielmehr logisch äquivalent und verhalten sich interdependent zueinander. Die Mitte zwischen einem Bewusstsein und dem anderen Bewusstsein, die in ihrer lebendigen Wechselbezüglichkeit Selbstbewusstsein werden (= Beim-Anderen-bei-sich-Sein), ist der Moment der Anerkennung. So lässt sich zunächst konstatieren, dass der gesellschaftliche Inhalt der gesellschaftlichen Form des Bewusstseins, welches dadurch Selbstbewusstsein wird, der Prozess der Anerkennung ist. »Das Selbstbewußtsein ist an und für sich, indem und dadurch, daß es für ein Anderes an und für

415 Etymologisches Wörterbuch des Deutschen. Erarbeitet unter der Leitung von Wolfgang Pfeifer. dtv, München 1997, 3. Aufl. Siehe »Interesse«. S. 586 f.

416 Ebd. S. 587.

417 Nebenbei sei angemerkt, dass die Rechtssprache diese Substantivierung etwa im 15. Jahrhundert zu Gunsten operationalisierbarer Bildung einer Rechtsdogmatik vorgenommen hat, um damit einen aus Ersatzpflichten entstanden Schaden oder auch Zinsen zu bezeichnen.

sich ist; d.h. es ist nur als ein Anerkanntes.«[418] Menschsein heißt für Hegel mit Menschen zu sein. In dieser Beziehung realisiert sich die Freiheit beider. Der Andere ist nicht Beschränkung – er ist Voraussetzung meiner Freiheit. Mitte und Inhalt jeder Beziehung ist nach Hegel die Anerkennung.

2. Die ontologische Dimension des Begriffs der Anerkennung

Der Prozess der Anerkennung ist begrifflich also zunächst in der sich im Selbstbewußtsein realisierenden Unendlichkeit »eine vielseitige und vieldeutige Verschränkung, so daß die Momente derselben teils genau auseinandergehalten, teils in dieser Unterscheidung zugleich auch als nicht unterschieden oder immer in ihrer entgegengesetzten Bedeutung genommen und erkannt werden müssen. Die Doppelsinnigkeit des Unterschiedenen liegt in dem Wesen des Selbstbewußtseins, unendlich oder unmittelbar das Gegenteil der Bestimmtheit, in der es gesetzt ist, zu sein«.[419] Die Herausforderung liegt also in der »Auseinanderlegung des Begriffs dieser geistigen Einheit in ihrer Verdopplung« und diese Auseinanderlegung »stellt uns die Bewegung des Anerkennens dar«.[420] Bevor also Hegel von Herr und Knecht spricht, in deren Verhältnis sich der Begriff der Anerkennung historisch realisiert, entwickelt er den Begriff der Anerkennung, um von ihm aus im Hinblick auf Herr und Knecht zu deduzieren.

Damit schiebt Hegel erst einmal die Schilderung der lebendigen Auseinandersetzung auf. Er untersucht zunächst den Begriff der Anerkennung.

Elementar ist dabei das ontologische Moment des Tuns, nämlich die Praxis. Dies beschreibt Hegel sehr anschaulich: »Diese Bewegung des Selbstbewußtseins in der Beziehung auf ein anderes Selbstbewußtsein ist aber auf diese Weise vorgestellt worden als das Tun des Einen; aber dieses Tun des Einen hat selbst die gedoppelte Bedeutung, ebensowohl sein Tun als das Tun des Anderen zu sein; denn das Andere ist ebenso selbständig, in sich beschlossen, und es ist nichts in ihm, was nicht durch es selbst ist. (…) Die Bewegung ist also schlechthin die gedoppelte beider Selbstbewußtsein[e].«[421] Das Selbst-

418 PhG. S. 145.

419 PhG. S. 145.

420 PhG. S. 145f.

421 PhG. S. 146.

bewusstsein als bewusst seiendes Selbst ist eine aus Relationen hervorgehende Singularität, welche in die in ihr zur Einheit gefasste Pluralität unterschiedener und bewusst Seiender, die in ein tätiges Verhältnis treten, in- und auseinandergeht. »Jedes sieht das Andere dasselbe tun, was es tut; jedes tut selbst, was es an das Andere fordert, und tut darum, was es tut, auch nur insofern, als das Andere dasselbe tut.«[422] Das Bewusstsein braucht diese Zweiseitigkeit. Aus sich selbst heraus kann es sich nicht zum Selbstbewusstsein entwickeln, ein Bild von sich machen, denn »das einseitige Tun wäre unnütz; weil, was geschehen soll, nur durch beide zustande kommen kann. Das Tun ist also nicht nur insofern doppelsinnig, als es ein Tun ebensowohl gegen sich als gegen das Andere, sondern auch insofern, als es ungetrennt ebensowohl das Tun des Einen als des Anderen ist«.[423] Folglich kann das Menschsein nicht nichts tun. Es tut immer und dieses Tun spezifiziert sich in ein bestimmtes Tun wie Gehen, Sitzen, Schreiben usw. Das ontologische Hauptmoment des Menschseins ist folglich die permanente Tätigkeit. Der Mensch als Seiendes ist Tun. Das ist festzuhalten.

Ist dieses Tun aber »doppelsinnig«, eine »Doppelsinnigkeit des Unterschiedenen« oder »gedoppeltes« Tun, tritt die »Bewegung des Anerkennens« ein, die ihren Anfang in der Begierde hat. Bewusstsein drängt zum Selbstbewusstsein. Doppelsinniges Tun liegt dann vor, wenn menschlich Seiendes sich zu menschlich Seiendem verhält und damit wird »der Gegenstand des Selbstbewußsteins (…) für sich selbst Gattung, allgemeine Flüssigkeit in der Eigenheit seiner Absonderung; er ist lebendiges Selbstbewußtsein«[424]. Selbstbewusstsein ist folglich nach Hegel Gattung des menschlich Seienden. Indem der Mensch sich als Mensch beim anderen zum Bewusstsein hat, verhält es sich zu sich als Gattung. Zum Gattungsverhältnis kommt das Bewusstsein also nicht, wenn das menschlich Seiende sich bloß zu Seienden, etwa zu äußerlichen Dingen, verhält, wie Hegel in dem vorhergehenden Kapitel der »Phänomenologie« geschildert hat, nämlich dem Kapitel »Bewusstsein«, das das Seinsverhältnis zu nicht-menschlich Seienden entwickelt. Hierdurch erfährt das Bewusstsein zunächst nur, dass es ontisch ist. Zum Gattungsverhältnis kommt das Bewusstsein erst, wenn es ins Selbstverhältnis, vermittelt durch ein anderes Bewusstsein, zu einem anderen menschlich Seienden tritt. Erst dann verhält sich das Bewusstsein im

422 PhG. S. 146f.

423 PhG. S. 147.

424 PhG. S. 144.

Verhältnis zu einem anderen Bewusstsein gleichsam zum damit sich zeigenden Selbstbewusstsein. Das Bewusstsein ist nun auch logisch das, was es ontisch ist. Selbstbewusstsein ist für Hegel ein durch Relationalität bestimmter Gattungsbegriff, welcher real allgemein ist. Diese Gattung, welche zunächst als Abstrakt-Allgemeines im reinen Ich eine »bewegungslose Tautologie des: Ich bin Ich«[425] ist, entfaltet sich in der Auseinandersetzung zwischen menschlich Seienden, wodurch es sich als Real-Allgemeines realisiert. Diese tätige Auseinandersetzung zeichnet nach Hegel das Anerkennungsverhältnis aus. Das andere menschlich Seiende fungiert im Verhältnis zu mir als menschlich Seiendes wie ein Spiegel, durch welchen ich meiner selbst als menschlich Seiendes gewahr werde.[426] In diesem Anerkennungsverhältnis vollzieht sich das Tun vom Standpunkt des einen dreifach und vom Standpunkt des Ganzen gesehen sechsfach. Das Tun des einen ist also immer zugleich

- Tun bezogen auf das Tun des anderen (1),
- Tun bezogen auf das eigene Tun (2) und
- Tun bezogen auf die Gattung bzw. das Selbstbewusstsein (3),

was das Tun des anderen in ebenso dreifacher Weise ergänzt.

Aus jedem Tun zwischen menschlich Seienden folgt vom Standpunkt eines Tuenden eine Triplizität, dessen Einheit der Anerkennungsprozess ist. Dieser Anerkennungsprozess in seiner Gesamtheit schlägt mit dem letzten Moment (3) um in einen Anerkennungserfolg. In dieser Perspektive schält Hegel den utopischen Kern des Begriffs der Anerkennung heraus: »Jedes ist dem Anderen die Mitte, durch welche jedes sich mit sich selbst vermittelt und zusammenschließt, und jedes sich und dem Anderen unmittelbares für sich seiendes Wesen, welches zugleich nur durch diese Vermittlung so für sich ist. Sie anerkennen sich als gegenseitig sich anerkennend.«[427] Dies bildet den utopischen Horizont vom reinen »Begriff des Anerkennens, der Verdoppelung des

---

425 PhG. S. 138.

426 Sehr anschaulich ist dieses Spiegelverhältnis im »Julius Cäsar« von William Shakespeare beschrieben. In der zweiten Szene des ersten Aktes spricht Cassius zu Brutus, der nicht weiß, was er tun soll: »Daß Ihr nicht solche Spiegel habt, die Euren / Verborgnen Wert Euch in die Augen rückten, / Auf daß Ihr Euren Schatten säht. (…) Drum, lieber Brutus, schickt Euch an zu hören. / Und weil Ihr wißt. Ihr könnt Euch selbst so gut / Nicht sehn als durch den Widerschein, so will / Ich, Euer Spiegel, Euch bescheidentlich / Von Euch entdecken, was Ihr noch nicht wißt.« Siehe Julius Cäsar. In: William Shakespeare. Sämtliche Werke in vier Bänden. Hrsg. von Anselm Schlösser. Aufbau Verlag, Berlin/Weimar 1994, 5. Aufl. S. 187.

427 PhG. S. 146f.

Selbstbewußtseins in seiner Einheit«[428]. Er ist die Vernünftigkeit, die ipso facto im Gesellschaftsverhältnis menschlich Seiender liegt. Der Begriff der Anerkennung strahlt damit eine Normativität des Gerechten aus. Rechtsphilosophisch handelt es sich um die geschichtliche Materialisation des Sittlichen, das Menschsein in seiner konkreten Freiheit. Die ontologische Dimension des Anerkennungsprozesses, welche für den Pöbel relevant wird, liegt für den einzelnen Menschen also in der ontologischen Beurkundung seines Menschseins durch das Menschsein eines anderen Menschen. Damit zeigt sich, dass die »Bewegung des Anerkennens« für Hegel eine ontologische Akkreditierung eines menschlich Seienden ist, die im Fall eines Anerkennungserfolgs in Anerkennungsprozessen mit anderen menschlich Seienden sein-seiend wird. Darin liegt im Übrigen das semantische Zentrum des Wortes »Anerkennung«. Es bedeutet, dass etwas »für rechtmäßig, gültig« erklärt wird; etwas »beglaubigen, bestätigen, legitimieren«, wie zum Beispiel: »er erkannte seinen Fleiß an«, wodurch das Anerkennen auch Bedeutungselemente wie »achten, ehren, honorieren, loben, würdigen«[429] trägt.

Festzuhalten ist: Seiendes wird als Seiendes bestätigt und erlangt Gültigkeit, wie ein ausländisches Zeugnis, das im Gastland behördlich anerkannt wird. Erst Anerkanntes ist erkennbar und wirklich, was wiederum zur Folge hat, dass Erkennen zunächst Anerkennen erfordert, worauf die Semantik des verbalen Präfixes »an-« verweist, welches »zur Bezeichnung der Richtung, des Handlungsbeginns, der Fortdauer des Ergebnisses«[430] verwendet wird.

Das An-erkennen hat die Richtung zum Erkennen, bestimmt den Beginn einer Handlung bzw. eines Gesellschaftsverhältnisses und hält ein Ergebnis bzw. ein Gesellschaftsverhältnis dauerhaft fest. Es zeigt sich, dass die Semantik des Wortes »Anerkennen« die Bedeutung von Beurkundung, Gültigmachung, Bestätigung und Würdigung umfasst.

Mit Blick auf die vorliegende Untersuchung ist Anerkennung nach Hegel folglich ein ontologischer Sozialmodus, in dem menschlich Seiendes zu menschlich Sein-Seiendem wird. Denn Anerkennung ist immer Anerkennung von etwas, hier des menschlich Seienden als sein-seiend. Seine Realität wird

---

428 PhG. S. 147.

429 DUDEN Bedeutungswörterbuch. Hrsg. Wolfgang Müller. Dudenverlag, Mannheim 1985, 2. Aufl. Zu »anerkennen«. S. 48.

430 Friedrich Kluge. Etymologisches Wörterbuch der deutschen Sprache. Verlag de Gruyter, Berlin / New York 1989, 22. Aufl. Zu »an-«. S. 27.

für es seiende Wirklichkeit. In einem anderen Zusammenhang, das noch besprochen wird, präzisiert Hegel genau in diesem Sinn den Anerkennungsakt: »Das Individuum, welches das Leben nicht gewagt hat, kann wohl als Person anerkannt werden« also de jure, »aber es hat die Wahrheit dieses Anerkanntseins als eines selbstständigen Bewußtseins« de facto »nicht erreicht«.[431] Der Einzelne wird also im Anerkennungsakt mit dem Real-Allgemeinen (dem »Sein-«) vermittelt und kommt dadurch zu seiner Wahrheit als vermittelt Einzelner. Die gesellschaftliche Relationalität ratifiziert sozusagen den ontologischen Status des Einzelnen. Insofern entspricht der reine Begriff der Anerkennung, sein utopischer Horizont, dem Bemühen der »Rechtsphilosophie« nach einem relationalen Vermittlungsganzen zwischen Individuum und Gesellschaft in der historischen Spezifikation der ewigen Sittlichkeit als bürgerlichen Sittlichkeit bzw. in der historischen Spezifikation des Menschseins als bürgerlichen Menschen. (An dieser Stelle scheint abermals die bereits untersuchte Dialektik von Tradition und Revolution, von Kontinuität und Diskontinuität von Hegel durch). So schildert Hegel den Anerkennungsprozess vom Verhältnis beider menschlich Seienden von dem Begriff der Anerkennung her. Nun geht er einen Schritt weiter.

3. Die Ungleichheit der Anerkennungsakteure

Der reine Begriff der Anerkennung wird konkreter Begriff derselben und es kommt darauf an, dies so »zu betrachten, wie sein Prozeß für das Selbstbewusstsein erscheint«[432], und nicht mehr bloß dem Begriff nach, dass die Anerkennung zu sein hat. Für die Akteure in ihrer Tätigkeit im Wege der tätigen Relationalität zu anderen stellt sich der Prozess als »Ungleichheit beider«[433] dar. Die gesellschaftliche Beziehung, die Selbstbewusstsein generiert und Sozietät bildet, ist hier also in der Tat ontisch asymmetrisch und gesellschaftlich hierarchisch strukturiert. Es gibt keine ursprüngliche Identität der Anerkennungsakteure. Vielmehr ist nach Hegel von einer ursprünglichen Entgegensetzung der beiden zu sprechen. So geht Hegel also nicht von einer ursprünglichen Gleichheit oder einem primitiven Egalitarismus bei der Gesellschaftsbildung aus, im Gegenteil, die Genese des Selbstbewusstseins folgt aus asymmetrischen, hierarchischen

431 PhG. S. 149.

432 PhG. S. 147.

433 PhG. S. 147.

Verhältnissen des einen Bewusstseins zu einem anderen Bewusstsein. Dies macht Hegel mithin auch sprachlich geltend, wonach »das eine [Bewusstsein, Anm. d. Verf.] nur Anerkanntes, das andere nur Anerkennendes ist«[434]. Das eine wie das andere, Anerkanntes wie Anerkennendes, ist ein Substantiv, das von einem Partizip abgeleitet ist. Der Unterschied besteht darin, dass sich »Anerkanntes« vom Partizip Perfekt und »Anerkennendes« vom Partizip Präsens herleitet. Das Partizip Perfekt drückt eine Abgeschlossenheit aus, *etwas wurde bereits anerkannt*, während das Partizip Präsens einen noch andauernden Vorgang realisiert: *Etwas ist dabei, anzuerkennen.* Zwischen Anerkanntem und Anerkennendem ist nicht nur ein grammatikalisches, sondern auch ontologisches Gefälle. Das will Hegel mit der Sprache deutlich machen. Hier wie an vielen vorausgegangenen Stellen zeigt sich, dass Hegel mit hochgradiger Bewusstheit Sprache verwendet, um ihre Grammatik philosophisch-systematisch für die Arbeit des Begriffs zu mobilisieren. Das kann er nur, weil er ein Entsprechungsverhältnis zwischen Denkstruktur und Seinsstruktur sieht. »Die Denkformen sind (...) zunächst in der Sprache des Menschen herausgesetzt und niedergelegt«[435], nämlich vermittels der Sprache aus den gegenständlichen Seinsverhältnissen herausgesetzt und in begreifende Denkverhältnisse niedergelegt. Das asymmetrische Verhältnis zwischen Zweien schlägt sich daher sprachlich nieder, da Sprache die unmittelbare Wirklichkeit des Denkens ist.

Weiter schreibt Hegel: »Aber das Andere ist auch ein Selbstbewußtsein; es tritt ein Individuum einem Individuum gegenüber auf. So unmittelbar auftretend, sind sie füreinander in der Weise gemeiner Gegenstände; selbständige Gestalten, in das Sein des Lebens – denn als Leben hat sich hier der seiende Gegenstand bestimmt – versenktes Bewusstsein. (...) Jedes ist wohl seiner selbst gewiß, aber nicht des anderen, und darum hat seine eigene Gewißheit von sich noch keine Wahrheit; denn seine Wahrheit wäre nur, daß sein eigenes Fürsichsein sich ihm als selbständiger Gegenstand oder, was dasselbe ist, der Gegenstand sich als diese reine Gewißheit seiner selbst dargestellt hätte. Dies aber ist nach dem Begriffe des Anerkennens nicht möglich«[436], sondern nur durch das »Sein des Lebens«, also der Praxis. Die Anerkennung muss im praktischen Leben entschieden werden. Der Begriff ist für diese Entscheidung unzulänglich. Hier ist der Punkt, ab dem die Deduktion beginnt, die zum Herr-Knecht-Verhältnis hinführt.

---

434 PhG. S. 147.

435 Hegel. Wissenschaft der Logik I. Suhrkamp Verlag, Frankfurt a. M. 1986, 11. Aufl. S. 20.

436 PhG. S. 148.

Das Sein des Lebens ist für Hegel »das gedoppelte Tun: Tun des Anderen und Tun durch sich selbst«.[437] Dies drückt sich ontologisch im Widerstreit aus, welchen Hegel begrifflich als Widerspruch rekonstruiert. Es handelt sich um ein Widerspruchsverhältnis der nach Anerkennung strebenden menschlich Seienden. Die Extreme dieses Widerstreits sind Leben und Tod, ein Existenzkampf, welcher mit Blick auf die Analyse des »Systems der Bedürfnisse«, wie gezeigt, in der »Rechtsphilosophie« als sozio-ökonomischer Konkurrenzkampf der partikulär Einzelnen auftritt. »Insofern es« – das gedoppelte Tun – »Tun des Anderen ist, geht also jeder auf den Tod des Anderen. Darin aber ist auch das zweite, das Tun durch sich selbst, vorhanden; denn jenes schließt das Daransetzen des eigenen Lebens in sich. Das Verhältnis beider Selbstbewußtsein[e] ist also so bestimmt, daß sie sich selbst und einander durch den Kampf auf Leben und Tod bewähren.«[438] Die Bereitschaft zur Bewährung betrachtet Hegel als eine notwendige Bedingung für das Gelingen des Anerkennens. Es ist vom Einzelnen eine Anerkennungsanstrengung »aus dem Spiele des Wechsels«[439] gefordert. Man muss sein Leben aufs Spiel setzen, um ein Mensch zu sein, und das meint Hegel an dieser Stelle todernst. Allerdings unterscheidet er zwischen zwei Bewährungsweisen, einer abstrakten und einer bestimmten, die eine sukzessive Beziehung zueinander haben, d.h die zweite Bewährungsweise baut auf der ersten auf. Der Inhalt der »Bewegung des Anerkennens« ist also nicht ein Kampf um Anerkennung. Die Anerkennung ist das Ziel. Der Inhalt der »Bewegung des Anerkennens« ist vielmehr nach Hegel zunächst der »Kampf«, nämlich »auf Leben und Tod«. Insofern ist eine Transposition des Inhalts in einen Kampf um Anerkennung unzulässig und, wenn sie geschieht, fälschlich. Damit stellt sich die Schwierigkeit, mit Begriffen wie Leben und Tod zu operieren. Vor allem der »Tod« markiert bei Hegel eine zentrale sinnlich-geistige Erfahrung des Menschseins.

4. Der reale Tod

Die erste Bewährungsweise, bei der Hegel noch nicht von Herr und Knecht spricht, ist die der abstrakten bzw. absoluten Negation des Kampfes auf Leben und Tod. Hegel beschreibt dies folgendermaßen: »Sie«, das eine wie das andere

---

437 PhG. S. 148.

438 PhG. S. 148 f.

439 PhG. S. 149.

Bewusstsein, »müssen in diesen Kampf gehen, denn sie müssen die Gewißheit ihrer selbst, für sich zu sein, zur Wahrheit an dem Anderen und an ihnen selbst erheben. (…) Ebenso muß jedes auf den Tod des Anderen gehen, wie es sein Leben daransetzt; denn das Andere gilt ihm nicht mehr als es selbst; sein Wesen stellt sich ihm als ein Anderes dar, es ist außer sich, es muß sein Außersichsein aufheben; das Andere ist mannigfaltig befangenes und seiendes Bewußtsein; es muß sein Anderssein als reines Fürsichsein oder als absolute Negation anschauen.«[440] Der Anerkennungsprozess wird, ehe es zum Anerkennungserfolg kommt, irreversibel unterbrochen durch diese Form der Negation. Denn »diese Bewährung aber durch den Tod hebt ebenso die Wahrheit, welche daraus hervorgehen sollte, als damit auch die Gewißheit seiner selbst überhaupt auf«[441]. Das Bewusstsein, welches den Kampf überlebt, kommt durch das physische Vernichten des unterlegenen Bewusstseins nicht zum Selbstbewusstsein (= der »Gewißheit seiner selbst«). Denn das Bewusstsein, das es als Gegenstand seines Bewusstseins zur Selbstbewusstwerdung braucht, ist nicht mehr da. »Durch den Tod ist zwar die Gewißheit geworden, daß beide ihr Leben wagten und es an ihnen und an dem Anderen verachteten; aber nicht für die, welche diesen Kampf bestanden. (…) Es verschwindet aber damit aus dem Spiele des Wechsels das wesentliche Moment, sich in Extreme entgegengesetzter Bestimmtheiten zu zersetzen; und die Mitte«, die Selbstbewusstsein generiert, »fällt in eine tote Einheit zusammen, welche in tote, bloß seiende, nicht entgegengesetzte Extreme zersetzt ist; und die beiden geben und empfangen sich nicht gegenseitig voneinander durch das Bewußtsein zurück, sondern lassen einander nur gleichgültig, als Dinge, frei«.[442] Statt sich zum Selbstbewusstsein zu bilden, verkümmert das Bewusstsein, das den physischen Kampf überlebt hat, in die Abstraktion seiner Tat. Es fällt zurück in die Barbarei der »Dingheit«[443], weil es das andere Bewusstsein gleich einem Ding und damit die Gattung seiner selbst, das Selbstbewusstsein, als Ding behandelt und zerstört hat. Die Wahrheit der Gewissheit seiner selbst ist dann die Barbarei. Folglich ist diese Tat »die abstrakte Negation, nicht die Negation des Bewußtseins, welches so aufhebt, daß es das Aufgehobene aufbewahrt und erhält und hiermit sein Aufgehobenwerden überlebt«[444],

440 PhG. S. 149.

441 PhG. S. 149.

442 PhG. S. 149 f.

443 PhG. S. 150.

444 PhG. S. 150.

sodass der Kampf auf Leben und Tod, in dessen Changieren das Anerkennen sich realisiert, auf die Zivilisation von Unterwerfen und Unterworfensein sich hochhebt und anstelle der Vernichtung die Verständigung tritt. Die »Negation des Bewußtseins, welche so aufhebt« bedeutet: Der Kampf auf Leben und Tod bleibt erhalten, aber als ein solcher, in dem nicht das materielle Vernichten, sondern das materielle Unterwerfen den Anerkennungsprozess strukturiert. Diese Bewegung verfolgt Hegel nun weiter. Der Kampf geht also vom animalischen Zustand über in einen institutionellen, der den Kampf zivilisiert, aber seinen archaischen Charakter beibehält.[445] Denn »das Resultat der ersten Erfahrung«[446], d.h. die erste Bewährungsweise, bleibt im Bewusstsein erhalten, sonst wäre sie keine »Erfahrung«, sodass die Asymmetrie des gedoppelten Tuns beider Bewusstseine »ungleich und entgegengesetzt«[447] fortwirkt: die eine ist »das selbständige, welchem das Fürsichsein, die andere das unselbständige, dem das Leben oder das Sein für ein Anderes das Wesen ist; jenes ist der Herr, dies der Knecht«.[448] Die im gedoppelten Tun menschlich Seienden erscheinen als Herr und Knecht. Die erste Bewährungsweise ist zwar ein Fehlschlag des Anerkennungsprozesses. Mit dem realen Tod des anderen Bewusstseins kommt das überlebte Bewusstsein nicht zur Gewissheit seiner selbst, da die Anerkennungsbewegung unterbrochen wurde. Aber der gescheiterte Versuch, der als »erste« Erfahrung bleibt, hat eine ursprüngliche Scheidung menschlich Seiender zur Folge, nämlich in Herr und Knecht, womit die Bedingung für die Möglichkeit

---

445 Diese Schlussfolgerung bekräftigt Hegel noch 1830, kurz vor seinem Tod, indem er in der »Enzyklopädie der philosophischen Wissenschaften im Grundrisse« schreibt: »Indem das Leben so wesentlich als die Freiheit ist, so endigt sich der Kampf zunächst als einseitige Negation mit der Ungleichheit, daß das eine der Kämpfenden das Leben vorzieht, sich als einzelnes Selbstbewußtsein erhält, sein Anerkanntsein jedoch aufgibt, das andere aber an seiner Beziehung auf sich selbst [fest]hält und vom ersten als dem Unterworfenen anerkannt wird; – das Verhältnis der Herrschaft und Knechtschaft. Der Kampf des Anerkennens und die Unterwerfung unter einen Herrn ist die Erscheinung, aus welcher das Zusammenleben der Menschen, als ein Beginnen der Staaten, hervorgegangen ist. Die Gewalt, welche in dieser Erscheinung Grund ist, ist darum nicht Grund des Rechts, obgleich das notwendige und berechtigte Moment im Übergange des Zustandes des in die Begierde und Einzelheit versenkten Selbstbewußtseins in den Zustand des allgemeinen Selbstbewußtseins. Es ist der äußerliche oder erscheinende Anfang der Staaten, nicht ihr substantielles Prinzip.« (Siehe Hegel. Enzyklopädie der philosophischen Wissenschaften Band 3. Suhrkamp Verlag, Frankfurt a.M. 2001. § 433. S. 222 f.)

446 PhG. S. 150.

447 PhG. S. 150.

448 PhG. S. 150.

der zweiten Bewährungsweise hergestellt ist. In dieser Hinsicht hat die erste Bewährungsweise, die abstrakte Negation, so vernichtend sie ist, ein didaktisches Moment: die Erfahrung, dass das Wesen der Barbarei das Allein-Sein ist.

5. Der abstrakte Tod und der imaginierte Tod

Die zweite Bewährungsweise ist die der bestimmten Negation, welche das Herr-Knecht-Verhältnis ausmacht. Der reale Tod, welcher das Ende der ersten Bewährungsweise und damit das Anerkennungsscheitern markiert, wird seitens des Herrn durch den abstrakten und seitens des Knechts durch den imaginierten Tod überwunden. Der reale Tod wird so einmal in die Abstraktion des Todes und das andere Mal in die Furcht des Todes geschieden. Damit bleibt der Anerkennungsprozess erhalten.

Während in der ersten Bewährungsweise Bewusstsein unmittelbar gegen Bewusstsein stand, sodass der reale Tod den horizontlosen Horizont der Anerkennung bildete, schiebt sich in der zweiten Bewährungsweise zwischen Bewusstsein und Bewusstsein ein Drittes, das ihr Verhältnis vermittelt und die Normativität des reinen Begriffs der Anerkennung absichert, wenn auch nicht gänzlich realisiert. »Der Herr bezieht sich auf den Knecht mittelbar durch das selbstständige Sein«[449], womit der Gegenstand der Begierde gemeint ist, nämlich die Natur bzw. Materie. Die oben beschriebene Scheidung durch den realen Tod bewirkt, dass der Herr zwischen sich und der Natur den Knecht schiebt, welcher in unmittelbarer Beziehung zur Natur die Beziehung zwischen dem Herrn und der Natur vermittelt. Denn »eben hieran ist der Knecht gehalten; es ist seine Kette, von der er im Kampfe nicht abstrahieren konnte und darum sich als unselbständig, seine Selbständigkeit in der Dingheit zu haben erwies«.[450]

Von Seiten des Herrn erscheint die zweite Bewährungsweise wie folgt: Er ist nicht an die Natur, sondern ausschließlich an seine Begierde gehalten. Denn er konnte als noch bloß menschlich Seiendes im Kampf vom Tod abstrahieren, ihm trotzen durch den Totschlag eines anderen menschlich Seienden, sodass die Natur sowie Materie ihm in der zweiten Bewährungsweise bloß als Negatives, als Vergängliches gelten, wohingegen er sich selbst für sich als ewig bestimmt. Das erlaubt ihm, Macht über den Knecht auszuüben, ihn zu unter-

449 PhG. S. 151.

450 PhG. S. 151.

werfen, sodass dieser ihm zum reinen Genuss seiner Begierde die Selbstständigkeit der Natur bzw. Materie abzieht. Die Macht des Herrn geht vom realen Tod der ersten Bewährungsweise aus. Zwar ist dort ein menschlich Seiendes physisch vernichtet worden, aber dies verhindert nicht, dass im Nachgang ein anderes menschlich Seiendes dem nunmehr Herr Gewordenen entgegentritt. Die Erfahrung der ersten Bewährungsweise bleibt in der zweiten erhalten, wie Hegel selbst schreibt. In dieser Grunderfahrung ist die Macht des Herrn gegründet, sodass das Herr-Knecht-Verhältnis seinen Ausgang in Totschlag und Gewalt hat, kurz dem realen Tod. Mit Hegel ließe sich an dieser Stelle sagen, dass wer über die Gewalt verfügt, die Macht besitzt. Eben weil der Herr, als er noch nicht Herr war, in der ersten barbarischen Bewährungsweise des Anerkennens vom Tod abstrahieren konnte, hat er den realen Tod besiegt. In diesem Sieg triumphiert seine Macht gegen andere. »Der Herr aber ist die Macht über dies Sein, denn er erwies im Kampfe, daß es ihm nur als ein Negatives gilt; indem er die Macht darüber, dies Sein aber die Macht über den Anderen ist, so hat er in diesem Schlusse diesen Anderen unter sich.«[451] Der Herr hat den Knecht unterworfen, sodass »sich der Herr mittelbar durch den Knecht auf das Ding«[452] bezieht. Die Natur ist dem Herrn ein Ding, der Knecht ihm dinghaft geworden.

Für den Blick des Herrn auf den Knecht gilt, dass »der Knecht sich als Selbstbewußtsein überhaupt auf das Ding auch negativ« bezieht. Der Knecht »hebt es auf; aber es ist zugleich selbständig für ihn, und er kann darum durch sein Negieren nicht bis zur Vernichtung mit ihm fertig werden, oder er bearbeitet es nur. Dem Herrn dagegen wird durch diese Vermittlung die unmittelbare Beziehung als die reine Negation desselben oder der Genuß; was der Begierde nicht gelang, gelingt ihm, damit fertig zu werden und im Genuße sich zu befriedigen«.[453] Der Herr braucht den Knecht, um Herr zu sein. Denn »der Begierde gelang dies nicht wegen der Selbständigkeit des Dinges; der Herr aber, der den Knecht zwischen es und sich eingeschoben, schließt sich dadurch nur mit der Unselbständigkeit des Dinges zusammen und genießt es rein; die Seite der Selbständigkeit aber überläßt er dem Knechte, der es bearbeitet«.[454] Darin findet das menschlich Seiende, das als Herr hervorgeht, seinen temporären An-

451 PhG. S. 151.

452 PhG. S. 151.

453 PhG. S. 151.

454 PhG. S. 151.

erkennungserfolg. »In diesen beiden Momenten wird für den Herrn sein Anerkanntsein durch ein anderes Bewußtsein. (...) Es ist also hierin dies Moment des Anerkennens vorhanden, daß das andere Bewußtsein sich als Fürsichsein aufhebt und hiermit selbst das tut, was das erste gegen es tut. Ebenso das andere Moment, daß dies Tun des zweiten das eigene Tun des ersten ist; denn was der Knecht tut, ist eigentlich Tun des Herrn.«[455] So erscheint das gedoppelte Tun für den Herrn. Der Herr ist in abhängiger Unabhängigkeit zum Knecht.

Allerdings tritt hierin zugleich seine Anerkennungskrise auf, da sein Anerkanntsein von der normativen Ausstrahlung des Begriffs der Anerkennung abweicht. Der Herr verfehlt die Gewißheit seiner selbst als eines selbstständigen Bewusstseins. Denn beim anderen ist der Herr nicht bei sich als selbstständigem Bewusstsein, da der andere, nämlich der Knecht, ihm als unselbstständiges Bewusstsein entgegentritt und ebenso das Dritte, nämlich die Natur, weil er es als unselbstständiges Ding erhält und es ihm dadurch als reiner Genuss gegenübersteht.[456] Die Gestalt des Bewusstseins ist nach Hegel immer das, was es zum Gegenstand und Inhalt hat, hier zum einen das unselbstständige Bewusstsein des Knechts und zum anderen die unselbstständig erscheinende Natur. »Es ist dadurch ein einseitiges und ungleiches Anerkennen entstanden.«[457] Die Herrschaft enthüllt sich als das »Verkehrte dessen (...), was sie sein will«[458]. Die Wahrheit des Herrn ist seine Unselbstständigkeit, welche sich ihm im Knecht und in der Natur rückspiegelt. Die doppelte Unselbstständigkeit, die sachliche (= Natur) und persönliche (= Knecht), ist Gegenstand seines Bewusstseins. Das ist die gegenständliche Weise des Herrn zu sein. Darin erfährt er seine Abhängigkeit vom Knecht. Beim-Anderen-bei-sich-sein bedeutet in der Praxis für den Herrn Beim-Knecht-bei-sich-sein und dies wiederum bei der doppelten Unselbstständigkeit bei sich sein. Dem Herrn wird sein Sieg über den realen Tod zum Verhängnis. Denn als Herr gilt ihm der reale Tod als abstrakter Tod. Der Herr wird in der zweiten Bewährungsweise Gefangener seiner Abstraktion. Wer vom Tod abstrahiert, abstrahiert ebenso auch vom Leben. Der Anerkennungsprozess mündet nicht im Anerkennungs-

---

455 PhG. S. 151 f.

456 Hegel beschreibt dies wie folgt: »Aber zum eigentlichen Anerkennen fehlt das Moment, daß, was der Herr gegen den Anderen tut, er auch gegen sich selbst, und was der Knecht gegen sich, er auch gegen den Anderen tue. Es ist dadurch ein einseitiges und ungleiches Anerkennen entstanden.« (PhG. S. 152.)

457 PhG. S. 152.

458 PhG. S. 152.

scheitern, sondern im Anerkennungsstopp. Von ihm gehen keine lebendigen Impulse mehr in die Auseinandersetzung mit einem menschlich Seienden aus, was, wie die Untersuchung des Begriffs der Anerkennung zeigte, notwendig für das Anerkanntsein ist. Der Herr verdinglicht sein Anerkanntsein, weil er die Natur als Ding und den Knecht als dinghaft erfährt. Sein Dasein als Herr wird vom abstrakten Tod regiert. Seine Wirklichkeit ist ihm unwirklich. Kraft seiner sozialen Stellung hat der Herr einen anti-realistischen Weltbezug. Indem der Anerkennungsprozess im Anerkennungsstopp angehalten wird, bleibt der Herr als Herr formell anerkannt, also leere Anerkennung.

Anders verhält sich der Anerkennungsprozess in der zweiten Bewährungsweise für den Knecht. Der reale Tod stellt sich ihm als imaginierter Tod dar. Der reale Tod bleibt in seiner Einbildung bildhaft bestehen, denn, um es auch an dieser Stelle zu betonen, das Scheitern der ersten Bewährungsweise ist als Erfahrung bleibend, obzwar nunmehr nicht objektiv wirklich, da der reale Tod überwunden wurde. Der Knecht »wird als in sich zurückgedrängtes Bewußtsein in sich gehen und zur wahren Selbstständigkeit sich umkehren«.[459] Der imaginierte Tod stellt sich im Bewusstsein des Knechts dadurch ein, dass er »nicht um dieses oder jenes, noch für diesen oder jenen Augenblick Angst gehabt, sondern um sein ganzes Wesen; denn es hat die Furcht des Todes, des absoluten Herrn, empfunden«[460], welcher ihn sich durch den Totschlag eines anderen menschlich Seienden unterworfen hat. Der Tod, der beim Herrn mit der Abstraktion verschwindet und das Leben unwirklich macht, schwebt dem Knecht permanent in seiner Imagination – in seiner Vorstellung – vor. Er hat die Wirklichkeit des Todes in sich aufgenommen. Der Tod hat sein Bewusstsein in ihn zurückgedrängt, wo der Tod sich nun behaust. Dadurch stellt sich der Knecht nicht wie der Herr dem Leben, zu dem der Tod gehört, erhaben, sondern steht im Leben. Daraus folgt die knechtische Erfahrung, die Hegel so beschreibt: »Diese reine allgemeine Bewegung, das absolute Flüssigwerden alles Bestehens, ist aber das einfache Wesen des Selbstbewußtseins, die absolute Negativität, das reine Fürsichsein, das hiermit an diesem Bewußtsein ist. Dies Moment des reinen Fürsichseins ist auch für es, denn im Herrn ist es ihm sein Gegenstand. Es ist ferner nicht nur diese allgemeine Auflösung überhaupt, sondern im Dienen vollbringt es sie wirklich; es hebt darin in allen einzelnen Momenten seine Anhänglichkeit an natürliches Dasein auf und arbeitet dasselbe

459 PhG. S. 152.

460 Hegel. Phänomenologie des Geistes. Suhrkamp Verlag, Frankfurt a. M. 1991, 3. Aufl. S. 153.

hinweg.«[461] Eben weil der Knecht den Tod nicht vergisst, dieser ihm im Herrn in der Form der Furcht des Todes entgegentritt, bleibt ihm das reale Leben erhalten, an dem er sich abarbeiten kann. Er hat einen realistischen Weltbezug. Denn »obzwar die Furcht des Herrn der Anfang der Weisheit ist, so ist das Bewußtsein darin für es selbst, nicht das Fürsichsein. Durch die Arbeit kommt es aber zu sich selbst«.[462] So fällt im Anerkennungsprozess der zweiten Bewährungsweise dem Knecht die doppelte Selbstständigkeit als Gegenstand seines Tuns zu, einmal persönlich im für ihn als selbstständig erscheinendes Bewusstsein des Herrn und zum zweiten sachlich in der Selbstständigkeit der Natur bzw. Materie, die er dieser im Wege der Arbeit abzieht. Die Arbeit ist nämlich »gehemmte Begierde, aufgehaltenes Verschwinden, oder sie bildet. Die negative Beziehung auf den Gegenstand wird zur Form desselben und zu einem Bleibenden, weil eben dem Arbeitenden der Gegenstand Selbständigkeit hat. Diese negative Mitte oder das formierende Tun ist zugleich die Einzelheit oder das reine Fürsichsein des Bewußtseins, welches nun in der Arbeit außer es in das Element des Bleibens tritt; das arbeitende Bewußtsein kommt also hierdurch zur Anschauung des selbständigen Seins als seiner selbst.«[463] Der für den Herrn mit der Natur arbeitende Knecht ist beim selbstständigen Anderen bei sich selbst. Ihm zeigt sich, dass der Herr von ihm abhängig ist. Die Wahrheit des Knechts wird ihm so in der Selbstständigkeit von Herr und Natur zurückgespiegelt. Das ist die gegenständliche Weise des Knechts, zu sein. Der Knecht steht somit in unabhängiger Abhängigkeit zum Herrn. Damit kommt er auch in die Lage, sich perspektivisch von seiner Furcht, weshalb das knechtische Bewusstsein »gezittert hat«[464], zu lösen. Er »zerstört (…) dies fremde Negative«, den Gegenstand Behelfs der Arbeit, und »setzt sich als ein solches in das Element des Bleibens und wird hierdurch für sich selbst ein Fürsichseiendes«.[465] Denn der reale Tod, den der Knecht als imaginierten Tod in sich aufgenommen hat, ist dem Knecht »das absolute Flüssigwerden alles Bestehens«[466].

Hegel fasst die drei Momente des Anerkennungsprozesses aus Sicht des Knechts zusammen:

---

461 PhG. S. 153.

462 PhG. S. 153.

463 PhG. S. 153 f.

464 PhG. S. 154.

465 PhG. S. 154.

466 PhG. S. 154.

a) »Im Herrn ist ihm das Fürsichsein ein anderes oder nur für es«,
b) »in der Furcht ist das Fürsichsein an ihm selbst« und
c) »in dem Bilden wird das Fürsichsein als sein eigenes für es, und es kommt zum Bewußtsein, daß es selbst an und für sich ist«.[467]

Das Ergebnis: »Die Form wird dadurch, daß sie hinausgesetzt wird, ihm nicht ein Anderes als es; denn eben sie ist sein reines Fürsichsein, das ihm darin zur Wahrheit wird. Es wird also durch dies Wiederfinden seiner durch sich selbst eigener Sinn, gerade in der Arbeit, worin es nur fremder Sinn zu sein schien.«[468] Entscheidend für diesen Anerkennungserfolg ist für Hegel das Formieren, welches in dieser Untersuchung bereits im Zusammenhang mit dem abstrakten Recht der »Rechtsphilosophie« aufgetreten ist.[469] Das, was in jenem Zusammenhang erschlossen wurde, findet hier seinen Platz. Dort wurde freigelegt, dass das Formieren in der historischen Spezifikation durch die bürgerliche Gesellschaft einen Umwandlungsprozess der Natur durch den Menschen darstellt. Die rechtstheoretische Konsequenz war, dass ein natürliches Ding eine rechtsfähige Sache wird. So zieht die bürgerliche Gesellschaft die Natur in den Rechts- und Tauschverkehr. Die gesellschaftstheoretische Konsequenz war die Versachlichung aller Verhältnisse in der bürgerlichen Gesellschaft. Im Zusammenhang mit der Analyse des Anerkennungsprozesses in der »Phänomenologie« tritt das Moment des Selbstbewusstseins und der ontologischen Akkreditierung des menschlich Seienden zum menschlich sein-seiend hinzu und es zeigt sich, dass der Knecht die Natur zur Sache macht. Damit ist der Knecht der Stifter von Recht.

So spricht Hegel dem Knecht die faktische Rolle des geschichtlichen Subjektes zu, was sich im Akt seines Formierens – der Arbeit – jedoch phantasmagorisch umkehrt, sodass es erscheint, als wäre der Herr das geschichtliche Subjekt, fungiert doch der Knecht als das Mittel für den reinen Genuss des Herrn. Dieser Schein ist real und beide, Knecht wie Herr, behandeln ihn als Wahrheit, während das Bewusstsein des Herrn gleichsam unglückliches Bewusstsein wird, was Hegel in dem folgenden Abschnitt der »Phänomenologie« verhandelt. Was den Knecht betrifft, resümiert Hegel: »Das in sich zurückgedrängte Bewußtsein (...) wird sich im Formieren als Form der gebildeten Dinge zum Gegenstande, und an dem Herrn schaut es das Fürsichsein zugleich

467 PhG. S. 154.

468 PhG. S. 154.

469 Siehe S. 46-50.

als Bewußtsein an. Aber dem dienenden Bewußtsein als solchem fallen diese Momente (…) auseinander«[470], nämlich die drei herausgearbeiteten Momente (a, b, c). Nach Hegels Analyse hat der Knecht das Potenzial, die normative Ausstrahlung der Anerkennung, der er nähersteht als der Herr, zu verwirklichen. Ihm bleibt die Anerkennung horizonthaltig, weil sein Verhältnis zum Herrn und zur Natur lebendig ist. Doch solange die nicht einseitige, sondern allseitige Anerkennung nur Potenzial ist, bleibt sie im knechtischen Seinsstatus des menschlich Seienden eine wirklichkeitsfähige Möglichkeit ohne Wirklichkeit, während dasselbe vom Standpunkt des Herrn gänzlich unmöglich ist. Der Anerkennungsprozess kommt aus Sicht des Knechts ebenfalls nicht – am Begriff der Anerkennung gemessenen – zum Anerkennungserfolg. Anders jedoch als beim Herrn, der seinen Anerkennungsstopp konserviert, handelt es sich beim Knecht um eine objektive Anerkennungsverweigerung. So ist auch das Anerkanntsein des Knechts ein einseitiges, denn, und das ist entscheidend, als Anerkanntes durch den Herrn bleibt der Knecht der Knecht »und an dem Herrn schaut es [das zurückgedrängte Bewusstsein des Knechts, Anm. d. Verf.] das Fürsichsein zugleich als Bewusstsein an«.[471] Seine Selbstständigkeit findet der Knecht in der Rückspiegelung der scheinbaren Selbstständigkeit des Herrn, der vom Knecht abhängig ist. Das Herr-Knecht-Verhältnis wird so durch Hegel verewigt, bloß begrifflich, nicht jedoch wirklich aufgehoben. Menschlich Seiendes ist nach Hegel immer herrisch und knechtisch sein-seiend, nicht der ontologischen Forderung der Anerkennung gemäß menschlich sein-seiend. Denn dann müsste der Anerkennungsprozess Herrschaft und Knechtschaft überwinden, was bei Hegel ideell, jedoch nicht reell geschieht. Was aber im Kopf gelöst ist, ist gelöst nicht. Hegel unterbricht an diesem Punkt die dialektische Darstellung des Anerkennungsprozesses zwischen Herr und Knecht, gleichwohl die logische Folge seiner Darstellung auf die unabhängige Unabhängigkeit des Knechts zum Herrn zielt. Dafür müsste Hegel wieder die Praxis einschalten, die die logische Folge ontisch herstellt.[472] Doch er bleibt in der »Phänomenologie« an dieser Stelle im Ideellen stehen. Möglicherweise ist Hegels Verstummen auf die deskriptive Tatsache zurückzuführen, dass der Knecht seine Freiheit nicht von oben durch die Gnade oder das Wohlwollen des Herrn erhalten kann, son-

470 PhG. S. 154.

471 PhG. S. 154.

472 Es waren zum Beispiel die haitianischen Sklaven, die ihre politische Unabhängigkeit von den französischen Kolonialherrn in der Praxis erlangt haben, nämlich durch Gewalt.

dern die Freiheit vermittels der Arbeit nur durch die Selbstbefreiung erlangt. Er muss sich selbst befreien.[473] Folgerichtig schreibt Hegel: Es »ist allein das Daransetzen des Lebens, wodurch die Freiheit« erlangt wird, die Selbstbefreiung nur möglich im »Kampf auf Leben und Tod«.[474] Die unabhängige Unabhängigkeit würde nicht bedeuten, den ehemaligen Herrn zum Sklaven zu machen. Der Stellungswechsel würde die Form bewahren. Vielmehr bedeutet die unabhängige Unabhängigkeit des Knechts, dass das Herr-Knecht-Verhältnis als solches abgeschafft wird und an die Stelle einer partikulären Freiheit des Herrn die universelle Verwirklichung der Freiheit aller Menschen tritt.

Nichtsdestotrotz ist festzuhalten, dass nach dem Herr-Knecht-Verhältnis menschlich Seiendes sein-seiend wird, wenn auch in unmenschlicher Form.

6. Die ontologische Enteignung

Vor diesem Hintergrund stellt sich die Frage nach der Stellung des Pöbels im Kontext des Herr-Knecht-Verhältnisses. Hierzu reicht es aus, den freigelegten Anerkennungsprozess unter dem Gesichtspunkt des Pöbels und mit modifizierenden Vorzeichen der bürgerlichen Gesellschaft nachzuverfolgen. Die Bruchstellen werden die Punkte markieren, wie die Selbstbewusstwerdung und das Anerkanntsein sich dem Pöbel darstellen. Denn da das Herr-Knecht-Verhältnis ein Strukturmodell für ein Gesellschaftsverhältnis darstellt, so ist statthaft, es unter dem erweiterten Blickwinkel des bürgerlichen Gesellschaftsverhältnisses, wie es für den Pöbel durch die Untersuchung gemäß der »Rechtsphilosophie« freigelegt wurde, zu betrachten.

Zunächst hat das Pöbelbewusstsein als Bewusstsein schlechthin einen Seinsdrang. Es hat Begierde, die ihm den sinnlichen Schock bereitet, sich in eine tätige Auseinandersetzung mit menschlich Seienden zu bringen. Dies vollzieht das Pöbelbewusstsein in der bürgerlichen Gesellschaft, dessen Selbst-

473 Das beschreibt Hegel nirgendwo präziser als 1830, kurz vor seinem Tod, in der »Enzyklopädie der philosophischen Wissenschaften im Grundrisse«: »Nur durch Kampf kann also die Freiheit erworben werden; die Versicherung, frei zu sein, genügt dazu nicht; nur dadurch, daß der Mensch sich selber, wie andere, in die Gefahr des Todes bringt, beweist er auf diesem Standpunkt seine Fähigkeit zur Freiheit.« (Siehe Hegel. Enzyklopädie der philosophischen Wissenschaften im Grundrisse. Band 3. Suhrkamp Verlag, Frankfurt a. M. 2001. § 431 Zusatz S. 220.)

474 PhG. S. 149.

erzeugnis und Mitglied der Pöbel ist, als Person. Darin ist der Pöbel, eben weil die bürgerliche Gesellschaft jeden begrifflich mit dem Prinzip der Freiheit vermittelt, frei. Ferner ist der Pöbel an und für sich seiende Armut und es ist gerade dieses Bewusstsein seiner selbst, welches mit dem unreflektierten Selbstverhältnis der bürgerlichen Gesellschaft in Konflikt kommt. Dies wurde als unabgegoltenes Recht bezeichnet. Insofern weiß der Pöbel sich als menschlich Seiendes. In diesem Sichwissen will er gewusst werden, oder mit anderen Worten: Der Pöbel als menschlich Seiendes will sein-seiend sein, was in der Konsequenz hieße, vom Pöbel-Dasein befreit zu sein. Dies vollzieht sich durch die ontologische Akkreditierung der Anerkennung. Damit ist der Drang zur »Bewegung des Anerkennens« gesetzt. Diese Bewegung zieht das Dasein des Pöbels in den Strom der Anerkennungsanstrengung hinein.

Die erste Bewährungsweise wird übersprungen, da die bürgerliche Gesellschaft diese schon hinter sich gebracht hat. Sonst wäre sie nicht die Gesellschaft der Bürger. Folglich liegt eine Scheidung menschlich Seiender kraft der bürgerlichen Gesellschaft in Form einer Ständeschichtung vor, welche Hegel, wie gezeigt, in ein Klassenverhältnis erweitert. In diesem findet sich eine Menge als Pöbel vor. Sortiert wird diese Scheidung bei Hegel nach der Möglichkeit der Teilnahme am allgemeinen Vermögen, das kulturelle Werte mit einschließt, durch Kapital und/oder Geschicklichkeiten (§§ 199, 200), wobei im Falle kapitalloser, nur Geschicklichkeiten besitzender Schichten die an Arbeit gebundenen Klassen entstehen (§ 244), welche den kapitalbesitzenden, gewerbetreibenden Klassen (§§ 243, 244, 253) gegenüberstehen. Auch hier erst entsteht der Pöbel aus jenen an die Not der Arbeit gebundenen Klassen (§ 244). Folglich ist der Pöbel in der ersten Bewährungsweise ontologisch nicht vorhanden. Er hat erst in der zweiten Bewährungsweise der Anerkennung seinen Platz. Der reale Tod ist zunächst erst einmal ohne Bedeutung. Der Pöbel entsteht in der Bewegung des Anerkennens. Folglich steht er inmitten der Anerkennungsprozesse der bürgerlichen Gesellschaft.

In der zweiten Bewährungsweise zeigt sich, dass der Pöbel als die Menge unfreier Freier nur begrifflich mit dem Prinzip der Freiheit und damit mit dem Real-Allgemeinen vermittelt ist, nicht jedoch ontisch. Er ist ja gerade vermögenslos und hat keine Möglichkeit der Teilnahme am allgemeinen Vermögen, welche die gesamtgesellschaftliche Bewegung hervorbringt. Folglich hat der Pöbel nicht die Stellung des (bürgerlichen) Herrn, da sein substanzloses Recht gerade darin besteht, dass er zu Recht die Mittel seiner Subsistenz fordert, aber diese ihm – auch und gerade in der Phase der Prosperität der bürgerlichen Gesellschaft – entzogen werden, sodass er nicht sein Recht, sondern allmählich sein Rechtsgefühl verliert (§ 244). Er kommt weder zum reinen Genuss seiner selbst wie der Herr, noch schiebt er wie dieser zwischen sich und die Natur einen Knecht. Der Pöbel ist nicht Herr. Somit erfährt er den Tod nicht in einer Abstraktheit wie der Herr. Das Leben bleibt ihm wirklich. Er hat nicht vom Tod abstrahiert. Fernerhin bleibt er imstande, lebendige Impulse in die tätige Auseinandersetzung mit menschlich Seienden zu setzen.

Fraglich ist nun, ob der Pöbel dadurch Knecht ist. Der Knecht zeichnet sich durch das Formieren aus, welches sich im Herr-Knecht-Verhältnis dreigliedrig auffächert, nämlich, um es zu wiederholen, in:

a) »Im Herrn ist ihm das Fürsichsein ein anderes oder nur für es«,
b) »in der Furcht ist das Fürsichsein an ihm selbst« und
c) »in dem Bilden wird das Fürsichsein als sein eigenes für es, und es kommt zum Bewußtsein, daß es selbst an und für sich ist.«[475]

Obwohl nach dem Prinzip der Freiheit, auf welchem die bürgerliche Gesellschaft sich ideell fundiert, jeder Bürger in der bürgerlichen Gesellschaft gemäß des Herr-Knecht-Verhältnisses Knecht sein müsste, entspricht es doch dem Prinzip der bürgerlichen Gesellschaft, »durch die Arbeit vermittelt zu sein« (§ 245), hat die bisherige Untersuchung gezeigt, dass das nicht der Fall ist. Es gibt die an Arbeit gebundene Klasse und diejenige reichere, die Gewerbe treibt und den Luxus genießt (§§ 195, 244, 245). Ungeachtet dessen, welche soziale Rolle die Stellung des Herrn in der bürgerlichen Gesellschaft hat, zeigt sich im Hinblick auf den Pöbel, dass er zur Knechtschaft gehört. Der Tod ist imaginiert, was sich in der gesellschaftlichen Ausgeschlossenheit des Pöbels zeigt. Daher treffen (a) und (b) zweifellos beim Pöbel zu, nicht jedoch (c). Denn der Pöbel, welcher an und für sich Armut ist, ist arbeitslos. Er formiert nicht, kann und darf nicht formieren. Folglich changiert der Anerkennungsprozess des Pöbels zwischen (a)/(b) und (c). Statt eines Anerkennungsstopps wie beim Herrn oder einer Anerkennungsverweigerung wie beim Knecht kommt es im Hinblick auf den Seinsdrang des Pöbels zur Anerkennungsstauung. Ein Seinsüberschuss konzentriert sich im Pöbel, der sich gegen die bürgerliche Gesellschaft als Negativität aufbäumt, der von Hegel so genannte »Standpunkte des Negativen«. Der Pöbel drängt als menschlich Seiendes dazu, sein-seiend zu sein. Doch gerade die bürgerliche Gesellschaft hat das Formieren zum Prinzip für die Menschwerdung des Menschseins zur konkreten Freiheit. Wie be-

475 PhG. S. 154.

reits weiter oben festgestellt, schreibt Hegel hierzu in der »Rechtsphilosophie«: Das »Formieren ist ein Heraussetzen eines Innerlichen – hier schon Spaltung – in äußerliche Allgemeinheit – und in innere«[476]. Mangels dieses Heraussetzens ballt und staut die Subjektivität sich im Inneren des Pöbels, woraus eine Anerkennungsstauung folgt. Der Pöbel zeichnet sich im Rahmen des Herr-Knecht-Verhältnisses also dadurch aus, dass er nicht das Moment findet, seine Subjektivität als menschlich Seiendes zu verobjektivieren, um zur Gewissheit seiner Selbst als menschlich sein-seiend zu kommen. Denn »durch diese Arbeit der Bildung ist es aber, daß der subjektive Wille selbst in sich die Objektivität gewinnt, in der er seinerseits allein würdig und fähig ist, die Wirklichkeit der Idee zu sein«.[477] Das wird dem Pöbel versagt. Dem Pöbel wird die Erfahrung, Subjekt zu sein, am Widerstand der bürgerlichen Außenwelt versagt. Er lebt im Unglück der Wirklichkeit. Denn, wie Hegel in der einschlägigen Stelle der »Phänomenologie« schreibt, die Arbeit »ist gehemmte Begierde, aufgehaltenes Verschwinden, oder sie bildet«[478]. Im Pöbel fällt das »oder sie bildet« weg. Dazu kommt er nicht. Die Arbeit fällt für ihn auf eine Seite. Sie wird ihm entzogen. Der Pöbel wird zurückgedrängt in die »gehemmte Begierde«, in »aufgehaltenes Verschwinden«. Für den Pöbel gibt es nur den Herrn und die Furcht, nicht das Sich-Bilden durch Arbeit.

Da gezeigt wurde, dass der Pöbel ein für die bürgerliche Gesellschaft konstitutives und notwendiges Strukturelement ist, folgt daraus, dass dem Pöbel der Anerkennungserfolg strukturell verunmöglicht wird. Das formelle Anerkennungsangebot der bürgerlichen Gesellschaft gegenüber dem Pöbel durch das bürgerliche Recht kehrt sich um in faktische und materielle Aberkennung des Menschseins. Die Konsequenz ist, dass die bürgerliche Bewegung der Anerkennung, in dem der Pöbel entsteht und steht, den Pöbel aus der Anerkennungsbewegung herauswirft. Die Art seiner Integration in die Gesellschaftsbeziehung – und damit die ihm gewährte Gestaltungsweise derselben, welche ihm seine sozialfunktionale und politische Rolle im Ganzen zuweist – ist die Desintegration. Der Pöbel wird desintegriert. Der Pöbel als menschlich Seiendes wird unter diesem Gesichtspunkt nicht-seiend, wo doch der Knecht zumindest in knechtischer Form sein-seiend wird und die Rinde des Selbstbewusstseins betastet. Dem Pöbel hingegen wird der Weg zum Selbstbewusstsein abgeschnit-

476 RPh. § 57 Anmerkung. S. 125.

477 RPh. § 187. S. 345.

478 PhG. S. 153.

ten, obwohl der Pöbel einen Begriff des Selbstbewusstseins hat, nämlich mit dem Begriff des Rechts. Er fällt zurück in die Begierde. Doch seine Begierde wird, weil der Pöbel von ihr ausweglos belagert und aufgezehrt wird und trotzdem anerkannt werden will, in ein Gefängnis der Mittellosigkeit eingemauert, sodass das in sich zurückgedrängte Bewusstsein des Pöbels an das leere Begehren der Sinnlichkeit gekettet bleibt. Die Anerkennungsstauung findet in Zyklen seinen gewaltsamen Ausbruch in sozialer Wut, der Einhalt zu gebieten die bürgerliche Gesellschaft die Polizei ausrüstet.

Insofern ist es gerade nicht der Fall, dass der Pöbel gar nicht erst in die Bewegung des Anerkennens kommen würde, was ein voreiliger Kurzschluss nahelegen könnte. Der Pöbel ist vielmehr eigenstes Produkt der spezifischen Weise der bürgerlichen Bewegung der Anerkennung. »Der Pöbel entsteht vornehmlich in der ausgebildeten bürgerlichen Gesellschaft.«[479] Der Pöbel wird folgerichtig vom Gattungsverhältnis ausgeschlossen, obwohl er mit tausend Fäden an es gebunden ist. Seine Wirklichkeit wird im Real-Allgemeinen, von dem er entgegen des Rechts und damit widerrechtlich ausgegrenzt wird, entwirklicht. Die Welt des Pöbels ist entwirklichte Wirklichkeit. Die bürgerliche Gesellschaft behandelt den Pöbel also mittelbar wie in der ersten Bewährungsweise der Anerkennung, nämlich in abstrakter Negation, d.h. »die Armen ihrem Schicksal zu überlassen und sie auf den öffentlichen Bettel anzuweisen«[480] und sie als »leichtsinnig«, »arbeitsscheu«, »böse«[481] zu stigmatisieren. Mittelbar ist der Pöbel dem realen Tod ausgeliefert, eben weil er aus der Bewegung des Anerkennens, in dem er entsteht, herausgeworfen wird. Das Strukturelement »Pöbel« markiert das barbarische Residuum der bürgerlichen Zivilisation. Der Kampf auf Leben und Tod kehrt mit der Verpöblung auf höherer Stufe, nämlich der bestimmten Negation der zweiten Bewährungsweise der Anerkennung, zurück. Die Praxis rächt sich an der Theorie, die ersteres ideell kaschierte.

Das ändert jedoch nichts an dem Verhältnis des Pöbels zum Tod. Da der Pöbel in der bürgerlichen Gesellschaft entsteht und steht, ist er vom Standpunkt des Ganzen betrachtet und für sich ein Knecht. Für den Pöbel ist der Tod fortwährend präsent, wenn nicht wirklich, so als imaginierter Tod in seinem in sich zurückgedrängten Bewusstsein, wo der reale Tod haust.

---

479 Hegel. Philosophie des Rechts: die Vorlesung von 1819/20. Aus einer Nachschrift. Hrsg. von Dieter Henrich. Suhrkamp Verlag, Frankfurt a.M. 1983. S. 195.

480 RPh. § 245. S. 391.

481 RPh. § 244 Zusatz. S. 390.

Hegel schreibt im Zusammenhang mit der ersten Bewährungsweise: »Das Individuum, welches das Leben nicht gewagt hat, kann wohl als Person anerkannt werden.«[482] Mit Blick auf den Pöbel, welcher aus der zweiten Bewährungsweise in die erste gestoßen wird, lässt sich die Formulierung dahingehend abändern, dass dem Pöbel das Leben zu wagen verunmöglicht wird. So zeigt sich, dass der Pöbel im Rahmen des Herr-Knecht-Verhältnisses eine Zwittergestalt einnimmt. Er ist halb Knecht und gänzlich nicht Herr. In ihm vollzieht sich die Bewegung vom Bewusstsein, das zum Selbstbewusstsein drängt, rekursiv zum Selbstbewusstsein, das durch die Immanenz der bürgerlichen Binnenstruktur in das Bewusstsein und damit in die unwahren Gestalten des Bewusstseins (sinnliche Gewissheit, Wahrnehmung, Verstand) zurückgedrängt wird. Die ontologische Forderung des Menschseins wird beim Pöbel nicht im Zuge der Anerkennung ontologisch akkreditiert, im Gegenteil: Das Menschsein wird dem Pöbel aberkannt, obwohl die bürgerliche Gesellschaft dadurch ihr eigenes Prinzip verletzt. Der Seinsdrang des Pöbels, welcher in einer Anerkennungsstauung für permanenten Aufruhr in der bürgerlichen Gesellschaft sorgt, wird von der bürgerlichen Gesellschaft strukturell mit einer ontologischen Enteignung beantwortet und beschnitten, nämlich, wie bereits untersucht, in der Dialektik der Kolonisation nach außen und der Polizei nach innen. Der Pöbel stellt nach Hegel eine Art selbsterzeugte Betriebsstörung in der bürgerlichen Gesellschaft dar beim rastlosen Wunsch nach einem störungsfreien Betriebsablauf. Ohne Repression ist dieses Dilemma nicht zu halten.

Ist der Pöbel nun mit Blick auf die »Rechtsphilosophie« ein »Sklave«? Dies muss aus zwei Gründen verneint werden. »Der Sklave weiß nicht sein Wesen, seine Unendlichkeit, die Freiheit, er weiß sich nicht als Wesen, – und er weiß sich so nicht, das ist, er denkt nicht.«[483] Der Pöbel denkt aber und würde er nicht denken, würde er sein Rechtsgefühl nicht verlieren können. Er verliert sein Rechtsgefühl aber gerade deshalb, weil er sich als Rechtsträger weiß und damit sein Menschsein einklagt. Das macht das Moment der an und für sich seienden Armut aus. Das ist der erste Grund.

Der zweite liegt darin, dass nach Hegel »die Sklaverei (…) in einen Zustand vor dem Rechte«[484] fällt. Das Bewusstsein der Freiheit ist noch nicht ins Dasein getreten. Die bürgerliche Gesellschaft allerdings ist nach Hegel die Verkörpe-

482 PhG. S. 149.

483 RPh. § 21 Zusatz. S. 72.

484 RPh. § 57 Anmerkung. S. 124.

rung eines allseitigen Rechtszustandes, worin das Bewusstsein der Freiheit Postulat der Moderne ist. Wenn die Freiheit die Moderne ausmacht, so macht die Sklaverei nach Hegel alle vormodernen Gesellschaften aus. Denn der Sklave ist keine Rechtsperson. Er ist unpersönliches Eigentum, eine bloße Sache. Der Pöbel ist hingegen Rechtsperson, aber da der Sklave dennoch Mensch ist, hat er nach Hegel schon immer »ein absolutes Recht« gehabt, »sich frei zu machen«.[485] Dieses Recht wird in der bürgerlichen Gesellschaft – wie analysiert – »Notrecht« aller unfreien Freien. So resümiert Hegel: Der in der bürgerlichen Gesellschaft »auseinandergesetzte Unterschied ist der zwischen einem Sklaven und dem heutigen Gesinde oder einem Tagelöhner«.[486] Der Pöbel gehört zu Letzteren. Er ist kein Sklave.

Dennoch hat der Pöbel mit dem Sklaven nach den Schilderungen von Hegel implizit etwas gemein. Im Zusammenhang mit der Unveräußerlichkeit der Person und der Notexistenz des Pöbels deutete sich bereits eine Nähebeziehung zwischen Pöbel und Sklave an. Es wurde festgestellt, dass sich im Pöbel Paragraph 153 selbst verneint. Die Pöbelexistenz kommt nicht zur »Gewißheit ihrer Freiheit«, um »in solcher Objektivität ihre Wahrheit« zu haben, sodass »sie im Sittlichen ihr eigenes Wesen, ihre innere Allgemeinheit wirklich besitzen«[487] kann. Auf der einen Seite gilt für den Pöbel: »Dies Selbstbewußtsein, das durch das Denken sich als Wesen erfaßt und damit eben sich von dem Zufälligen und Unwahren abtut, macht das Prinzip des Rechts, der Moralität und aller Sittlichkeit aus.«[488] Ebenso gilt aber auch für den Pöbel: Erst »durch die Ausbildung seines eigenen Körpers und Geistes, wesentlich dadurch, daß sein Selbstbewußtsein sich als freies erfaßt, nimmt er sich in Besitz und wird das Eigentum seiner selbst und gegen andere«.[489] Ersteres gilt positiv und letzteres, sich als freies Selbstbewusstsein durch Arbeit wirklich zu erfassen, gilt beim Pöbel negativ. Das in diesem Zusammenhang bereits festgestellte Auseinanderfallen von Begriff und Wirklichkeit hat im Verhältnis des Pöbels zum Sklaven die Folge, dass der Pöbel kein Sklave ist, aber wie ein Sklave behandelt wird. So zeigt sich, dass der Pöbel zum einen die Identität von Sklave und Nicht-Sklave sowie die Identität von Knecht und Nicht-Knecht und zum anderen die Nicht-

485 RPh. § 66 Zusatz. S. 144.

486 RPh. § 67 Zusatz. S. 145.

487 RPh. § 153. S. 303.

488 RPh. § 21. S. 72.

489 RPh. § 57. S. 122.

Identität von Sklave und Knecht sowie Nicht-Identität von Nicht-Sklave und Nicht-Knecht verkörpert. Ein Fuß des Pöbels gehört dem Knecht, der andere dem Sklaven, um es bildlich zu sagen. Das ist die Zwittergestalt des Pöbels. Er hat Selbstbewusstsein, Mensch zu sein, aber zugleich ein sklavisches Dasein, das ihn entmenschlicht, sodass er sich dagegen auflehnt. In ihm pulsiert die gesellschaftliche Negativität des Ganzen. Zwischen dem Freiheitspostulat der Moderne und der Barbarei aller Vormoderne wird er zerrissen. Im Zusammenhang mit der bürgerlichen Gesellschaft und in der Perspektive des Herr-Knechts-Verhältnisses ist der Pöbel ein sklavischer Knecht.

7. Der symbolische Tod

Vor diesem Hintergrund bleibt noch zu klären, welche funktionale Rolle der Pöbel aus Sicht von Herr und Knecht unter der Modifikation der bürgerlichen Gesellschaft einnimmt.

Es wäre fatal zu übersehen, dass Hegel den Kampf auf Leben und Tod in seiner nackten und realen Weise als das »Resultat der ersten Erfahrung«[490], damit als produktives Moment für das Herr-Knecht-Verhältnis aufnimmt. Täte er dies nicht, käme er in die Bredouille, die Genese von Herr und Knecht als apriorische Setzungen bestimmen zu müssen, obwohl er mit der »Phänomenologie« das werdende Wissen in all seinen Bewusstseinsgestalten a posteriori ausgehend vom Nicht-Wissen entwickeln will. Er würde ansonsten an dieser Stelle mit seinem Projekt scheitern, obwohl gerade die lebendige Dialektik des Herr-Knecht-Verhältnisses das Herzstück der »Phänomenologie« darstellt. Im Übrigen schreibt Hegel von der »ersten Erfahrung« und auf eine erste folgt eine zweite usw., sonst wäre sie nicht die erste Erfahrung. Darin hat Hegel ein ausgezeichnetes Sprachgefühl und ein enorm ausgeprägtes Sprachverständnis, das er entsprechend zum Einsatz bringt. Ohne die Bereitschaft, sich auf dieses Sprachniveau Hegels einzulassen, ist kein Satz von Hegel zu verstehen, geschweige denn seine Philosophie.

Im Hinblick auf die zitierte Stelle ist festzuhalten, dass eine Erfahrung eben deshalb eine Erfahrung ist, weil sie aktiv oder passiv und immer sinnlich-geistig ins Innere aufgenommen wird, sodass sie erinnerungsfähig wird. Erfahrungen, ob verdrängt oder nicht, sind erinnerungsfähig und Erinnerung ist nach Hegel

490 PhG. S. 149.

ein »Insichgehen«[491]. Wie vollzieht sich nun die Er-Innerung[492] an den realen Tod, welcher sich im Nachgang des Anerkennungsfehlschlags und im Fortgang der Bewegung des Anerkennens in den abstrakten Tod und den imaginierten Tod verzweigt, in der historischen Spezifikation des Menschseins als bürgerliche Gesellschaft, in der sich Anerkennungs- und, wie gezeigt, Aberkennungsprozesse vollziehen? Wie bleibt die Erfahrung vom realen Tod in der bürgerlichen Gesellschaft erinnerungsfähig? Dies geschieht symbolisch.

Ein Symbol ist ein Zeichen, das sinnbildlich für etwas steht, was es selbst nicht ist. Der Inhalt des Symbols ist außer sich. Es selbst hat keinen Inhalt in sich. Ein Symbol ist folglich immer bezeichnende Form. Es ist für andere etwas, was es selbst nicht ist, wie etwa ein Stoppschild im Straßenverkehr.

---

491 PhG. S. 590.

492 In seinen »Vorlesungen über die Geschichte der Philosophie« sagt Hegel aus Anlass der platonischen Konzeption der Anamnesis: »In dem einen Sinne ist Erinnerung ein ungeschickter Ausdruck, und zwar in dem, daß man eine Vorstellung reproduziere, die man zu einer anderen Zeit schon gehabt hat. Aber Erinnerung hat auch einen anderen Sinn.« Die Erinnerung hat also, wenn sie »auch einen anderen Sinn« haben soll, insofern zumindest ebenfalls »auch« den Sinn, »eine Vorstellung« zu reproduzieren, »die man zu einer anderen Zeit schon gehabt hat.« Gemäß Hegel ist unter »andere Zeit« eine vergangene Zeit zu verstehen. Denn gerade dies kritisiert er in den vorangegangen und folgenden Textpassagen an Platons Konzept der Anamnesis, dass dieser sich auf eine präexistente Zeit des »Göttlichen« beziehe, wo die Ideen in Form von Urideen »immanent dem Geiste, der Seele des Menschen« vorhanden seien; »so daß er das, was er so erkennt, aus ihm selbst sich entwickle«. Dies weist Hegel zurück. Er betont vielmehr, dass Erinnern zum einen die Reproduktion von Vorstellungen ist, die in der nicht nur individuellen, sondern ebenfalls geschichtlichen und gesellschaftlichen Vergangenheit erfahren wurden. Man erinnert sich an etwas. Dieses Moment wird nun um ein weiteres ergänzt, »den die Etymologie gibt, den: Sich-innerlich-machen, Insichgehen«. Nach Hegel ist dies »der tiefe Gedankensinn des Wortes. In diesem Sinne kann man sagen, daß das Erkennen des Allgemeinen nichts sei als eine Erinnerung, ein Insichgehen, daß wir das, was zunächst in äußerlicher Weise sich zeigt, bestimmt ist als ein Mannigfaltiges, – daß wir dies zu einem Innerlichen machen, zu einem Allgemeinen dadurch, daß wir in uns selbst gehen, so unser Inneres zum Bewußtsein bringen«. Dieses Moment des Er-Innerns ist von einer Doppelaspektivität gekennzeichnet. a) Einmal ist Erinnern also das Insichgehen und damit das Loslösen von aktueller Raumzeitstruktur und Übergehen auf die eigene Innerlichkeit, in der Raum und Zeit eines Vergangenen reproduziert wird, um es anzuschauen. Der Gegenstand jedoch des Insichgehens ist aber zum Zweiten b) das Erinnerte, d. h. dass das Erinnern eine bereits erbrachte Aktivität des Subjekts voraussetzt, nämlich dass es eine Erfahrung ins Innere gebracht hat. Auf diesen Aspekt der Erinnerung legt Hegel besonderen Wert. Er ist wesentlich für das Erinnern und daher ist das Erinnern für ihn eine produktive Tätigkeit. (Siehe Hegel. Vorlesungen über die Geschichte der Philosophie II. Suhrkamp Verlag, Frankfurt a. M. 1986, 1. Aufl. S. 44 f.)

Es wurde festgestellt, dass der reale Tod, dem der zum Herrn Gewordene trotzt, indem er davon abstrahiert, ein Gewaltakt ist, nämlich ein Totschlag. Der reale Tod bewirkte die Scheidung der übrig gebliebenen menschlich Seienden. Die Abstraktion vom Tod bewirkte im Fortgang der Bewegung des Anerkennens zweierlei: zum einen das Vergessen des realen Todes und zum anderen die Unterwerfung anderer und die Genese von Macht. Folglich ist hier die Rede von Symbolen der Macht.

Bezogen auf die bürgerliche Gesellschaft markiert ihr oben herausgearbeitetes unreflektiertes Selbstverhältnis die Abstraktion vom Gewaltakt und das Vergessen der Bürgerlichen, durch Gewalt ihre Macht hergestellt zu haben; die Armut an sich markiert den sozialen und kulturellen Tod[493], die Unterwerfung. Nun ist es der Pöbel, welcher Armut an und für sich ist. Als für sich seiende Armut bedrängt der Pöbel das bürgerliche Selbstbewusstsein. Er drängt es zur epistemischen Einsicht seines Selbstverhältnisses, das das bürgerliche Selbstbewusstsein zum Erhalt seines reinen Gewissens[494] leugnen will. So zeigt sich, dass der Pöbel zwar nicht einen realen Tod erleidet, aber da er aus der Bewegung des Anerkennens herausgeworfen wird, symbolisiert er vom Standpunkt des Gesellschaftsganzen gesehen den realen Tod. Sein sozialer und kultureller Tod symbolisiert für den Rest der Bürger den realen Tod. Denn in der bürgerlichen Gesellschaft ist Armut real tödlich. Sie bringt eine soziale Ungleichheit gegenüber dem Tod hervor. Folglich figuriert der Pöbel aus Sicht aller in der bürgerlichen Gesellschaft als symbolischer Tod, der an den realen Tod erinnert, während der Tod dem Pöbel für sich imaginierter Tod ist. Die Herren werden durch den Pöbel ihrer Macht gewiss, und die Knechte halten sich an die Herren, weil sie in ihnen ihr rückgespiegeltes Selbstbewusstsein finden und von anderer Seite beim Pöbel die Angst erfahren, bei Ungehorsam zu sklavischen Knechten herabgedrückt zu werden. Im Pöbel fällt ihre »erste absolute Furcht« des Todes in »einige Angst«[495] zurück, sodass »die Furcht innerlich und stumm«[496] bleibt, sodass die dialektische Logik des Anerkennens zwischen Herr und Knecht letzteren nicht zur unabhängigen Unabhängigkeit fortreißt. Der Pöbel bewirkt eine soziale Gravitation. Aus Sicht der Herren ist die sklavische Knechtschaft des Pöbels, solange sie durch entsprechende Praktiken

493 Siehe S. 68.

494 Siehe S. 72.

495 PhG. S. 146.

496 PhG. S. 145.

effektiv verwaltet wird, die beste Garantie für die Fügung der Knechte in ihr von Arbeit und Mühsal gekennzeichnetes ›Schicksal‹. Ebenso ist aus Sicht der Herren die sklavische Knechtschaft des Pöbels eine wirkmächtige Symbolfiktion, diese Fügung der Arbeitskraft der Knechte sei freiwillig. Der Pöbel ist die Erinnerungsspur für den Ursprung der bürgerlichen Gesellschaft, welche den Pöbel als ein lebendiges Mahnmal auf ihrem Gesellschaftskörper trägt.

Wenn in vormodernen Zeiten die Krone und das Kreuz Symbole der Macht in genau dem vorliegenden Sinn waren und die Untertanen zu Gehorsam erstarren ließen, so sind die Symbole der Macht im modernen Zeitalter beim Luxus und beim Pöbel zu finden. Darin fungiert der Pöbel als Selbsterzeugnis der bürgerlichen Gesellschaft märtyrerisch, ohne es zu wissen. Der Aberkennungsprozess des Pöbels in der bürgerlichen Gesellschaft ist machterhaltend. Er bildet die Grundlage für die Anerkennungsprozesse in der bürgerlichen Gesellschaft, welche im konservierenden Anerkennungsstopp oder in der objektiven Anerkennungsverweigerung resultieren. Obzwar selbst an der Desintegration leidend hat der Pöbel für den Rest der bürgerlichen Gesellschaft integrative Funktion. Der Pöbel bildet die energieaustauschenden Hubkolben der Anerkennungsprozesse in der gesellschaftlichen Maschine der Moderne und mündet im symbolischen Tod.

VIII. Schluss: Die Hüter der Idee des Rechts in der Moderne

»Das Prinzip der neueren Welt überhaupt«, schreibt Hegel, »ist die Freiheit der Subjektivität, daß alle wesentlichen Seiten, die in der geistigen Totalität vorhanden sind, zu ihrem Rechte kommend sich entwickeln«.[497] Mit Blick auf den Pöbel trifft dies nicht zu. Nach Hegel ist der Pöbel vielmehr ein wesentlicher Bestandteil der bürgerlichen Gesellschaft, durch welche sie sich nach innen konstituiert und nach außen konsolidiert. Der Pöbel – die sklavischen Knechte bzw. unfreien Freien – ist der Boden, auf dem die bürgerliche Gesellschaft steht. Sie verfängt sich im gerechtigkeitstheoretischen Dilemma zwischen Armen und Reichen, dem Pöbel und den Pöbelhaften, Besitzlosen und Besitzenden, indem die bürgerliche Gesellschaft in der Realisierung des Prinzips der Freiheit auf Grundlage des Privateigentums und des absoluten Verfügungsrechts den Universalismus der Freiheit hinterrücks unterminiert. Übrig bleiben das unabgegoltene Recht der unfreien Freien in der Moderne und ein bloß partikulärer Universalismus der Bürger, der in Beziehung zum Pöbel ein antagonistischer wird. Darin resultiert die systematische Untersuchung des Pöbels in der bürgerlichen Gesellschaft unter dem Gesichtspunkt des Prinzips der Freiheit nach Hegels »Rechtsphilosophie«. Freilich muss betont werden, dass die Untersuchung ihren Schwerpunkt im abstrakten Recht und in der sittlichen Sphäre der bürgerlichen Gesellschaft hatte. Ob Hegel den Pöbel mit der Moderne in der sittlichen Sphäre des Staates versöhnt und mit dem Pöbel fertig wird, umfasst Fragen, die ausgeklammert werden mussten. Die Ergebnisse der vorliegenden Studie stehen unter dieser Beschränkung und bekanntlich hat Hegel die Wirklichkeit der konkreten Freiheit erst im Staat gesehen. Es ging hier vielmehr um den rechtsphilosophischen Zusammenhang des Pöbels in der bürgerlichen Gesellschaft.

497 RPh. § 273. S. 439.

Diesen freizulegen hat sich die Studie bemüht, nicht indem die »Rechtsphilosophie« gegen Hegel gelesen, sondern mit Hegel untersucht wurde.

Dabei zeigte sich, dass der Pöbel ein konstitutives Strukturelement des Systems der bürgerlichen Gesellschaft darstellt, ein Strukturelement, das gleichsam vom Standpunkt der bürgerlichen Gesellschaft konservierend fungiert. Im Pöbel verdichtet sich das ontologische Defizit, die Kluft zwischen dem Begriff des Rechts und seiner Wirklichkeit, zwischen Theorie und Praxis, was rechtstheoretisch als ein unabgegoltenes Recht und anerkennungstheoretisch als sklavische Knechtschaft erscheint. Dieses Recht stellt auf der Grundlage der bürgerlichen Gesellschaft ein Recht zum Aufstand der Armen gegen ihre ontologische Enteignung dar. Der Pöbel markiert so eine unheilbare Bruchstelle. Über ihn wird ein unendlich-negatives Urteil gesprochen. Er ist die Erscheinungsform eines logischen Selbstwiderspruchs der bürgerlichen Gesellschaft mit sich, zugleich ein substruktureller Teil der an die Arbeit gebundenen Klasse. Die Aufhebung des Pöbels würde die Selbstaufhebung der bürgerlichen Gesellschaft bedeuten. Diese Bruchstelle ist der blinde Fleck der bürgerlichen Gesellschaft. In diesem Kontext hat die »Rechtsphilosophie« bis heute Geltung, ist doch zweihundert Jahre nach der Veröffentlichung des Werkes eingetreten, was Hegel unter dem Prinzip der Moderne verstand. Die bürgerliche Gesellschaft ist inzwischen allgegenwärtig. Sie hat sich globalisiert, zugleich aber auch der Pöbel, wirft man einen Blick auf die weltweite Einkommensverteilung und auf volkswirtschaftliche Gesamtrechnungen[498] sowie auf die Eigentums- und Produktionsverhältnisse. Die sozialen Kämpfe, befeuert durch die systembedingte ökologische Krise, nehmen zu und dringen aus den kapitalistischen Peripherien mehr und mehr in die kapitalistischen Metropolen. Die Klassengliederung der Gesellschaften wird täglich sichtbarer. Die ideologische Hegemonie des Neoliberalismus bröckelt zunehmend, wenngleich die Revolution, deren Inhalt ohne Zweifel ist, noch ihre Form zu suchen scheint. Die »Rechtsphilosophie« von Hegel ist und bleibt vor diesem Hintergrund eine Enzyklopädie für die Selbstverständigung des strukturell angelegten unreflektierten Selbstverhältnisses der bürgerlichen Gesellschaft. Es ist Hegel, der mit seiner durch und durch von der Französischen Revolution inspirierten Philosophie, insbesondere in der »Rechtsphilosophie«, die sich emanzipierende bürgerliche Gesellschaft geschichtlich, moralisch,

498 Siehe zum Beispiel die auf Grundlage der volkswirtschaftlichen Gesamtrechnungen vorgenommene Untersuchung: Thomas Piketty. Das Kapital im 21. Jahrhundert. C. H. Beck Verlag, München 2014. 3. Aufl.

rechtlich und philosophisch fundiert. Die »Rechtsphilosophie« philosophiert über ihre eigene Zeit, in ihr reflektiert sich die bürgerliche Gesellschaft selbst als bürgerliche Gesellschaft: ihre Genesis. In ihr werden das Selbstverständnis der bürgerlichen Gesellschaft erkennbar und jene blinden Flecke, die der bürgerlichen Gesellschaft als bürgerliche Gesellschaft unerkennbar bleiben müssen. Gerade in ihnen zeigt sich der antinomische Widerspruch der bürgerlichen Gesellschaft mit dem Prinzip der Freiheit, wodurch sich die bürgerliche Gesellschaft historisch delegitimiert und von der historischen Entwicklung überholt wird. Weltweit haben die Armen und Enteigneten, die Besitzlosen und Arbeitenden einen Heißhunger, sich als Subjekt und damit in ihrem Menschsein anerkannt sowie verwirklicht zu wissen. Wann der Seinsüberschuss in die Wirklichkeit tritt, ob organisiert oder unorganisiert, ist ungewiss; dass er in die Wirklichkeit tritt und diese umwälzt, ist gewiss und in verschiedenen Erscheinungsformen der Gegenwart schon zu beobachten. Sowohl die Amerikanische (1783) als auch die Französische (1789) und die Haitianische (1791) Revolution, die zusammen einen welthistorischen Bruch darstellen und die bürgerliche Moderne einleiten, sind vor dem Hintergrund der Dialektik zwischen Pöbel und Freiheit unvollendete Revolutionen. In diesem Sinn hat Hegel sie verstanden und gerade das macht seine Philosophie zur Algebra der Revolution für die gesamte Moderne. Für Hegel ist die gesamte Moderne ein Zeitalter der Revolutionen.

Unter diesem Gesichtspunkt steht die »Rechtsphilosophie« in der Geschichte der politischen Philosophie zwischen den politisch-philosophischen Überlegungen von Baruch de Spinoza und jenen von Karl Marx. Spinoza untersucht den Pöbel unter den Vorzeichen der Moderne mit dem Begriff des »Vulgus« und leitet die Reflexion des unreflektierten Selbstverhältnisses der neuen Gesellschaft ein. Marx hingegen untersucht den Pöbel unter der Konsolidierung der Moderne an dem Begriff des Proletariats und reflektiert die Reflexion des unreflektierten Selbstverhältnisses der bürgerlichen Gesellschaft. In dieser Achse gilt für die Reflexionsgeschichte der bürgerlichen Gesellschaft im Einklang mit den Ergebnissen der vorliegenden Untersuchung das, was Honoré de Balzac in seinem Roman »Père Goriot« (dt. »Vater Goriot«) 1834 treffend formuliert: »Le secret des grandes fortunes sans cause apparente est un crime oublié, parce qu'il a été proprement fait.« Auf Deutsch: »Das Geheimnis der großen Vermögen, deren Entstehung unbekannt ist, ist irgendein Verbrechen, das man vergessen hat, weil es geschickt begangen wurde.«

Es ist der Pöbel, der das bürgerliche Selbstbewusstsein zur Reflexion mit seiner Vergessenheit konfrontiert. Er ist der theoretische und praktische Zwang der Moderne zum Selbstbekenntnis. Daher kommt Spinoza in seinem »Tractatus theologico-politicus« 1670 im Wunsch nach einer radikaldemokratischen Republik nicht um den Vulgus herum, mit dem er seine Abhandlung bereits in der Vorrede beginnt.[499] Jedoch ist der Vulgus nach Spinoza imstande, sich zu einer ermächtigenden Menge, dem »Multitudo«, einem politischen Kollektivsubjekt, zu transformieren. Hegel muss 1820 die »vorzüglich die modernen Gesellschaften bewegende und quälende«[500] Frage in der »Rechtsphilosophie« stellen, ohne eine Antwort zu wagen, und Marx ringt in seinem gesamten Leben und Werk von 1817 bis 1883 um die Lösung dieser Frage mit der Perspektive auf eine durch das organisierte Proletariat zu erkämpfende freie und klassenlose Assoziation, »worin die freie Entwicklung eines jeden die Bedingung für die freie Entwicklung aller ist«.[501] Alle drei haben das Prinzip der

---

499 Exemplarisch hierfür steht der Beginn seines »Tractatus«. In der Vorrede beginnt er mit dem Aberglauben des Volkes, als was der Vulgus in der vorliegenden Ausgabe übersetzt wurde: »So leicht es also ist, den Menschen jede Art des Aberglaubens einzuflößen, so schwer läßt sich dagegen erreichen, daß sie in ein und derselben Art verharren. Weil das Volk doch immer gleich elend bleibt, ist es nie lange in Ruhe; sondern das nur kann ihm recht gefallen, was noch neu ist und es noch nicht getrogen hat. Diese Unbeständigkeit ist die Ursache vielen Aufruhrs und schrecklicher Kriege gewesen. Denn, wie aus dem Gesagten hervorgeht und wie Curtius Buch IV, Kap. 10 sehr gut bemerkt, ›nichts beherrscht die Menge wirksamer als der Aberglaube‹. So kommt es, daß sie sich unter dem Schein der Religion leicht dazu verleiten läßt, bald ihre Könige wie Götter zu verehren, bald sie zu verfluchen und gleich einer Pest der Menschheit zu verabscheuen.« (Spinoza. Theologisch-politischer Traktat. Hrsg. von Günter Gwalick. Felix Meiner Verlag, Hamburg 1994, 3. Aufl. S. 5.)

500 RPh. § 244. Zusatz S. 390.

501 Marx. MEW 4, 482. Das Phänomen des Pöbels wird bei Marx besonders im Zusammenhang mit der sog. »Industriellen Reservearmee« in der kapitalistischen Produktionsweise deutlich. In seinem Hauptwerk »Das Kapital« Band I schreibt er: »Je größer der gesellschaftliche Reichtum, das funktionierende Kapital, Umfang und Energie seines Wachstums, also auch die absolute Größe des Proletariats und die Produktivkraft seiner Arbeit, desto größer die industrielle Reservearmee. Die disponible Arbeitskraft wird durch dieselben Ursachen entwickelt wie die Expansivkraft des Kapitals. Die verhältnismäßige Größe der industriellen Reservearmee wächst also mit den Potenzen des Reichtums. Je größer aber diese Reservearmee im Verhältnis zur aktiven Arbeiterarmee, desto massenhafter die konsolidierte Übervölkerung, deren Elend im umgekehrten Verhältnis zu ihrer Arbeitsqual steht. Je größer endlich die Lazarusschichte der Arbeiterklasse und die industrielle Reservearmee, desto größer der offizielle Pauperismus. Dies ist das absolute, allgemeine Gesetz der kapitalistischen Akkumulation. Es wird gleich allen andren Gesetzen in seiner Verwirklichung durch mannigfache Umstände modifiziert, deren Analyse nicht hierher gehört.« (Siehe Marx. MEW 23, 673 f.) Die Parallele zu § 245 der »Rechtsphilosophie« von Hegel ist augenfällig.

Freiheit vor Augen und wie es logisch-theoretisch sowie historisch-praktisch als gesellschaftliches Vermittlungsganzes zwischen Besonderem und Allgemeinem herzustellen sei. Alle drei sehen daher den blinden Fleck der bürgerlichen Gesellschaft, weil sie systematisch nach der Maßgabe philosophieren, dass das Wahre das prozessierende Ganze ist.[502] Das Denken muss aufs Ganze gehen. Das ist der Gestus ihrer politischen Theorien.[503] So wird die Unreflektiertheit reflexionsfähig und mit der Reflexion handhabbar, veränderbar, bemeisterbar. Es geht darum, die Inhalte, die die Grundlage der eigenen Existenz der bürgerlichen Gesellschaft bilden und die diese vergisst, durch den Begriff zu befreien, um – dies gilt zumindest für Marx – daraus praktisch-politische Strategien zu entwickeln.

Die Untersuchung von Hegels Reflexion des unreflektierten Selbstverhältnisses der bürgerlichen Gesellschaft hat gezeigt, dass der Pöbel Träger des Sittlichen im Entsittlichten ist. Daher ist er der »Standpunkte des Negativen«[504] in der sittlichen Zwecklosigkeit der bürgerlichen Gesellschaft. Wenn der Begriff des Rechts, dessen Inhalt die Freiheit ist, mit der Wirklichkeit desselben im Pöbel auseinanderfallen, dann besagt das nichts anderes, als dass der bürgerlichen Freiheit die Praxis der Sklaverei zugrunde liegt. Das widerspricht elementar dem universalistischen Prinzip der Freiheit, der Idee des Rechts, welches logisch jede Form von Sklaverei und dessen Praxis ausschließt. Dies nicht zu reflektieren heißt, dies zu vergessen. Die Armen und Verdrängten bilden das Gedächtnis der bürgerlichen Gesellschaft. Sie sind antigoneische Hüter der Idee des Rechts, welche die Freiheit ist.[505]

---

502 Verkürzt gesagt, ist allerdings für Spinoza das Ganze statisch und geschlossen (die eine Substanz), für Hegel dynamisch und geschlossen (das absolute Wissen), für Marx dynamisch und offen (die Historizität und Dialektizität der Materie).

503 Insbesondere heute ist dieser Impuls von überragender Bedeutung, da zum Beispiel die Mechanismen der Privatisierung von Krankenhäusern, der Schließung einer Metallverarbeitungsfirma oder des individuellen Kaufs von Lebensmitteln im Supermarkt in einem Land, nicht ohne die Zusammenhänge der Weltwirtschaft und der internationalen Finanzmärkte zu verstehen sind.

504 RPh. § 301. S. 470.

505 Siehe RPh. § 1. S. 29 f.

Literaturverzeichnis

Arndt, Andreas: *Freiheit*. PapyRossa Verlag, Köln 2019.

Aristoteles: *Politica*. dtv, München 1973. 7. Aufl.

Behringer, Wolfgang: *Tambora und das Jahr ohne Sommer: wie ein Vulkan die Welt in die Krise stürzte*. C. H. Beck Verlag, München 2015.

Benjamin, Walter: *Über den Begriff der Geschichte*. In: Illuminationen – Ausgewählte Schriften. Suhrkamp Verlag, Frankfurt a. M. 1977.

Bloch, Ernst: *Subjekt – Objekt. Erläuterungen zu Hegel*. Suhrkamp Verlag, Frankfurt a. M. 1962.

Engels, Friedrich: *Konspekt: G. von Gülich – Deutschland (»Geschichtliche Darstellung des Handels, der Gewerbe und des Ackerbaus der bedeutendsten handelsrechtlichen Staaten unserer Zeit«, Jena 1830, 2. Band). 1803 bis 1828 und Notizen über Deutschland von 1789 bis 1815*. In: Zur deutschen Geschichte in drei Bänden. Band I: Von der Frühzeit bis zum 18. Jahrhundert. Dietz Verlag, Berlin 1953. S. 535-537 und S. 566 f.

ders.: *Deutsche Zustände bis zum Sturz Napoleons* und *Deutsche Zustände unmittelbar nach dem Sturz Napoleons* sowie *Deutsche Zustände von 1815 bis 1840*. In: Zur deutschen Geschichte in drei Bänden. Band II. Dietz Verlag, Berlin 1953. S. 9-6, S. 41-47, S. 48-55.

ders.: *Brief an Karl Marx vom 13. April 1866*. In: MEW Band 31, 208.

Faulkner, Harold U.: *Amerikanische Wirtschaftsgeschichte*. Band I. Carl Reissner Verlag, 1929 Dresden.

Fichte, Johann G.: *Grundlage des Naturrechts*. Felix Meiner Verlag, Hamburg 1991.

Gans, Eduard: *Vorwort zur 2. Ausgabe der Rechtsphilosophie (1833)*. In: Materialien zu Hegels Rechtsphilosophie. Suhrkamp Verlag, Frankfurt a. M. 2016, 2. Aufl. Band 1.

Gessmann, Martin: *Hegel*. Verlag Herder, Freiburg im Breisgau 1999.

Goethe, Johann W.: *Italienische Reise*. Verlag Goldmann Klassiker, Augsburg 1986.

Götte, Rüdiger: *Finanzkrisen: Mythos und Wahrheit, Anatomie und Geschichte*. Ibidem Verlag, Stuttgart 2012.

Gramsci, Antonio: *Gefängnishefte*. Kritische Gesamtausgabe. Argument Verlag, Hamburg 1999, Band 9. Hefte 22 bis 29. Hrsg. von Wolfgang Fritz Haug / Klaus Bochmann, (ital. zuerst 1934).

Grimm, J. / Grimm, W.: *Deutsches Wörterbuch von Jacob und Wilhelm Grimm*. 16 Bde. in 32 Teilbänden. Leipzig 1854-1961. Quellenverzeichnis Leipzig 1971. Online-Version.

Groethuysen, Bernhard: *Philosophie der französischen Revolution*. Verlag Luchterhand, Berlin 1971.

Hegel, G. W. F.: *Differenzschrift*. In: Ders. Jenaer Schriften 1801-1807. Suhrkamp Verlag, Frankfurt a. M. 2018. 9. Aufl. Werke 2.

ders.: *Phänomenologie des Geistes*. Suhrkamp Verlag, Frankfurt a. M. 1991, 3. Aufl.

ders.: *Enzyklopädie der philosophischen Wissenschaften im Grundrisse I, III.* Suhrkamp Verlag, Frankfurt a. M. 2001.

ders.: *Wissenschaft der Logik I.* Suhrkamp Verlag, Frankfurt a. M. 1986, 11. Aufl.

ders.: *Philosophie des Rechts: die Vorlesung von 1819/20.* Aus einer Nachschrift. Hrsg. von Dieter Henrich. Suhrkamp Verlag, Frankfurt a. M. 1983.

ders.: *Rechtsphilosophie.* Suhrkamp Verlag, Frankfurt a. M. 2017, 15. Aufl.

ders.: *Vorlesungen über die Geschichte der Philosophie II.* Suhrkamp Verlag, Frankfurt a. M. 1986, 1. Aufl.

ders.: *Vorlesungen über die Philosophie der Geschichte.* Suhrkamp Verlag, Frankfurt a. M. 1989, 2. Aufl

ders.: *Briefe von und an Hegel.* Hrsg. von Johannes Hoffmeister. Felix Meiner Verlag, Hamburg 1969, 3. Aufl.

Heine, Heinrich: *Anekdote zu Hegel.* In: *Hegel in Berichten seiner Zeitgenossen.* Hrsg. von Günther Nicolin. Felix Meiner Verlag, Hamburg 1970. Dokument 363.

Henrich, Dieter: *Vernunft in Verwirklichung.* In: *Philosophie des Rechts: die Vorlesung von 1819/20.* Aus einer Nachschrift. Hrsg. von Dieter Henrich. Suhrkamp Verlag, Frankfurt a. M. 1983. Einleitung.

ders.: *Long-Missing Hegel Papers Sought.* In: Manuscripts XXX (Hrsg. The Manuscript Society), New York 1978, Nr. 4, S. 309.

Holz, Hans Heinz: *Dialektik – Problemgeschichte von der Antike bis zur Gegenwart.* Band 5. Neuzeit III. Wissenschaftliche Buchgesellschaft, Darmstadt 2011.

ders.: *Das Novum der Hegelschen Philosophie und seine Wirkung.* In: Aufhebung und Verwirklichung der Philosophie, Band 1: Die Algebra der Revolution – Von Hegel zu Marx. Aurora Verlag, Berlin 2010.

ders.: *Hegels Metaphysik und der Geist der Französischen Revolution.* In: Aufhebung und Verwirklichung der Philosophie, Band 1: Die Algebra der Revolution – Von Hegel zu Marx. Aurora Verlag, Berlin 2010.

ders.: *Revolution, Kritik und Recht bei Hegel.* In: Aufhebung und Verwirklichung der Philosophie, Band 1: Die Algebra der Revolution – Von Hegel zu Marx. Aurora Verlag, Berlin 2010.

ders.: *Hegels Begriff der Freiheit.* In: Aufhebung und Verwirklichung der Philosophie, Band 1: Die Algebra der Revolution – Von Hegel zu Marx. Aurora Verlag, Berlin 2010.

Honneth, Axel: *Leiden an Unbestimmtheit.* Reclam Verlag, Stuttgart 2001.

Kant, Immanuel: *Anthropologie in pragmatischer Hinsicht.* In: Werke in zehn Bänden. Herausgegeben von Wilhelm Weischedel. Band 10 Schriften zur Anthropologie, Geschichtsphilosophie, Politik und Pädagogik. Zweiter Teil. Wissenschaftliche Buchgesellschaft, Darmstadt 1975, 4. Aufl.

ders.: *Vorlesung zur Moralphilosophie.* Herausgegeben von Werner Stark. Verlag Walter de Gruyter, Berlin 2005.

Kluge, Friedrich: *Etymologisches Wörterbuch der deutschen Sprache.* Verlag de Gruyter, Berlin/New York 1989, 22. Aufl.

Krämer, Daniel: *»Menschen grasten nun mit dem Vieh«: die letzte grosse Hungerkrise der Schweiz 1816/17. Mit einer theoretischen und methodischen Einführung in die historische Hungerforschung.* Schwabe Verlag, Bern 2015.

Leibniz, Gottfried Wilhelm: *Neue Abhandlungen mit dem menschlichen Verstand.* Hrsg. von E. Buchenau / E. Cassirer. Felix Meiner Verlag, 1926, Leipzig 3. Aufl.

Lütge, Friedrich: *Deutsche Sozial- und Wirtschaftsgeschichte. Ein Überblick.* Springer Verlag, Berlin / Heidelberg / New York 1966, 3. Aufl.

Lukács, Georg: *Der junge Hegel.* Suhrkamp Verlag, Ulm 1973, 15. Aufl. Band I + II.

Marx, Karl: *Das Kapital - Kritik der politischen Ökonomie. Der Produktionsprozess des Kapitals (Band I).* In: MEW Band 23.

ders.: *Manifest der kommunistischen Partei.* In: MEW Band 4, 461-493.

ders.: *Zur Judenfrage.* In: MEW Band 1, 347-377.

ders.: *Zur Kritik der Hegelschen Rechtsphilosophie. Kritik des Hegelschen Staatsrechts.* In: MEW Band 1, 203-333.

ders.: *Kritik der Gothaer Programms.* In: MEW Band 19, 13-23.

Müller, Wolfgang (Hrsg.): *DUDEN Bedeutungswörterbuch.* Dudenverlag, Mannheim 1985, 2. Aufl.

Novalis: *Die Christenheit oder Europa.* In: Novalis Werke in einem Band. Carl Hanser Verlag, München/Wien 1981.

Oelßner, Fred: *Die Wirtschaftskrisen – die Krisen im vormonopolistischen Kapitalismus.* Band I. Dietz Verlag, Berlin 1949.

Pfeifer, Wolfgang (Hrsg.): *Etymologisches Wörterbuch des Deutschen.* Erarbeitet unter der Leitung von Wolfgang Pfeifer. dtv, München 1997, 3. Aufl.

Piketty, Thomas: *Das Kapital im 21. Jahrhundert.* C. H. Beck Verlag, München 2014. 3. Aufl.

Riedel, Manfred (Hrsg.): *Materialien zu Hegels Rechtsphilosophie.* Suhrkamp Verlag, Frankfurt a. M. 2016, 2. Aufl. Band I + II. Einleitung.

ders.: *Hegels Begriff der »Bürgerlichen Gesellschaft« und das Problem seines geschichtlichen Ursprungs.* In: Materialien zu Hegels Rechtsphilosophie. Suhrkamp Verlag, Frankfurt a. M. 2016, 2. Aufl. Band 2.

Ritter, Joachim: *Hegel und die französische Revolution.* Suhrkamp Verlag, Frankfurt a. M. 1965.

ders.: *Metaphysik und Politik.* Suhrkamp Verlag. Frankfurt a. M. 1977.

ders.: *Person und Eigentum. Zu Hegels »Grundlinien der Philosophie des Rechts« §§ 34 bis 81.* In: Materialien zu Hegels Rechtsphilosophie. Suhrkamp Verlag, Frankfurt a. M. 2016, 2. Aufl. Band 2.

Ruda, Frank: *Hegels Pöbel.* Konstanz University Press, Konstanz 2011.

Shakespeare, William: *Julius Cäsar.* In: William Shakespeare. Sämtliche Werke in vier Bänden. Hrsg. von Anselm Schlösser. Aufbau Verlag, Berlin/Weimar 1994, 5. Aufl. S. 179-262.

Schmidt, Gustav: *Geschichte der USA.* Wissenschaftliche Buchgesellschaft, Darmstadt 2004.

Smith, Adam: *Wohlstand der Nationen.* Anaconda Verlag, Köln 2009.

Spinoza, Baruch de: *Theologisch-politischer Traktat.* Hrsg. von Günter Gwalick. Felix Meiner Verlag, Hamburg 1994, 3. Aufl.

Thompson, Edward P.: *Die Entstehung der englischen Arbeiterklasse.* Band II. Suhrkamp Verlag, Frankfurt 1987.

Ullrich, Volker: *Napoleon Monographie.* Rowohlt Verlag, Hamburg 2011, 3. Aufl.

Wiedmann, Franz: *Hegel.* Rowohlt Verlag, Hamburg 1965.